prépabac

COURS & ENTRAÎNEMENT

1re toutes séries

Français

Bertrand Darbeau
Professeur agrégé de lettres modernes
CPGE, lycée Malherbe, Caen

Hélène Bernard
Professeur agrégée de lettres modernes
lycée Albert-Camus, Bois-Colombes

Hatier

Crédits iconographiques

39	ph © Aisa / Leemage
55	ph © Josse / Leemage
57	ph © Samuel Goldwyn / courtesy Everett Collection / Rue des archives
86-g	ph © Brigitte Enguerand / CDDS
86-d	ph © Michèle Laurent
95	ph © Marc Enguerand / CDDS
121	© Éditions Gallimard
137	ph © MP / Leemage
153	ph © BNF
171	ph © Selva / Leemage
181	ph © Electa / Leemage
couv.	ph © eyetronic – Fotolia
I-hg, mg, hd, bd	coll. Archives Hatier
I-bg	ph © Pierre Vals / Opale / Leemage
III-hg, mg, hd, bd	coll. Archives Hatier
III-bg	ph © Jerry Bauer / Opale / Leemage
V	coll. Archives Hatier
VII-hg, mg, hd, bd	coll. Archives Hatier
VII-bg	ph © Hannah Assouline / Opale / Leemage

Maquette de principe : Frédéric Jély
Mise en pages : Lasergraphie
Schémas du dépliant : Vincent Landrin
Iconographie : Didier Machu et Hatier illustration
Suivi éditorial : Claire Dupuis

978-2-401-04733-4

Mode d'emploi

Votre ouvrage Prépabac

- Conforme au dernier programme de Français 1re, ce « Prépabac » vous propose un **outil de travail** très complet.
- Sur chaque thème du programme, vous trouverez : un **cours** structuré, des fiches de **méthode**, des **exercices** progressifs suivis d'un **sujet** de type bac et leurs **corrigés** détaillés.
L'ouvrage comprend également un **aide-mémoire** détachable.
- Toutes ces ressources vous permettent d'aborder en confiance vos contrôles durant l'année et de vous préparer efficacement à l'épreuve du bac.

COURS MÉTHODE EXERCICES CORRIGÉS

Sur le site www.annabac.com

L'achat de ce Prépabac vous permet de bénéficier d'un **accès GRATUIT**[1] à toutes les **ressources d'annabac.com** : résumés audio, fiches de cours, quiz interactifs, sujets d'annales corrigés...

Pour profiter de cette offre, rendez-vous sur **www.annabac.com**, dans la rubrique « Vous avez acheté un ouvrage Hatier ? ».

[1] Selon les conditions précisées sur le site.

sommaire

Langue et outils du discours

1 Du mot à la phrase

→ COURS ... 9
→ MÉTHODE Identifier et commenter un champ lexical ... 18
Rédiger en utilisant des mots de liaison ... 19
→ EXERCICES ET CORRIGÉS ... 20

2 L'énonciation

→ COURS ... 23
→ MÉTHODE Évaluer le degré de subjectivité d'un texte ... 32
Analyser un passage au discours indirect libre ... 33
→ EXERCICES ET CORRIGÉS ... 34

3 Les procédés littéraires

→ COURS ... 37
→ MÉTHODE Analyser une figure de style ... 44
Repérer le registre d'un texte ... 45
→ EXERCICES ET CORRIGÉS ... 46

Les objets d'étude

4 Le roman et ses personnages

→ COURS ... 51
→ MÉTHODE Étudier l'incipit d'un roman ... 59
Analyser l'effet produit par la focalisation ... 60
→ EXERCICES, SUJET ET CORRIGÉS ... 61

5 L'histoire du roman, du XVIIe siècle à nos jours

→ COURS ... 67
→ MÉTHODE Analyser un portrait ... 76
Poursuivre un récit ... 77
→ EXERCICES, SUJET ET CORRIGÉS ... 78

6 Le texte théâtral et sa représentation

→ COURS ... 82
→ MÉTHODE Étudier le rythme d'une scène ... 89
Écrire un dialogue de théâtre ... 90
→ EXERCICES, SUJET ET CORRIGÉS ... 91

7 L'histoire du théâtre, du XVIIe siècle à nos jours

→ COURS 98
→ MÉTHODE Analyser une scène de tragédie classique 107
Analyser une scène du théâtre de l'absurde 108
→ EXERCICES, SUJET ET CORRIGÉS 109

8 Écriture poétique et quête du sens

→ COURS 114
→ MÉTHODE Étudier la versification d'un poème 123
Identifier un poème en prose 124
→ EXERCICES, SUJET ET CORRIGÉS 125

9 L'histoire de la poésie, du Moyen Âge à nos jours

→ COURS 131
→ MÉTHODE Étudier un sonnet de la Renaissance 141
Analyser un poème symboliste 142
→ EXERCICES, SUJET ET CORRIGÉS 143

10 L'écriture argumentative

→ COURS 146
→ MÉTHODE Étudier le circuit argumentatif d'un texte 154
Repérer et analyser les marques de l'ironie 155
→ EXERCICES, SUJET ET CORRIGÉS 156

11 La question de l'homme dans l'argumentation, du XVIe siècle à nos jours

→ COURS 164
→ MÉTHODE Dégager les enjeux anthropologiques d'un texte 173
Écrire une lettre ouverte 174
→ EXERCICES, SUJET ET CORRIGÉS 175

12 Renaissance et humanisme (série L)

→ COURS 178
→ MÉTHODE Repérer et analyser les références à l'Antiquité dans un texte humaniste 186
→ EXERCICES, SUJET ET CORRIGÉS 188

13 Les réécritures (série L)

→ COURS 194
→ MÉTHODE Repérer une réécriture et en analyser les effets 202
→ EXERCICES, SUJET ET CORRIGÉS 204

Les exercices du bac

14 **La question sur corpus**
→ COURS 213
→ MÉTHODE Lire et analyser un corpus 217
Répondre aux questions sur corpus 218
→ EXERCICES, SUJET ET CORRIGÉS 219

15 **Le commentaire littéraire**
→ COURS 227
→ MÉTHODE Déterminer les axes de lecture 233
Introduire une citation 234
→ EXERCICES, SUJET ET CORRIGÉS 235

16 **La dissertation**
→ COURS 241
→ MÉTHODE Formuler la problématique 247
Rédiger l'introduction 248
→ EXERCICES, SUJET ET CORRIGÉS 249

17 **L'écriture d'invention**
→ COURS 254
→ MÉTHODE Interpréter efficacement les consignes 260
Développer une argumentation 261
→ EXERCICES, SUJET ET CORRIGÉS 262

18 **L'oral : l'exposé et l'entretien**
→ COURS 267
→ MÉTHODE Réviser l'oral à l'aide du descriptif 272
Préparer et réussir l'entretien 273
→ EXERCICES, SUJET ET CORRIGÉS 274

Annexes

Le programme 282
L'épreuve 283
Index 284
Index des sujets type bac 288

Langue et outils du discours

www.annabac.com

CHAPITRE

1 Du mot à la phrase

La grammaire est un domaine fondamental des études de français : elle fournit des outils essentiels à l'analyse littéraire et constitue un préalable incontournable pour la maîtrise de l'expression écrite ou orale. Ce premier chapitre a pour fonction de vous aider à identifier les différents sens d'un mot, à repérer un champ lexical pour l'interpréter, à analyser la modalité ou la construction d'une phrase, à étudier le rythme d'un texte en prose ou encore à utiliser les liens logiques à bon escient.

I Le lexique

A Les sens d'un mot

1. Sens propre et sens figuré

- Le **sens propre** est généralement celui que donne l'étymologie, c'est-à-dire l'origine du mot.

    Le sens propre du mot *bec* est directement hérité de son étymon latin *beccus* (« bouche cornée et saillante des oiseaux »).

- Le **sens figuré** apparaît ensuite, lorsque le mot est employé dans des contextes ou des domaines qui diffèrent de son sens initial.

    Le mot *bec* désigne aussi, par analogie de forme, l'extrémité de certains objets terminés en pointe : un *bec verseur*, un *bec de gaz*...

- Un mot qui a plusieurs sens est **polysémique**. L'ensemble de ses significations, propres et figurées, constitue son **champ sémantique**.

> C'est le contexte qui permet de déterminer la signification d'un mot **polysémique**. Certains textes jouent volontairement sur la polysémie : soyez alors attentif à la façon dont les différents sens s'articulent.

2. Sens dénoté et sens connoté

- **Un mot a un sens dénoté**. C'est le sens indiqué par le dictionnaire, autrement dit la signification objective du mot.

Ce sens dénoté varie au cours des siècles, s'atténue ou au contraire se renforce.

Le verbe *étonner* avait au XVIIe siècle le sens de *stupéfier*, *foudroyer*. Il s'est aujourd'hui affaibli et signifie *surprendre*.

- **Un mot a aussi un sens connoté**. Ce dernier englobe toutes les significations implicites que reçoit le mot, en fonction de la subjectivité de celui qui l'emploie, ainsi que des références ou des valeurs culturelles qui s'y attachent.

Le mot *feu* peut connoter la passion (métaphore des *feux amoureux*) ou la mort (feu des guerres, incendie).

Identifier des **connotations** est une opération essentielle de l'analyse littéraire : elles permettent de saisir le sens implicite du texte et témoignent de l'univers mental de l'écrivain.

B Le champ lexical

- Le **champ lexical** regroupe des mots se rapportant à un même domaine. Ces mots ne sont pas nécessairement de même nature grammaticale.

Le champ lexical de la peur est constitué de noms tels que *frayeur* ou *angoisse*, d'adjectifs tels que *terrorisé* ou *inquiet*, de verbes tels que *terrifier* ou *craindre*.

- Le **champ lexical dérivationnel** relie des mots formés à partir du même radical, préfixe ou suffixe.

Le champ lexical dérivationnel de *coiffe* comprend des termes comme *coiffure*, *coiffer*, *décoiffer*, *recoiffer*, *coiffeur*...

Repérer des **champs lexicaux** est un bon moyen d'identifier le(s) thème(s) d'un texte ; cela est également utile pour déterminer le registre du texte.

C Les relations sémantiques

- La **synonymie** est une relation d'identité sémantique. Deux mots sont synonymes lorsqu'ils ont une signification voisine.

Regarder et *observer* sont synonymes.

- L'**hyperonymie** est une relation d'inclusion générique. Un mot est l'hyperonyme d'un autre lorsqu'il l'englobe dans une signification plus large.

Rose a pour hyperonyme *fleur*, qui a lui-même pour hyperonyme *végétal*.

- L'**antonymie** est une relation d'opposition. Deux mots sont antonymes lorsqu'ils sont de sens contraires.

Chaud et *froid* sont antonymes.

- L'**homonymie** rapproche deux mots qui se prononcent ou s'écrivent de la même façon, mais qui n'ont pas le même sens dénoté.

Porc et *port*, *air* et *ère* sont homonymes.

II La phrase

A Modalité

1. Modalité déclarative ou assertive

- C'est la modalité de base de la phrase et la plus couramment employée. D'une tonalité généralement neutre, elle permet d'**énoncer un fait**.
- À l'oral, la phrase déclarative est marquée par une intonation montante, suivie d'une intonation descendante. À l'écrit, elle s'achève par un **point**.

2. Modalité interrogative

- Elle présente l'énoncé comme incertain et permet de **poser une question**. Il peut s'agir d'une véritable question, qui attend une réponse de l'interlocuteur, ou d'une **question rhétorique** – encore appelée *interrogation oratoire* –, qui n'attend pas de réponse et constitue une affirmation déguisée.
- À l'oral, la phrase interrogative est marquée par une intonation montante. À l'écrit, elle s'achève par un **point d'interrogation**.

3. Modalité impérative ou jussive

- Elle cherche à faire réagir l'interlocuteur et permet d'**exprimer un ordre ou une défense**, de **formuler une prière ou une requête**. Lorsque l'interlocuteur est présent, elle se caractérise par l'emploi de l'impératif *(Viens !)* ; s'il est absent, on utilise le subjonctif *(Qu'il vienne.)*.
- À l'oral, la phrase impérative est marquée par une intonation descendante. À l'écrit, elle s'achève par un **point** ou un **point d'exclamation**.

4. Modalité exclamative

- Elle exprime la réaction du locuteur et permet de **traduire un sentiment ou une émotion**, comme la surprise, l'admiration, le regret, la colère.
- À l'oral, la phrase exclamative est marquée par une intonation descendante puis montante. À l'écrit, elle s'achève par un **point d'exclamation**.

> « Tu n'es pas esclave : tu souffrirais la mort plutôt que de l'être, et tu veux nous asservir ! Tu crois donc que le Tahitien ne sait pas défendre sa liberté et mourir ? Celui dont tu veux t'emparer comme de la brute, le Tahitien est ton frère. Vous êtes deux enfants de la nature ; quel droit as-tu sur lui qu'il n'ait pas sur toi ?
>
> Denis Diderot, *Supplément au Voyage de Bougainville* (1774).

Diderot joue sur différentes modalités pour exprimer l'indignation du vieillard tahitien à l'encontre du navigateur Bougainville.

ZOOM

La ponctuation

Le point	Il indique la fin d'une phrase et marque une pause forte. Il doit être suivi d'une majuscule. Il peut manifester l'abréviation d'un mot : *M.* pour *Monsieur*.
Le point-virgule	C'est une pause intermédiaire entre le point et la virgule. Il peut séparer des propositions indépendantes, mais ne peut marquer la fin de la phrase.
La virgule	Elle marque une pause faible et permet de détacher un mot ou un groupe de mots dans une phrase (apposition, complément circonstanciel). Lorsqu'elle sépare deux mots de même fonction, elle est le moyen privilégié de la juxtaposition.
Les points de suspension	Ils marquent l'interruption lorsqu'ils sont placés au milieu d'une phrase : le locuteur veut se corriger, hésite, cherche le mot juste. En fin de phrase, ils signalent l'inachèvement. Entre parenthèses ou crochets, ils signalent une citation tronquée.
Le deux-points	Il peut sous-entendre un rapport logique (la cause ou la conséquence), annoncer une énumération ou des exemples, ou encore introduire une citation ou des paroles rapportées.
Le point d'interrogation et le point d'exclamation	Ils manifestent la modalité interrogative ou exclamative. En fin de phrase, ils remplacent le point et sont suivis d'une majuscule. Au milieu d'une phrase, ils remplacent la virgule et ne sont pas suivis d'une majuscule.
Les guillemets	Ils marquent un changement de niveau énonciatif et manifestent le fait que le locuteur ne reprend pas à son compte les mots qu'ils encadrent. On les utilise en particulier pour effectuer une citation ou rapporter des paroles au discours direct.
Les parenthèses	Elles encadrent un élément secondaire qu'elles isolent et détachent du reste de la phrase. Elles permettent d'insérer un commentaire ou une explication.
Le tiret	Employé seul, il introduit une réplique dans un dialogue. Répété, il joue un rôle comparable à celui des parenthèses.

B Forme

Certaines phrases ajoutent à l'une de ces modalités une forme particulière. On distingue la **forme négative**, la **forme emphatique** (qui met en relief un élément de la phrase en jouant sur l'ordre des mots ou sur des tournures emphatiques, comme dans *C'est moi qui l'ai fait*) et la **forme passive** (qui met en valeur l'objet ou la personne qui subit l'action, comme dans *Il a été formé par les meilleurs maîtres*).

La **forme** et la modalité se combinent : *Ne vous l'avais-je pas dit ?* est une phrase interro-négative. C'est en outre une question rhétorique, puisque la réponse est évidente.

C Construction

1. La phrase nominale

Par opposition à la phrase verbale, la phrase nominale ne comporte **aucun verbe**. Elle peut même ne comprendre qu'un mot, comme *Victoire !*

2. La phrase simple

Elle est composée d'**une seule proposition**, autrement dit d'**un seul verbe conjugué**. La phrase simple minimale comprend un sujet et un verbe, comme dans *Je viens.*

3. La phrase complexe

- Elle est composée de **plusieurs propositions** et comprend donc **plusieurs verbes conjugués**. Ces propositions peuvent être liées les unes aux autres de différentes manières.
- La **juxtaposition** place côte à côte des propositions indépendantes, qui sont séparées par une simple pause (généralement matérialisée par une virgule, un point-virgule ou un deux-points).
- La **coordination** relie des propositions indépendantes à l'aide d'une conjonction de coordination *(mais, ou, et, donc, or, ni, car)*.
- La **subordination** est un lien de dépendance syntaxique : la proposition subordonnée est soumise à une proposition principale, sans laquelle elle ne peut exister. Elle peut dépendre de la totalité de la proposition principale (comme la proposition subordonnée **circonstancielle**) ou d'une partie seulement de la proposition principale (comme la proposition subordonnée **relative** ou **complétive**).

Une **proposition subordonnée** ne peut constituer une phrase à elle seule : à l'écrit, veillez à ne pas confondre subordonnée et indépendante. Évitez par exemple de commencer une phrase par *Alors que...* !

III Les liens logiques

A Les connecteurs

- Les connecteurs sont des mots qui établissent un **lien entre deux énoncés** – deux propositions, deux phrases, deux paragraphes – en exprimant le rapport qu'ils entretiennent. Ils permettent d'**organiser un texte** et de lui donner une **cohérence**. Les connecteurs peuvent être des **adverbes**, des **conjonctions de coordination** ou **de subordination**.

- La relation qu'exprime un connecteur peut être de différentes natures.
– Les **connecteurs temporels** *(alors, après, ensuite...)* marquent la succession chronologique.
– Les **connecteurs spatiaux** *(ici, là, en haut, en bas...)* structurent une description en situant les éléments les uns par rapport aux autres.
– Les **connecteurs logiques** ou **argumentatifs** *(donc, car, mais...)* marquent les articulations d'un raisonnement.

> Une **relation** peut existe même sans mot de liaison : le lien peut être sous-entendu par une simple juxtaposition.

B Les principales relations logiques

- L'**addition** ajoute un argument ou un exemple qui va dans le même sens que le précédent.
- La **disjonction** sépare deux éléments et formule une alternative.
- La **cause** exprime l'origine d'une idée ou d'un fait ; elle articule une affirmation et sa preuve.
- L'**hypothèse** explicite la condition à laquelle se vérifie l'idée ou le présupposé sur lequel elle se fonde.
- La **conséquence** précise l'effet, la suite logique d'une idée ou d'un fait.
- Le **but** explicite la finalité d'une idée ou d'une action, son objectif et sa visée.
- L'**opposition** critique une idée, introduit une objection, réfute un argument par un contre-argument.

IV Le rythme

Pour déterminer le rythme d'une phrase, on compare la **longueur des groupes syntaxiques** qui la composent en s'appuyant sur le nombre de syllabes qu'ils comportent.

> Identifier le **rythme** ne suffit pas : il faut déterminer l'effet qu'il provoque, qui dépend le plus souvent du contexte.

ZOOM

Les connecteurs logiques

	Adverbes	Prépositions	Coordonnants	Subordonnants
Addition	aussi, en outre, également, de plus, d'une part… d'autre part	outre, en plus de	et	comme, ainsi que, de même que, outre que
Disjonction	seulement, ne… que, d'une part… d'autre part, soit… soit	sauf, excepté, hormis, à l'exclusion de	ou, ni… ni	soit que… soit que, non pas que… mais, sauf que
Cause	en effet	grâce à, à cause de, du fait de, en raison de	car	parce que, puisque, comme, étant donné que
Hypothèse		en cas de, à condition de		si, au cas où, selon que, à supposer que, pourvu que
Conséquence	par conséquent, c'est pourquoi, ainsi, aussi, dès lors	assez… pour, au point de	donc	de sorte que, si bien que, tellement que, tant que, au point que
But		pour, afin de, en vue de, de peur de		pour que, afin que, de peur que
Opposition	cependant, en revanche, néanmoins, au contraire, pourtant	malgré, contre, au contraire de, en dépit de	mais, or	alors que, bien que, quoique

A Les rythmes réguliers

1. Le rythme binaire

Il organise la phrase en **deux groupes** syntaxiques de longueur à peu près égale et donne une impression d'**harmonie** ou d'**équilibre**.

« Nous promettons selon nos espérances, et nous tenons selon nos craintes.

La Rochefoucauld, *Maximes*.

Le rythme binaire est ici souligné par la conjonction de coordination « et » et la double antithèse « promettons » « tenons », « nos espérances » « nos craintes ».

2. Le rythme ternaire

Trois temps de longueur comparable donnent une impression de **complétude**.

« Je n'ai plus rien à apprendre, j'ai marché plus vite qu'un autre, et j'ai fait le tour de la vie.

Chateaubriand, *Mémoires d'outre-tombe*.

La séparation en trois groupes syntaxiques similaires est ici marquée par la présence des virgules et la répétition du pronom de première personne.

3. L'accumulation

Elle juxtapose une **série de mots ou groupes de mots** de longueur à peu près égale, pour donner une impression de **foisonnement**.

« Les uns mouraient sans parler, les autres parlaient sans mourir, les uns mouraient en parlant, les autres parlaient en mourant.

Rabelais, *Gargantua*.

L'accumulation et l'alternance « les uns », « les autres » créent ici un effet comique.

B Les rythmes irréguliers

1. Le rythme croissant

Les groupes syntaxiques sont **de plus en plus longs**, traduisant une forme d'**exaltation**. On parle aussi de **cadence majeure**.

« Non, après ce que nous venons de voir, la santé n'est qu'un nom, la vie n'est qu'un songe, la gloire n'est qu'une apparence, les grâces et les plaisirs ne sont qu'un dangereux amusement [...].

Bossuet, *Oraison funèbre de Henriette-Anne d'Angleterre*.

Le rythme croissant, caractéristique de l'éloquence religieuse, permet ici de rappeler que les moindres détails de l'existence ne sont que vanité au regard de la mort.

2. Le rythme décroissant

Les groupes syntaxiques sont **de moins en moins longs**, traduisant une forme de **dégradation**, voire de déchéance. On parle aussi de **cadence mineure**.

> « Aux premiers réverbères allumés de la rue du Château, elle tombait d'un rêve sur le pavé.
>
> Edmond et Jules de Goncourt, *Germinie Lacerteux*.

Le rythme décroissant d'une partie à l'autre de la phrase (et même à l'intérieur de chaque partie : « Aux premiers réverbères allumés / de la rue du Château, / elle tombait d'un rêve / sur le pavé ») manifeste la déchéance morale du personnage.

C La période

La période désigne une phrase complexe qui correspond à une unité de sens et, pour l'orateur, à une unité de souffle. Elle se compose d'une phase ascendante, la **protase**, puis d'une phase descendante, l'**apodose**.

Particulièrement présente dans les genres de l'éloquence comme le discours, le sermon ou l'oraison funèbre, la **période** est caractéristique de la rhétorique classique.

> « Quelque haut qu'on puisse remonter pour rechercher dans les histoires les exemples des grandes mutations, on trouvera que jusques ici elles sont causées, ou par la mollesse, ou par la violence des princes.
>
> Bossuet, *Oraison funèbre de Henriette de France*.

La protase (jusqu'à « mutations ») correspond ici à la proposition circonstancielle ; l'apodose (de « on trouve » à la fin de la phrase) porte l'information essentielle.

RÉCAPITULONS

- La signification d'un texte est d'abord portée par le lexique : il faut veiller au sens des mots, à leur éventuelle polysémie, à leur inscription dans un champ lexical particulier.
- La phrase, par sa modalité et sa forme, contribue à définir la tonalité d'un texte. La façon dont elle est construite donne un rythme propre à ce dernier.
- Les connecteurs construisent la cohérence générale d'un texte ; ils explicitent en particulier la logique d'une argumentation.

Identifier et commenter un champ lexical

LA DÉMARCHE

- Il faut d'abord **identifier les champs lexicaux** de l'extrait : en fonction de l'objet du texte, on repère les mots qui renvoient à une même réalité.
- Ces champs lexicaux vous permettent ensuite de **déterminer les thèmes du texte**, mais surtout la façon dont l'auteur les traite et le sens qu'il leur donne.
- Le repérage des champs lexicaux vous permet aussi de **définir le registre d'un extrait et, plus largement, de révéler les intentions de l'auteur**.

L'EXEMPLE COMMENTÉ

Dans *Le Ventre de Paris*, Zola décrit l'immense marché des Halles à travers les yeux du peintre Claude Lantier.

« Les salades, les laitues, les scaroles, les chicorées, ouvertes et grasses encore de terreau, montraient leurs cœurs éclatants ; les paquets d'épinards, les paquets d'oseille, les bouquets d'artichauts, les entassements de haricots et de pois, les empilements de romaines, liées d'un brin de paille, chantaient toute la gamme du vert, de la laque verte des cosses au gros vert des feuilles ; gamme soutenue qui allait en se mourant, jusqu'aux panachures des pieds de céleris et des bottes de poireaux. Mais les notes aiguës, ce qui chantait plus haut, c'étaient toujours les taches vives des carottes, les taches pures des navets, semées en quantité prodigieuse le long du marché, l'éclairant du bariolage de leurs deux couleurs.

Émile Zola, *Le Ventre de Paris* (1873).

- Cet extrait est construit autour de **trois champs lexicaux**. À celui des légumes, directement lié à l'objet du texte, s'ajoutent ceux de la couleur et de la musique, qui ont ici une valeur métaphorique. Certains mots relèvent de deux champs lexicaux : « gamme » appartient aux vocabulaires de la musique et de la couleur.
- Ces champs lexicaux révèlent une **focalisation interne** : c'est par les yeux d'un peintre que l'on voit ce décor, ce qui explique sa transformation en un véritable **tableau** par le champ lexical de la couleur.
- Plus largement, le travail du lexique révèle la **dimension esthétique** de la description chez Zola : il ne s'agit pas seulement de donner une image réaliste des Halles, mais de les transformer en **spectacle total**, tenant à la fois de la peinture et de la musique.

Rédiger en utilisant des mots de liaison

LA DÉMARCHE

- Pour rédiger une réponse à une question, un paragraphe de commentaire ou de dissertation, vous devez **expliciter les articulations de votre raisonnement** en utilisant des mots de liaison.
- Pensez notamment à **exprimer les rapports de cause et de conséquence**, qui montrent la cohérence logique de vos analyses.
- Utilisez aussi les mots de liaison pour **introduire un exemple** *(par exemple, ainsi…)*, **annoncer une reformulation** *(autrement dit, c'est-à-dire…)* ou **clore votre raisonnement** en le résumant *(en somme, finalement…)*.

L'EXEMPLE COMMENTÉ

Imaginons que vous avez produit l'analyse suivante à partir de l'extrait qui sert d'exemple à la fiche méthode précédente.

« Le marché des Halles est décrit avec une grande précision. On trouve de nombreux mots qui appartiennent au champ lexical des légumes. Zola ne se contente pas de cette dimension référentielle. Il transforme le lieu en véritable tableau. On remarque le champ lexical des couleurs : « éclatants », « vert », « laque verte », « gros vert », « panachures », « taches vives »… Le lieu est vu en focalisation interne : le narrateur adopte le regard du peintre Claude Lantier.

- Les idées sont justes, mais relativement **difficiles à suivre**, les rapports logiques n'étant jamais explicités. On ne comprend pas bien le rapport d'une idée à l'autre, au point que l'ensemble donne une **impression de décousu**, comme si les remarques étaient juxtaposées les unes aux autres, sans ordre apparent.
- Pour corriger cette impression, il suffit d'ajouter les mots de liaison adéquats aux bons endroits, comme dans ce qui suit.

« Le marché des Halles est décrit avec une grande précision. On trouve ainsi de nombreux mots qui appartiennent au champ lexical des légumes. Cependant, Zola ne se contente pas de cette dimension référentielle, puisqu'il transforme le lieu en véritable tableau. On remarque en effet la présence du champ lexical des couleurs, comprenant par exemple « éclatants », « vert », « laque verte », « gros vert », « panachures » ou encore « taches vives ». Cela montre que le lieu est vu en focalisation interne, car le narrateur adopte le regard du peintre Claude Lantier.

SE TESTER QUIZ

1 Quand dit-on d'un mot qu'il est polysémique ?

☐ **a.** Lorsqu'il a plusieurs sens dénotés.

☐ **b.** Lorsqu'on lui attache de nombreuses connotations.

☐ **c.** Lorsqu'il a un champ lexical dérivationnel étendu.

2 Qu'est-ce qu'une phrase complexe ?

☐ **a.** Une phrase qui comporte plusieurs verbes conjugués.

☐ **b.** Une phrase qui compte plus de dix mots.

☐ **c.** Une phrase au rythme ternaire.

3 Qu'est-ce que le connecteur logique *au point que* ?

☐ **a.** Un adverbe qui exprime la conséquence.

☐ **b.** Un subordonnant qui exprime la cause.

☐ **c.** Un subordonnant qui exprime la conséquence.

4 Qu'est-ce qu'une période ?

☐ **a.** Un rythme de la phrase composé de deux mesures égales.

☐ **b.** Un rythme de la phrase composé d'une phase ascendante puis d'une phase descendante.

☐ **c.** Un rythme de la phrase composé de mesures de plus en plus courtes.

S'ENTRAÎNER

5 Étudiez le rythme de cet extrait des *Confessions* de Rousseau.

Il ne s'agit pas ici d'étudier le **rythme** de toutes les phrases : repérez en particulier les rythmes binaires ou ternaires et commentez l'effet qu'ils produisent. Concentrez-vous sur les exemples les plus frappants.

Dans le Préambule des Confessions, *Rousseau explique les raisons qui l'ont poussé à écrire son autobiographie et affirme qu'il y a raconté sa vie avec la plus totale sincérité.*

« Que la trompette du jugement dernier sonne quand elle voudra, je viendrai, ce livre à la main, me présenter devant le souverain juge. Je dirai hautement : « Voilà ce que j'ai fait, ce que j'ai pensé, ce que je fus. J'ai dit le bien et le mal avec la même franchise. Je n'ai rien tu de mauvais, rien ajouté de bon ; et s'il m'est arrivé d'employer quelque ornement indifférent, ce n'a jamais été que pour remplir un vide occasionné par mon défaut de mémoire. J'ai pu supposer vrai ce que je savais avoir pu l'être, jamais ce que je savais être faux. Je me suis montré tel que je fus : méprisable et vil quand je l'ai été, bon, généreux, sublime, quand je l'ai été : j'ai dévoilé mon intérieur tel que tu l'as vu toi-même. Être éternel, rassemble autour de moi l'innombrable foule de mes semblables ; qu'ils écoutent mes confessions, qu'ils gémissent de mes indignités, qu'ils rougissent de mes misères. »

Jean-Jacques Rousseau, *Confessions* (1782-1789).

6 En vous appuyant sur les connecteurs logiques, étudiez l'organisation de ce texte argumentatif.

Dans la préface de Pierre et Jean, *à laquelle il donne pour titre « Le Roman », Guy de Maupassant définit les principes de l'esthétique réaliste.*

« Le réaliste, s'il est un artiste, cherchera, non pas à nous montrer la photographie banale de la vie, mais à nous en donner la vision plus complète, plus saisissante, plus probante que la réalité même.

Raconter tout serait impossible, car il faudrait alors un volume au moins par journée, pour énumérer les multitudes d'incidents insignifiants qui emplissent notre existence.

Un choix s'impose donc, – ce qui est une première atteinte à la théorie de toute la vérité.

La vie, en outre, est composée des choses les plus différentes, les plus imprévues, les plus contraires, les plus disparates ; elle est brutale, sans suite, sans chaîne, pleine de catastrophes inexplicables, illogiques et contradictoires qui doivent être classées au chapitre *faits divers*.

Voilà pourquoi l'artiste, ayant choisi son thème, ne prendra dans cette vie encombrée de hasards et de futilités que les détails caractéristiques utiles à son sujet, et il rejettera tout le reste, tout l'à-côté.

Un exemple entre mille :

Le nombre des gens qui meurent chaque jour par accident est considérable sur la terre. Mais pouvons-nous faire tomber une tuile sur la tête d'un personnage principal, ou le jeter sous les roues d'une voiture, au milieu d'un récit, sous prétexte qu'il faut faire la part de l'accident ?

Guy de Maupassant, « Le Roman »,
Pierre et Jean (1887).

> Vous pouvez vous appuyer sur les mots de liaison et sur les paragraphes pour déterminer les principales étapes de l'argumentation (thèse, argument, exemple). Distinguez bien les connecteurs principaux, qui relient deux idées, des connecteurs secondaires, internes à une phrase.

SE TESTER

1 Réponse **a.** **2** Réponse **a.** **3** Réponse **c.** **4** Réponse **b.**

S'ENTRAÎNER

5 ▪ On trouve de nombreux **rythmes binaires**, qui traduisent la franchise rigoureuse avec laquelle Rousseau est censé se livrer à l'exercice de l'écriture autobiographique (« je n'ai rien tu de mauvais, rien ajouté de bon » ou « j'ai pu supposer vrai ce que je savais avoir pu l'être, jamais ce que je savais être faux »).

▪ Les **rythmes ternaires** donnent, quant à eux, l'impression que tout est dit, comme dans « voilà ce que j'ai fait, ce que j'ai pensé, ce que je fus » ou « qu'ils écoutent mes confessions, qu'ils gémissent de mes indignités, qu'ils rougissent de mes misères ».

▪ L'expression « méprisable et vil quand je l'ai été, bon, généreux, sublime quand je l'ai été » est particulièrement intéressante. Le **rythme binaire**, marqué par la répétition de l'expression « quand je l'ai été », donne l'impression que Rousseau expose bien et mal avec la même franchise ; cependant, les deux cellules sont inégales, puisque le mal ne compte que deux adjectifs (« méprisable et vil »), alors que le bien a droit à un **rythme ternaire** (« bon, généreux, sublime »).

6 ▪ Dans le premier paragraphe, le balancement **« non pas à… mais à… »** permet d'expliciter la thèse réfutée (le réalisme n'est pas la reproduction pure et simple de la réalité), puis la thèse soutenue (le réalisme cherche à faire plus vrai que la réalité).

▪ Les paragraphes 2 et 3 constituent le premier argument, la phrase du paragraphe 3 étant la conclusion de ce premier argument, introduite par la conjonction de coordination **« donc »**.

▪ Le second argument est introduit par le connecteur **« en outre »**, qui exprime l'addition. Là encore, cet argument est développé sur deux paragraphes (4 et 5), le second étant la conséquence du premier, comme l'indique l'expression **« voilà pourquoi »**.

▪ Enfin, les deux derniers paragraphes constituent un exemple, ce qu'explicite le groupe nominal **« un exemple entre mille »**.

www.annabac.com

CHAPITRE

2 L'énonciation

L'énonciation est souvent perçue comme l'une des notions les plus ardues des études de français au lycée. Pourtant, elle peut permettre de mieux comprendre les enjeux d'une œuvre littéraire et constitue l'un des outils majeurs de l'analyse du texte argumentatif. Ce chapitre est donc l'occasion d'aborder des notions aussi diverses que la situation d'énonciation, les modalisateurs ou les paroles rapportées, dont la maîtrise est fondamentale dans le cadre de la lecture analytique ou du commentaire littéraire.

I Énoncé et énonciation

A Distinction de l'énoncé et de l'énonciation

■ L'**énonciation** désigne l'**acte par lequel un locuteur produit un énoncé**. Comme l'a écrit Émile Benveniste dans ses *Problèmes de linguistique générale* (1974), l'énonciation est la « mise en fonctionnement de la langue par un acte individuel d'utilisation ». Autrement dit, c'est l'opération par laquelle un individu s'approprie la langue des grammaires et des dictionnaires pour créer un énoncé personnel.

Le **locuteur** (du verbe latin *loquor*, « parler ») est celui qui produit l'énoncé, c'est-à-dire celui qui parle.

■ L'énonciation est donc le **processus dont le résultat est un énoncé**. Présenter un texte – oral (discours, conversation, dialogue théâtral…) ou écrit (roman, lettre, poème…) – comme un énoncé, c'est ainsi rappeler qu'il a été produit dans un contexte particulier, au cours d'un processus singulier.

■ L'hypothèse de départ est que **l'énonciation laisse des traces dans l'énoncé**, au point que celui-ci n'est parfois compréhensible qu'en se référant au contexte dans lequel il a été créé. Par exemple, un énoncé aussi simple que *J'habite ici* n'a de sens que si l'on sait qui est *je* et où est *ici*. Pour le savoir, il faut déterminer la **situation d'énonciation** dans laquelle l'énoncé a été produit.

B La situation d'énonciation

■ La situation d'énonciation permet de décrire le contexte qui a vu naître l'énoncé en identifiant le **locuteur**, le **destinataire**, le **lieu** et le **moment** de l'énonciation. Pour déterminer la situation d'énonciation, il faut donc répondre à quatre questions : qui parle ? à qui ? où ? quand ?

■ Il peut être **relativement simple** de préciser la situation d'énonciation à partir du seul énoncé, comme pour ce début de lettre.

« Descartes à Élisabeth

Egmond, juin 1645

Madame,

Je supplie très humblement Votre Altesse de me pardonner, si je ne puis plaindre son indisposition, lorsque j'ai l'honneur de recevoir de ses lettres.

Le locuteur est l'auteur de la lettre, le philosophe René Descartes.
Sa destinataire est Élisabeth, princesse de Bohême (« Votre Altesse »).
Le lieu et le moment de l'énonciation sont précisés par l'en-tête : il s'agit d'« Egmond » (village hollandais) et du mois de « juin 1645 ».

■ L'opération est en revanche **plus difficile** lorsque l'énoncé ne fait absolument pas référence à sa situation d'énonciation, comme pour cette maxime de La Rochefoucauld.

« L'hypocrisie est un hommage que le vice rend à la vertu.

La **maxime** est un énoncé bref qui exprime une vérité générale ou une règle morale. Avec La Rochefoucauld, elle devient un véritable genre littéraire.

II Les indices de l'énonciation

Pour étudier l'énonciation d'un texte, il faut analyser tout ce qui en lui se réfère, implicitement ou explicitement, à la situation d'énonciation. En effet, certains éléments du texte n'ont de sens que s'ils sont mis en relation avec l'acte d'énonciation qui les a produits. Ces indices de l'énonciation sont soit des déictiques, soit des modalités particulières.

A Les déictiques

Les déictiques sont des mots ou expressions qui font une référence directe à un **élément de la situation d'énonciation**. Ils peuvent être de différentes classes grammaticales.

1. Les marques personnelles

	Désigne	Classes grammaticales
1re personne du singulier	le locuteur : celui qui parle	▸ Pronoms personnels : *je, me, moi.* ▸ Déterminants possessifs : *mon, ma, mes.* ▸ Pronoms possessifs : *le mien, la mienne, les miens, les miennes.*
2e personne du singulier ou du pluriel	le(s) destinataire(s) : celui/ceux à qui l'on parle	▸ Pronoms personnels : *tu, te, toi, vous.* ▸ Déterminants possessifs : *ton, ta, tes, votre, vos.* ▸ Pronoms possessifs : *le tien, la tienne, les tiens, les tiennes, le vôtre, la vôtre, les vôtres.*
1re personne du pluriel	le locuteur et d'autres personnes : celui qui parle et ceux qu'il englobe dans son discours	▸ Pronom personnel : *nous.* ▸ Déterminants possessifs : *notre, nos.* ▸ Pronoms possessifs : *le nôtre, la nôtre, les nôtres.*
Pronom indéfini *on*	▸ Généralement valeur d'indéfini : *quelqu'un, n'importe qui.* ▸ Remplace aussi, surtout à l'oral, le pronom *nous (On est allé au cinéma).* ▸ Plus rarement, il remplace *tu (On a bien dormi ?), vous (On se tait !),* voire *je (– Comment allez-vous ? – On fait aller !).*	

La **1re personne du pluriel** permet d'impliquer les destinataires, en partant du principe qu'ils partagent les opinions du locuteur.

2. Les démonstratifs

Les déterminants *(ce, cette, ces)* et pronoms *(celui, celle, ceux, celles)* démonstratifs ont une valeur déictique lorsqu'ils renvoient à un **objet présent dans la situation d'énonciation** : ainsi, lorsqu'un visiteur du Louvre s'exclame *Ce musée est extraordinaire !*, le démonstratif *ce* fait directement référence au musée dans lequel il se trouve.

Il ne faut pas confondre cette **valeur déictique** du démonstratif avec sa valeur anaphorique, qui permet de reprendre un élément antérieur du texte : *Ma robe bleue est déchirée ; j'aimais beaucoup* ***ce*** *vêtement.*

3. Les indices de lieu et de temps

■ Certains indices de lieu réfèrent explicitement au **lieu de l'énonciation**. C'est particulièrement le cas des adverbes *ici* et *là*, dont le référent n'est compréhensible que si l'on sait où se trouve le locuteur : *ici* désigne l'endroit où parle le locuteur, *là* un endroit plus éloigné.

ZOOM

La valeur des modes et des temps verbaux

MODES	**Indicatif**	Mode de la réalité.
	Subjonctif	Mode du possible, de l'incertain, mais aussi de la volonté ou du souhait.
	Impératif	Mode de l'injonction.
	Infinitif	▶ Mode de l'action pure, sans considération de temps ni de personne. ▶ **Infinitif de narration** : raconte un événement en se limitant aux faits.
	Participe	▶ **Participe passé** : action achevée. **Adjectivé**, il qualifie un nom ou un pronom. ▶ **Participe présent** : action en train de se dérouler. Peut être adjectivé (**adjectif verbal**) ou, sous la forme du **gérondif** (*en* + p. présent), peut préciser les circonstances d'une action.
TEMPS	**Présent**	▶ **Présent d'énonciation** : action qui se déroule au moment où l'on parle. ▶ **Présent d'habitude** : action répétée. ▶ **Présent de vérité générale** : idée universelle, valable tout le temps. ▶ **Présent de narration** : action passée rapportée au présent.
	Futur	Action encore à venir. Valeur de certitude.
	Conditionnel	▶ Hypothèse ou supposition. ▶ Modalisateur de l'énoncé. ▶ Expression du futur par rapport à une action passée.
	Imparfait	▶ Action passée inachevée. ▶ Action répétée dans le passé (habitude). ▶ Temps de la description et des actions d'arrière-plan.
	Passé simple	▶ Action passée achevée. ▶ Temps de la narration et des actions de premier plan.
	Passé composé	▶ Action passée et achevée qui a des conséquences dans le présent. ▶ À l'oral, substitut courant du passé simple.
	Autres temps composés	Action achevée antérieure à une autre action.

Il en va de même pour certains indices de temps : des adverbes comme *maintenant, aujourd'hui, hier, demain...* réfèrent directement au **moment de l'énonciation**. Ils ne sont compréhensibles que si l'on sait quand parle le locuteur.

4. Les temps verbaux

Les temps des verbes sont généralement signifiants par rapport au **moment de l'énonciation** : *Je viendrai dans deux jours* n'est du futur que par rapport au moment où le locuteur prononce cette phrase, tout comme *J'y suis allé il y a deux jours* pour le passé.

La valeur première du présent est de marquer la coïncidence de l'action énoncée et du moment de l'énonciation : *J'ai faim* signifie en réalité *Au moment où je parle, j'ai faim.* Pour qualifier cette valeur fondamentale du présent, on parle de **présent d'énonciation**.

B Les modalités d'énoncé

Les modalités comprennent des éléments de natures très variables qui expriment l'**attitude du locuteur par rapport à son énoncé**. Ainsi, dans la phrase *Je suis sûr qu'il pleut,* on peut distinguer l'énoncé brut *(il pleut)* de la modalité qui exprime la certitude du locuteur *(Je suis sûr que...).*

On distingue principalement deux types de modalités d'énoncé :
– les **modalités affectives** expriment le sentiment du locuteur ;
– les **modalités évaluatives** expriment son jugement ou son évaluation.

> Ne confondez pas ces **modalités** d'énoncé avec les modalités d'énonciation qui se traduisent par différents types de phrases (déclarative, interrogative, impérative ou exclamative : voir p. 11).

1. Le lexique évaluatif et affectif

Des noms peuvent porter un jugement sur la réalité qu'ils évoquent.

C'est par exemple le cas de :
– **substantifs familiers** tels que *baraque* (dont les connotations sont péjoratives, comparées à la neutralité de *maison*) ;
– de substantifs construits à partir de **suffixes péjoratifs** comme *populace* (évidemment négatif au regard de *peuple*) ;
– de **substantifs exprimant des valeurs** elles-mêmes péjoratives ou mélioratives (*laideur* ou *beauté*, par exemple).

Les **adjectifs** sont très souvent évaluatifs (*bon* ou *mauvais*, *grand* ou *petit*) ou affectifs *(drôle, terrifiant, aimable...).*

Les **verbes**, surtout employés à la première personne, peuvent eux aussi exprimer la subjectivité du locuteur ; c'est particulièrement le cas des verbes de sentiment *(aimer, haïr, adorer...)* et d'opinion *(penser, croire, supposer...).*

2. Les modalisateurs

- Les modalisateurs sont des termes qui expriment **le degré d'adhésion du locuteur à son énoncé**. Dans *Je suis sûr qu'il pleut*, l'adhésion du locuteur à l'énoncé est presque totale, alors qu'elle est beaucoup moins marquée dans une phrase comme *Il me semble qu'il pleut*.

- Les modalisateurs appartiennent à différentes classes grammaticales :
– **adverbes** *(peut-être, sans doute, éventuellement...)* ;
– **auxiliaires de mode** *(sembler, devoir...)* ;
– **formes impersonnelles** *(il est évident que, il est possible que...)* ;
– verbes au **conditionnel** *(Le ministre aurait présenté sa démission)*.

3. La ponctuation et la typographie

- Certains **signes de ponctuation**, parce qu'ils manifestent à l'écrit une intonation particulière du locuteur, peuvent être considérés comme des indices de l'énonciation. C'est le cas de l'**exclamation** et de l'**interrogation** (signes qu'on qualifie parfois de *ponctuation affective*), mais aussi des **guillemets** lorsqu'ils permettent au locuteur de prendre ses distances avec un énoncé qu'il ne cautionne pas.

- Certains éléments de **mise en page** et de **typographie** (l'usage de lettres capitales, de caractères italiques ou gras) constituent eux aussi des indices de l'énonciation, dans la mesure où ils ont un effet de soulignement qui trahit la présence du locuteur.

> L'**interrogation** est un bon moyen d'impliquer le destinataire dans l'énoncé, tout comme la deuxième personne, l'impératif à la deuxième personne ou encore l'apostrophe.

C Objectivité ou subjectivité de l'énoncé

- Lorsqu'un énoncé comporte de nombreux indices de l'énonciation, on le qualifie parfois d'énoncé **ancré dans la situation d'énonciation**. Cet énoncé marqué par la **subjectivité** du locuteur contient de nombreuses traces de sa présence.

- À l'inverse, lorsqu'un énoncé comporte peu (voire pas) d'indices de l'énonciation, on le qualifie parfois d'énoncé **coupé de la situation d'énonciation**. C'est un énoncé dont l'apparence est **objective**, car il contient très peu de marques de présence du locuteur.

ZOOM

Les niveaux de langue

	Niveau familier	Niveau courant	Niveau soutenu
Contexte d'utilisation	Conversation orale avec des proches (famille, amis). En littérature, effet de style ou réalisme du dialogue.	Situations de la vie quotidienne dans un cadre plus formel. C'est le niveau des écrits fonctionnels, comme le journal.	Cadre très formel, comme un discours politique. En littérature, caractéristique des genres nobles, de style élevé.
Vocabulaire	Lexique restreint et imagé. Mots de la vie quotidienne, familiers, voire argotiques.	Lexique usuel et neutre, sans termes spécialisés.	Lexique recherché et précis. Termes spécialisés si besoin.
Syntaxe	Peu ou pas de phrases complexes. Négation souvent incomplète (sans *ne*). Emploi des temps verbaux les plus usuels.	Quelques phrases complexes. Correction syntaxique (notamment de la négation). Usage des temps simples et composés.	Phrases complexes étendues. Nombreuses subordinations. Inversions courantes. Emploi de tous les temps et modes (subjonctif compris) dans le respect de la concordance des temps.
Style	Style imagé fondé sur de nombreuses métaphores ou comparaisons. Usage d'expressions lexicalisées.	Effets de style peu nombreux. Ton neutre.	Figures de style variées. Recherche d'effets expressifs.

III Le discours rapporté

Il arrive que l'énonciation **se dédouble** : l'énoncé du locuteur contient un autre énoncé, proféré par un autre locuteur. On parle alors de *discours rapporté* (ou de *paroles rapportées*), le discours du locuteur x étant *rapporté* par le locuteur y. Cette reprise des paroles d'autrui peut prendre différentes formes.

A Le discours direct

- Le discours direct reproduit les propos qui ont été tenus tels qu'ils ont été prononcés. Il conserve donc :
– les **marques de l'énonciation** (personne, temps, lieu) ;
– la **forme des phrases** (déclaration, exclamation ou interrogation) ;
– le **niveau de langue** du discours d'origine.

- Ces propos sont en général introduits par un **verbe de parole**, **de jugement** ou **de pensée**, qui peut prendre la forme d'une proposition incise à l'intérieur du discours rapporté. Ils sont isolés du reste de l'énoncé par des **guillemets**.

Le **discours direct**, dans le roman réaliste, accroît la vraisemblan[ce] d'un personnage en faisant entendre ses particularités d'expression (vocabulaire, syntaxe, accent…).

B Le discours indirect

- Le discours indirect rapporte les propos en les insérant dans l'énoncé, sous la forme d'une **proposition subordonnée** introduite par un verbe de parole, de jugement ou de pensée ; les guillemets disparaissent.

- Cette subordination entraîne des transformations dans les paroles rapportées :
– les pronoms personnels sont transposés en fonction de la personne du verbe introducteur ;
– les indices de lieu et de temps sont coupés de la situation d'énonciation originelle ;
– le verbe de la subordonnée doit suivre les règles de la concordance des temps, en fonction du verbe de la principale ;
– les marques d'expressivité, l'exclamation et les mots dont l'usage est réservé à la communication orale (comme *oui* ou *non*) disparaissent ;
– l'interrogation directe devient une subordonnée interrogative indirecte.

Ces **transformations** changent considérablement l'aspect de la phrase d'origine : *Il a dit : « Je viendrai demain »* devient ains[i] au discours indirect : *Il a dit qu'il viendrait le lendemain*.

C Le discours indirect libre

- Le discours indirect libre est un **système mixte**.
- Comme le discours indirect, il intègre les propos rapportés à l'énoncé, **sans guillemets** ; il **transforme les marques de la situation d'énonciation** (personnes, temps et lieux) et les **temps verbaux**.
- Comme le discours direct, il ne comporte **aucune subordination** et conserve les **marques d'expressivité** des propos (respect de la forme des phrases, présence de mots réservés à la communication orale).

C'est parce qu'il est un **système mixte** que le discours indirect libre est difficile à repérer. Cette difficulté est encore accentuée par sa forte intégration dans l'énoncé qui le rapporte.

D Le discours narrativisé

Le discours narrativisé ne rapporte pas les propos tenus, mais en **résume l'idée principale** sous la forme d'un verbe de parole, de pensée ou de jugement. Il est donc très allusif, et ne constitue pas à proprement parler une forme de discours rapporté.

RÉCAPITULONS

- Pour étudier l'énonciation d'un texte, il faut d'abord déterminer sa situation d'énonciation en identifiant le locuteur, le destinataire, le lieu et le moment de l'énonciation.
- Si le texte comporte de nombreux indices de l'énonciation, c'est le signe que le locuteur est très impliqué et que son énoncé est d'apparence subjective. À l'inverse, un texte comportant peu d'indices de l'énonciation est l'œuvre d'un locuteur qui s'efface et veut donner une apparence objective à son énoncé.
- Il est nécessaire de bien distinguer, dans un texte, les énoncés pris en charge par le locuteur et les énoncés d'autres locuteurs qu'il reprend sous la forme de paroles rapportées.

Évaluer le degré de subjectivité d'un texte

LA DÉMARCHE

- **Relevez d'abord les marques de présence du locuteur** dans l'énoncé, aussi bien les déictiques que les modalités.
- En fonction de leur importance, **concluez à l'apparence subjective ou objective du texte**.
- **Interprétez les choix énonciatifs de l'auteur** au regard de ses objectifs.

L'EXEMPLE COMMENTÉ

À la fin de son *Traité sur la tolérance*, Voltaire adresse une « Prière à Dieu » dans laquelle il condamne le fanatisme.

« Ce n'est donc plus aux hommes que je m'adresse ; c'est à toi, Dieu de tous les êtres, de tous les mondes et de tous les temps : s'il est permis à de faibles créatures perdues dans l'immensité, et imperceptibles au reste de l'univers, d'oser te demander quelque chose, à toi qui as tout donné, à toi dont les décrets sont immuables comme éternels, daigne regarder en pitié les erreurs attachées à notre nature ; que ces erreurs ne fassent point nos calamités. Tu ne nous as point donné un cœur pour nous haïr, et des mains pour nous égorger ; fais que nous nous aidions mutuellement à supporter le fardeau d'une vie pénible et passagère [...].

Voltaire, *Traité sur la tolérance* (1763).

- On trouve de **nombreuses marques de présence du locuteur**, à commencer par la première personne du singulier ou du pluriel (l'importance du *nous* montre la volonté de l'auteur de s'inclure dans l'humanité entière) ; on remarque aussi l'usage du présent d'énonciation, caractéristique de la prière.
- Voltaire s'adresse directement à Dieu, l'impliquant dans sa prière par le pronom de la deuxième personne, l'apostrophe et l'impératif. Le « tu », fortement valorisé par des connotations mélioratives, s'oppose ainsi au « nous », que des connotations systématiquement négatives ne cessent de rabaisser. Voltaire **oppose ainsi grandeur divine et faiblesse humaine** à l'aide de nombreux termes évaluatifs.
- Ce début de texte est donc **fortement marqué par la subjectivité de l'auteur** : cela ne surprend pas puisqu'il s'agit d'une prière. C'est une **façon originale d'argumenter** pour Voltaire, qui s'empare de la rhétorique religieuse afin de critiquer le fanatisme religieux.

Analyser un passage au discours indirect libre

LA DÉMARCHE

- **Repérez les paroles rapportées** en les délimitant clairement.
- **Identifiez les indices du discours indirect libre**.
- **Justifiez l'emploi de cette forme de discours rapporté** en étudiant notamment la façon dont il s'insère dans le reste du texte.

L'EXEMPLE COMMENTÉ

Zola utilise régulièrement le discours indirect libre dans ses romans.

« Tenez, ajouta [Gervaise] en montrant son verre, j'ai mangé ma prune ; seulement, je laisserai la sauce, parce que ça me ferait du mal. »

Coupeau, lui aussi, ne comprenait pas qu'on pût avaler de pleins verres d'eau-de-vie. Une prune par-ci par-là, ça n'était pas mauvais. Quant au vitriol, à l'absinthe et aux autres cochonneries, bonsoir ! il n'en fallait pas. Les camarades avaient beau le blaguer, il restait à la porte, lorsque ces cheulards-là entraient à la mine à poivre. Le papa Coupeau, qui était zingueur comme lui, s'était écrabouillé la tête sur le pavé de la rue Coquenard, en tombant, un jour de ribote, de la gouttière du n° 25 ; et ce souvenir, dans la famille, les rendait tous sages. Lui, lorsqu'il passait rue Coquenard et qu'il voyait la place, il aurait plutôt bu l'eau du ruisseau que d'avaler un canon gratis chez le marchand de vin. Il conclut par cette phrase :

« Dans notre métier, il faut des jambes solides. »

Émile Zola, *L'Assommoir* (1877).

- L'extrait **s'ouvre et se ferme** sur du discours direct, visible entre autres grâce à l'usage de guillemets. Entre les deux, les paroles de Coupeau sont retranscrites au discours indirect libre, introduites par un verbe d'opinion et interrompues par la transition vers le discours direct.
- Les **caractéristiques** du discours indirect libre sont bien présentes : transposition des personnes et des temps comme au discours indirect, mais conservation des traits d'oralité et du lexique familier propres au discours direct.
- Le discours indirect libre permet à Zola de **retranscrire la langue populaire** de l'ouvrier Coupeau tout en l'intégrant avec souplesse dans le récit. La voix du narrateur et celle du personnage finissent par se confondre.

SE TESTER QUIZ

1 Quelle question faut-il se poser pour déterminer la situation d'énonciation d'un texte ?

- ☐ **a.** Qui voit et qui raconte la scène ?
- ☐ **b.** Est-ce un texte subjectif ou un texte objectif ?
- ☐ **c.** Qui parle ? à qui ? quand ? et où ?

2 Qu'est-ce qu'un modalisateur ?

- ☐ **a.** Un élément qui exprime le degré d'adhésion du locuteur à son énoncé.
- ☐ **b.** Un élément qui implique le destinataire dans l'énoncé.
- ☐ **c.** Un élément qui explicite la situation d'énonciation.

3 Parmi ces valeurs, laquelle n'est pas une valeur du présent ?

- ☐ **a.** Le présent d'énonciation.
- ☐ **b.** Le présent de vérité générale.
- ☐ **c.** Le présent d'arrière-plan.

4 À quoi reconnaît-on le discours indirect ?

- ☐ **a.** À l'emploi de guillemets.
- ☐ **b.** À la présence d'une subordination.
- ☐ **c.** À la conservation des marques d'expressivité caractéristiques de l'oral.

S'ENTRAÎNER

5 Après avoir défini la situation d'énonciation dans laquelle s'inscrit ce passage, vous étudierez la façon dont Lamartine exploite les ressources de l'énonciation pour tenter de persuader l'auditoire.

Étudiez notamment le **procédés** employés par Lamartine **pour impliquer la foule**. Demandez-vous aussi pourquoi Lamartine utilise autant la **première personne**.

Le 25 février 1848, sur les marches de l'Hôtel de Ville, Lamartine défend le drapeau tricolore face aux insurgés parisiens, qui voudraient lui substituer le drapeau rouge.

« Ce drapeau rouge, qu'on a pu élever quelquefois quand le sang coulait comme un épouvantail contre des ennemis, qu'on doit abattre aussitôt après le combat en signification de réconciliation et de paix. J'aimerais mieux le drapeau noir qu'on fait flotter quelquefois dans une ville assiégée, comme un linceul, pour désigner à la bombe des édifices neutres consacrés à l'humanité et dont le boulet et la bombe mêmes des ennemis doivent s'écarter. Voulez-vous donc que le drapeau de votre République soit plus menaçant et plus sinistre que celui d'une ville bombardée ? […] Citoyens, vous pouvez faire violence au gouvernement, vous pouvez lui commander de changer le drapeau de la nation et le nom de la France. Si vous êtes assez mal inspirés et assez obstinés dans votre erreur pour lui imposer une République de parti et un pavillon de terreur, le gouvernement, je le sais, est aussi décidé que moi-même à mourir plutôt que de se déshonorer en vous obéissant. Quant à moi, jamais ma main ne signera ce décret. Je repousserai jusqu'à la mort ce drapeau de sang, et vous devez le répudier plus que moi, car le drapeau rouge que vous rapportez n'a jamais fait que le tour du Champ-de-Mars, traîné dans le sang du peuple en 91 et en 93, et le drapeau tricolore a fait le tour du monde, avec le nom, la gloire et la liberté de la patrie.

Alphonse de Lamartine, *Discours du 25 février 1848*.

6 Réécrivez cet extrait de *La Princesse de Clèves* en transposant les passages de discours direct au discours indirect, et les passages de discours indirect au discours direct.

Commencez par **identifier les passages** concernés, puis **respectez les transformations** imposées par la transposition d'une forme de discours rapporté à l'autre.

« – Par où vous a-t-on donc fait voir qu'on vous aimait, reprit M. de Clèves, et quelles marques de passion vous a-t-on données ?

– Épargnez-moi la peine, répliqua-t-elle, de vous redire des détails qui me font honte à moi-même de les avoir remarqués et qui ne m'ont que trop persuadée de ma faiblesse.

– Vous avez raison, Madame, reprit-il, je suis injuste. Refusez-moi toutes les fois que je vous demanderai de pareilles choses ; mais ne vous offensez pourtant pas si je vous les demande.

Dans ce moment plusieurs de leurs gens, qui étaient demeurés dans les allées, vinrent avertir monsieur de Clèves qu'un gentilhomme venait le chercher de la part du roi, pour lui ordonner de se trouver le soir à Paris. M. de Clèves fut contraint de s'en aller, et il ne put rien dire à sa femme, sinon qu'il la suppliait de venir le lendemain, et qu'il la conjurait de croire que, quoiqu'il fût affligé, il avait pour elle une tendresse et une estime dont elle devait être satisfaite.

Madame de Lafayette, *La Princesse de Clèves* (1678).

SE TESTER

1 Réponse **c**. **2** Réponse **a**. **3** Réponse **c**. **4** Réponse **b**.

S'ENTRAÎNER

5 ▪ Le paratexte permet d'éclairer la situation d'énonciation : le locuteur est le poète **Alphonse de Lamartine** ; ses destinataires sont les **insurgés** qui veulent imposer le drapeau rouge à la place du drapeau tricolore. Il leur tient ce discours le **25 février 1848**, à Paris, sur les **marches de l'Hôtel de Ville**.

▪ Lamartine met toute son **autorité** de poète reconnu et d'homme politique respecté pour tenter de **convaincre** son auditoire : c'est ce qui explique les nombreuses marques de sa présence dans le texte (première personne, termes évaluatifs et affectifs pour dévaloriser le drapeau rouge, modalisateurs exprimant sa certitude…). De plus, il ne cesse d'**impliquer** l'auditoire en usant d'apostrophes (« Citoyens ») ou de questions rhétoriques (« Voulez-vous donc… ? ») et en multipliant les marques de la deuxième personne du pluriel.

6 M. de Clèves lui demanda par où l'on avait pu lui faire voir qu'on l'aimait et quelles étaient les marques de passion qu'on lui avait données. En guise de réponse, Mme de Clèves le pria de lui épargner la peine de lui redire des détails qui lui faisaient honte à elle-même de les avoir remarqués et qui ne l'avaient que trop persuadée de sa faiblesse. M. de Clèves reconnut qu'elle avait raison et ajouta qu'il était injuste. Il lui demanda de lui refuser toutes les fois où il lui demanderait de pareilles choses, mais de ne pourtant pas s'offenser s'il les lui demandait.

Dans ce moment plusieurs de leurs gens, qui étaient demeurés dans les allées, vinrent avertir M. de Clèves qu'un gentilhomme venait le chercher de la part du roi, pour lui ordonner de se trouver le soir à Paris. M. de Clèves fut contraint de s'en aller, et ne put rien dire d'autre à sa femme que ces mots : « Je vous supplie de venir demain et vous conjure de croire que, quoique je sois affligé, j'ai pour vous une tendresse et une estime dont vous devez être satisfaite. »

www.annabac.com

CHAPITRE

3 Les procédés littéraires

Les procédés littéraires sont l'ensemble des moyens mis en œuvre par l'auteur d'un texte pour raconter, décrire, expliquer, argumenter mais aussi faire naître chez le lecteur des impressions et sentiments déterminés. Cela passe notamment par le recours aux figures de style et aux registres de texte.

I Les figures de style

Les figures de style ou de rhétorique sont des procédés d'expression par lesquels l'auteur cherche à séduire ou persuader son lecteur. Elles sont **au service du sens** qu'elles éclairent. Lorsque vous identifiez leur présence dans un texte, cherchez toujours à en dégager la signification et à en interpréter l'effet.

A Les figures de sens

1. Les figures d'analogie

L'analogie est une ressemblance établie par l'imagination.

- La **comparaison** rapproche deux éléments ayant un point commun, à l'aide d'un outil de comparaison. On distingue le **comparé** (ce que l'on compare), le **comparant** (ce à quoi on le compare) et le **fondement de la comparaison** (le point commun du comparant et du comparé).

Il [comparé] *est malin* [fondement de la comparaison] *comme* [outil comparatif] *un singe* [comparant].

- La **métaphore** est une sorte de comparaison abrégée (l'outil comparatif est le plus souvent absent, et le comparant peut être implicite) qui repose sur une relation de ressemblance, objective ou subjective. Lorsqu'elle est développée sur plusieurs phrases, on parle de **métaphore filée**.

Sauter sur l'occasion ou *prendre le taureau par les cornes* sont des métaphores passées dans le langage courant ou **catachrèses**.

« Le soleil qui se couchait versait des fleuves d'or par toutes ces galeries où roulait jadis le torrent des peuples [...].

Chateaubriand

■ L'**allégorie** représente des idées (abstraites) sous la forme d'un tableau ou d'une histoire qui développe l'analogie initiale. Elle permet donc de rendre concrètes des données abstraites.

La colombe est l'allégorie de la paix.

■ La **personnification** attribue à des éléments non humains ou inanimés les propriétés des êtres animés.

« Trois mille six cents fois par heure, la Seconde
Chuchote : *Souviens-toi !*

Baudelaire

■ La **prosopopée** met en scène les absents, les morts, les êtres surnaturels, voire les êtres inanimés et les fait parler ou agir.

« [La Nature] me dit : « Je suis l'impassible théâtre
Que ne peut remuer le pied de ses acteurs

Vigny

2. Les figures de substitution

■ La **périphrase** remplace un mot simple par une expression plus complexe.

L'auteur des Rougon Macquart, pour désigner Émile Zola.

■ La **métonymie** désigne un élément par un autre élément ayant une relation logique avec le premier.

Boire un verre, pour boire le contenu de ce verre.

■ La **synecdoque** est une forme particulière de métonymie : on désigne alors le tout par la partie.

À l'horizon naviguait une voile.

On désigne le navire par une de ses parties, la voile.

3. Les figures d'opposition

■ L'**antithèse** rapproche deux termes de significations opposées.

« Loin de vous la ravir, on va vous la livrer.

Racine

■ L'**oxymore** est un cas particulier de l'antithèse : on lie syntaxiquement des termes opposés dans un même groupe de mots.

« Cette obscure clarté qui tombe des étoiles

Corneille

ZOOM

Une allégorie en peinture

▲ **Eugène Delacroix, *Le 28 juillet 1830 : la Liberté guidant le peuple.***

▶ Cette toile s'inspire de l'épisode des **Trois Glorieuses, journées de juillet 1830** qui virent la liberté de la presse suspendue, la Chambre des députés dissoute et les systèmes électoraux modifiés par Charles X.

▶ Le peintre met en scène le **combat du peuple sous la forme d'une allégorie**. On y voit ainsi une femme, un drapeau dans une main, une baïonnette dans l'autre, dénudant sa poitrine au-dessus d'un charnier. Incarnant la liberté de manière très réaliste pour l'époque, cette figure donne aussi au tableau son principe de lecture.

▶ Tout y est en effet placé sous le **signe de la liberté** : le bleu, le blanc, le rouge évoquent le souvenir de la Révolution de 1789. La foule – où l'on discerne un Gavroche, un bourgeois coiffé d'un chapeau, un polytechnicien coiffé d'un bicorne – condense la révolte populaire. Dans la partie supérieure de la composition, les vivants triomphent dans des teintes claires par-delà l'espace des morts enfouis dans l'ombre. La Liberté, au sommet de cette composition pyramidale, rallie les différents acteurs de la Révolution au-delà des origines sociales et des divergences idéologiques.

- L'**antiphrase** fait entendre le contraire de ce que l'on dit ; le plus souvent, elle est utilisée à des fins ironiques.

  C'est du joli !

> Utilisée à des **fins ironiques**, l'antiphrase s'allie alors avec l'hyperbole : l'exagération de cette dernière constitue l'indice de l'ironie.

4. Les figures d'atténuation ou d'exagération

- L'**euphémisme** nomme des réalités désagréables de manière neutre, voire de manière agréable.

  Il est parti pour *il est mort.*

- La **litote** dit le moins pour faire entendre le plus.

  Ce n'est pas une lumière ! pour dire que quelqu'un est particulièrement stupide.

- L'**hyperbole** exagère un trait grâce, notamment, à des termes augmentatifs (préfixes comme *extra-*, adverbes marquant le haut degré, comparaisons, métaphores).

  Un bruit à réveiller les morts.

B Les figures de construction

1. Les figures d'insistance

- La **répétition** reprend une même unité (son, mot, groupe de mots, vers...).

« Moi je voyais briller au-dessus de la mer
Les yeux d'Elsa les yeux d'Elsa les yeux d'Elsa.

Aragon

- L'**anaphore** est une répétition insistante du ou des même(s) terme(s) en début de vers ou de phrases.

« Je n'écris point d'amour, n'étant point amoureux,
Je n'écris de beauté, n'ayant belle maîtresse,
Je n'écris de douceur, n'éprouvant que rudesse,
Je n'écris de plaisir, me trouvant douloureux,
Je n'écris de bonheur, me trouvant malheureux,
Je n'écris de faveur, ne voyant ma princesse,
Je n'écris de trésors, n'ayant point de richesse,
Je n'écris de santé, me sentant langoureux

Du Bellay

- L'**énumération** reprend des unités proches par le sens.

« Vous savez que je suis un ignorant, un sot, un fou, un impertinent, un paresseux, ce que nos Bourguignons appellent un fieffé truand, un escroc, un gourmand...

Diderot

La **gradation** classe les termes d'une énumération du plus faible au plus fort, ou du plus fort au plus faible.

> Je le vis, je rougis, je pâlis à sa vue
>
> Racine

Le **parallélisme** est un type de répétition qui affecte la syntaxe. C'est la reprise, dans plusieurs séquences successives, d'un même schéma syntaxique, accompagné d'une variation le plus souvent lexicale.

> À toi l'hymne d'amour ! À toi l'hymne d'hymen !
>
> Hugo

Le **chiasme** place dans l'ordre inverse les termes de deux groupes syntaxiques.

> Vaincu, chargé de fers, de regrets consumés
>
> Racine

2. Autres figures de construction

L'**interrogation oratoire**, ou **question rhétorique**, est une question qui n'attend pas de réponse, mais qui permet d'impliquer le destinataire.

> Ah ! fallait-il en croire une amante insensée ?
> Ne devrais-tu pas lire au fond de ma pensée ?
>
> Racine

L'**ellipse** omet un terme grammatical normalement nécessaire à la construction de la phrase : elle produit un effet de raccourci saisissant.

> Je t'aimais inconstant, qu'aurais-je fait fidèle ?
>
> Racine

L'**asyndète** désigne une absence de coordination.

Bon gré, mal gré.

Du point de vue syntaxique, cette **absence de coordination** s'appelle juxtaposition.

L'**anacoluthe** est une rupture de construction syntaxique, parfois incorrecte au plan grammatical, mais qui résulte souvent d'une recherche stylistique ou d'un trait de syntaxe affective ou expressive.

> Intrépide, et partout suivi de la victoire,
> Charmant, fidèle enfin : rien ne manque à sa gloire
>
> Racine

II Les registres

Le registre d'un texte est l'ensemble des éléments expressifs visant à faire naître une émotion particulière chez le lecteur.

1. Le registre comique

- Il repose sur l'**humour** et vise à faire rire par des effets de disproportion, de décalage. Il peut rejoindre la **caricature**, qui grossit le trait pour décrire une situation, un personnage, et la **parodie**, imitation volontiers grossière d'une œuvre. La parodie est dite *burlesque* lorsque le sujet imité est noble.
- Le rire naît de l'**exagération** ou de l'**allusion**. Le registre comique est soutenu par les jeux de mots et le télescopage des niveaux de langue et peut jouer sur l'ironie.

L'**ironie** est fondée sur la complicité du locuteur et du lecteur. Elle permet la critique implicite d'un point de vue par la combinaison de l'antiphrase et de l'hyperbole.

2. Le registre tragique

- Lié à l'évocation d'un destin implacable qui voue inexorablement l'homme à la mort, il exprime les affres d'une **conscience soumise à des forces qui la dépassent**.
- Il recourt à l'interrogation, l'exclamation, l'interjection et l'antithèse, et met en œuvre les champs lexicaux de la fatalité, de la mort, des passions, de l'impuissance.

3. Le registre pathétique

- Du grec *pathos*, « passion, souffrance », il cherche à produire un **sentiment de pitié par l'expression vive des douleurs**.
- Il mobilise un vocabulaire de l'affectivité, de la peine, utilise l'interjection, l'exclamation, l'hyperbole afin d'augmenter l'émotion.

4. Le registre dramatique

- Du grec *drama*, « l'action », il crée un **effet de vivacité et de rapidité dans la relation des événements**, au théâtre et dans le récit.
- Ce registre se traduit par un rythme prompt, voire saccadé, le ménagement de coups de théâtre et de suspense.

5. Le registre épique

- Comme l'épopée, récit célébrant les hauts faits d'un héros, ce registre s'attache à l'**exaltation d'actions héroïques** qu'il met en valeur parfois jusqu'au merveilleux.
- Il emploie les figures de l'amplification mais aussi la personnification et le symbole, chargé d'incarner des valeurs collectives.

6. Le registre fantastique

- Ce registre fait hésiter le lecteur entre rationalité et surnaturel.
- Il use de modalisateurs, de phrases interrogatives et exclamatives, d'une syntaxe elliptique, de comparaisons, de métaphores pour provoquer la peur.

7. Le registre lyrique

- Attaché à l'origine à l'expression poétique – le poète accompagnant ses vers de sa lyre –, il s'applique par extension à tous les textes où le locuteur met l'accent sur sa **propre personne** et cherche à traduire ses **états d'âme**.
- Le pronom *je* y gouverne le plus souvent l'énonciation, fortement modalisée, marquée par une ponctuation expressive au service du rythme.

8. Le registre oratoire

- Il entre dans les **stratégies argumentatives**.
- Il déploie tous les moyens qui donnent ampleur et efficacité au discours afin de frapper les consciences : apostrophes, utilisation insistante de la première personne, questions rhétoriques, anaphore, accumulation, gradation, périodes.

9. Le registre polémique

- Du grec *polemos*, « la guerre », il se caractérise par l'**affrontement parfois violent de points de vue opposés**.
- Le lexique peut y être dévalorisant, connoté péjorativement. Les interrogations oratoires, les répétitions, l'apostrophe rendent manifestes les attaques.

10. Le registre satirique

- Comme la satire, il **critique et dénonce au moyen de la raillerie** les travers d'un individu ou d'une catégorie sociale.
- Il emploie l'apostrophe, l'invective, le sarcasme et l'ironie.

11. Le registre didactique

- Il est utilisé quand le locuteur cherche à **instruire son destinataire**.
- Il est caractérisé par un lexique précis, un discours clairement composé multipliant les liens logiques, les questions-réponses, les exemples.

RÉCAPITULONS

Figures de style et registres s'associent dans les textes pour produire des effets sur le lecteur. Ce sont de précieux outils d'analyse qui permettent de dégager le sens et la portée d'un extrait.

Analyser une figure de style

LA DÉMARCHE

- **Identifiez les figures de style** présentes dans le texte.
- **Déterminez l'effet** qu'elles produisent.
- **Mettez en relation les différentes figures** pour dégager la portée générale de l'extrait.

L'EXEMPLE COMMENTÉ

« Souvent, pour s'amuser, les hommes d'équipage
Prennent des albatros, vastes oiseaux des mers,
Qui suivent, indolents compagnons de voyage,
Le navire glissant sur les gouffres amers.

À peine les ont-ils déposés sur les planches,
Que ces rois de l'azur, maladroits et honteux
Laissent piteusement leurs grandes ailes blanches
Comme des avirons traîner à côté d'eux.
[…]
Le Poète est semblable au prince des nuées
Qui hante la tempête et se rit de l'archer ;
Exilé sur le sol au milieu des huées,
Ses ailes de géant l'empêchent de marcher.

Charles Baudelaire, « L'albatros », *Les Fleurs du Mal* (1857).

- Les personnifications préparent l'assimilation de l'oiseau et du poète.
L'antithèse insiste sur la réversibilité de la condition de l'oiseau et, par là même, du poète.
La périphrase dramatise l'anecdote.
La synecdoque condense le décor.
La comparaison introduit la dimension allégorique du poème.
L'anacoluthe mime la démarche bancale de l'oiseau sur terre.

- L'albatros – sujet central d'une anecdote – devient, par le biais des figures de style, le **symbole de la condition du poète**. L'élucidation du fonctionnement allégorique du poème en permet une relecture morale et philosophique, et non plus seulement comme une scène de mer.

Repérer le registre d'un texte

LA DÉMARCHE

- Commencez par **déterminer le sentiment** que le texte fait naître chez le lecteur.
- Appuyez-vous ensuite sur les **formes et figures mises en jeu** pour confirmer cette impression.
- Montrez enfin en quoi **le registre rencontre la visée** de l'auteur.

PROCÉDER PAS À PAS

I Déterminer le sentiment né à la lecture

Le rire. Demandez-vous s'il s'agit d'un rire franc ou de second degré.
La crainte. Déterminez si elle est liée à la présence d'une destinée fatale ou à une hésitation entre explication rationnelle ou surnaturelle.
L'émotion. Qualifiez-la (pitié, admiration, malaise, identification…).
L'exaltation. Cherchez dans le rythme des phrases et les images ce qui crée un effet d'entraînement et de vivacité.
L'édification. Montrez qu'il s'agit d'élever l'âme du lecteur, de l'instruire, d'augmenter son savoir.
L'indignation. Montrez que le texte travaille à faire réagir le lecteur, à le faire sortir de ses convictions.

II S'appuyer sur les formes mises en œuvre par le texte

Le niveau de langue. Familier, il signe souvent un registre comique ou satirique. Soutenu, il est un indice du registre tragique ou épique.
La syntaxe. Saccadée, elle soutient le registre dramatique. Complexe, elle se met au service du registre oratoire.
Les champs lexicaux. Un lexique de l'affectivité signale un registre lyrique. De nombreux verbes d'action soulignent un registre dramatique.
Les figures de style. La question rhétorique se fait la spécialité du registre polémique. L'apostrophe apparaît plutôt dans le registre satirique.

III Articuler registre et visée

Instruire. En fonction du registre repéré, déterminez la nature de l'enseignement délivré (moral, politique, esthétique…).
Plaire. Reliez le registre à la séduction que le texte exerce sur le lecteur (formes, contenu…).
Argumenter. Analysez comment les impressions nées du registre entrent dans une stratégie de conviction ou de persuasion.

SE TESTER QUIZ

1 Qu'est-ce qu'une interrogation oratoire ?

☐ **a.** Une question dont la réponse est évidente.

☐ **b.** Une question posée par l'orateur et à laquelle l'auditoire doit répondre.

☐ **c.** Une question qui n'attend pas de réponse et implique le destinataire.

2 Parmi ces figures, laquelle n'est pas une figure d'insistance ?

☐ **a.** L'anaphore.

☐ **b.** L'hyperbole.

☐ **c.** L'énumération.

3 Identifiez la figure de style dans les vers suivants.

C'est l'Ennui ! – l'œil chargé d'un
[pleur involontaire,
Il rêve d'échafauds en fumant son
[houka

Baudelaire

☐ **a.** Une allégorie.

☐ **b.** Une métaphore filée.

☐ **c.** Une périphrase.

4 Par quoi définit-on le registre dramatique ?

☐ **a.** L'accent mis sur la fatalité.

☐ **b.** Le recours à des dialogues de théâtre.

☐ **c.** Un effet de rapidité et de vivacité dans la relation des événements.

S'ENTRAÎNER

5 Identifiez les figures de style dans le texte suivant et déduisez-en le registre.

« Rien n'était si beau, si leste, si brillant, si bien ordonné que les deux armées. Les trompettes, les fifres, les hautbois, les tambours, les canons, formaient une harmonie telle qu'il n'y en eut jamais en enfer. Les canons renversèrent d'abord à peu près six mille hommes de chaque côté ; ensuite la mousqueterie ôta du meilleur des mondes environ neuf à dix mille coquins qui en infectaient la surface. La baïonnette fut aussi la raison suffisante de la mort de quelques milliers d'hommes. Le tout pouvait bien se monter à une trentaine de mille âmes. Candide, qui tremblait comme un philosophe, se cacha du mieux qu'il put pendant cette boucherie héroïque.

Voltaire, *Candide* (1759).

6 Identifiez le(s) registre(s) dans cette tirade de Phèdre.

« Mon mal vient de plus loin. À peine au fils d'Égée
Sous les lois de l'hymen je m'étais engagée,
Mon repos, mon bonheur, semblait être affermi.
Athènes me montra mon superbe ennemi.
Je le vis, je rougis, je pâlis à sa vue.
Un trouble s'éleva dans mon âme éperdue.
Mes yeux ne voyaient plus, je ne pouvais parler,
Je sentis tout mon sang et transir et brûler.
Je reconnus Vénus et ses feux redoutables,
D'un sang qu'elle poursuit tourments inévitables.
Par des vœux assidus je crus les détourner.
Je lui bâtis un temple, et pris soin de l'orner.
De victimes moi-même, à toute heure entourée,
Je cherchais dans leurs flancs ma raison égarée.
D'un incurable amour remèdes impuissants !
En vain sur les autels ma main brûlait l'encens.
Quand ma bouche implorait le nom de la déesse,
J'adorais Hippolyte ; et, le voyant sans cesse,
Même au pied des autels que je faisais fumer,
J'offrais tout à ce Dieu que je n'osais nommer.
Je l'évitais partout. Ô comble de misère !

Jean Racine, *Phèdre* (1677).

SE TESTER

1 Réponse **c**. **2** Réponse **b**. **3** Réponse **a**. **4** Réponse **c**.

S'ENTRAÎNER

5 La guerre est vue à travers les yeux de Candide qui porte sur elle un regard naïf. L'accumulation présente dans les deux premières phrases, combinée à la gradation, traduit son émerveillement ; la comparaison hyperbolique, « telle qu'il n'y en eut jamais en enfer », suggère l'admiration béate de l'apprenti philosophe. Pourtant les figures de l'euphémisme, avec l'expression « meilleur des mondes », de l'antiphrase, avec la proposition « dix mille coquins qui en infectaient la surface », et de l'oxymore, qui allie « boucherie » et « héroïque », introduisent des dissonances dans cette représentation trop harmonieuse du combat. C'est donc que les figures de l'exagération se trouvent mises au service de l'ironie. Il s'agit ainsi pour Voltaire, à travers le registre satirique, de dénoncer cette prétendue valeur qu'est l'héroïsme guerrier et de railler les leçons de la philosophie optimiste, aux yeux de laquelle tous les maux trouvent une justification.

6 ▪ Deux registres se combinent dans ce texte, le **registre tragique** et le **registre pathétique**.

▪ Cette tirade exprime en effet la **douleur de Phèdre face à la fatalité qui l'écrase**. Le personnage semble en butte à la vengeance divine, sous les traits de Vénus, qui poursuit sa famille : Phèdre ne peut résister à l'amour interdit, parce qu'incestueux, qu'elle ressent pour Hippolyte. Il y a donc bien une forme de fatalité, force supérieure face à laquelle l'héroïne ne peut rien, caractéristique du registre tragique.

▪ Néanmoins, l'abondance de termes relevant du **champ lexical de la souffrance** avec « mal », « pâlis », « trouble », « éperdue », « tourments », « incurable » et la répétition d'exclamations douloureuses (v. 15 et 21) montrent que Racine mobilise aussi les ressorts du registre pathétique : c'est qu'il cherche à faire pleurer son public autant qu'à lui inspirer la crainte.

Les objets d'étude

www.annabac.com

CHAPITRE

4 Le roman et ses personnages

Le roman est un genre ambigu : défini comme un récit de fiction, il a pourtant l'ambition de représenter la réalité. Ce paradoxe est particulièrement apparent dans le cas du personnage de roman : celui-ci est-il la représentation fidèle d'un individu bien réel, ou bien la construction, l'invention d'un type qui n'existe vraiment que dans l'esprit du romancier ? Plus largement, comment une fiction, forcément mensongère, peut-elle dire la vérité du monde réel ? Quels sont les procédés que le roman utilise pour donner à ses lecteurs l'illusion de la réalité ?

I L'écriture romanesque

A La construction de l'intrigue

1. L'incipit

- Le **début d'un roman** est un moment important. C'est un seuil que le lecteur doit passer et qui marque la **frontière** entre le monde réel et le monde fictif. L'incipit doit donc être lu avec grande attention : il concentre certains des enjeux majeurs du roman.

Incipit liber (« ici commence le livre ») marquait le début d'un nouveau texte dans les manuscrits médiévaux. Aujourd'hui, l'**incipit** désigne le début d'un récit.

- L'incipit peut prendre **différentes formes**. Il est statique s'il présente de façon détaillée le cadre du récit, dans une longue description. Il est progressif lorsqu'il dévoile peu à peu des informations, tout en conservant une part de mystère. Il est dynamique, ou *in medias res* (« au milieu de l'action ») lorsqu'il jette le lecteur au milieu d'une action déjà commencée. Enfin, il est suspensif lorsqu'il déconcerte le lecteur en ne lui donnant aucune information et en n'amorçant pas non plus l'action.

- L'incipit remplit **trois fonctions principales**. Il crée le monde de la fiction en répondant aux questions que se pose le lecteur commençant le roman (qui ? où ?

quand ?...). Il provoque sa curiosité pour l'inciter à poursuivre sa lecture. Enfin, il noue avec lui un pacte de lecture et lui donne les clés nécessaires à la compréhension du roman.

2. Les séquences narratives

- Un roman propose généralement une intrigue complexe qui mêle **plusieurs fils narratifs**. Ainsi, après l'incipit, plusieurs séquences narratives se combinent.

- Elles sont **enchaînées**, lorsqu'elles se succèdent dans l'ordre chronologique. Elles sont **enchâssées** lorsqu'une séquence est introduite à l'intérieur d'une autre séquence (par exemple, lorsqu'un personnage raconte une histoire). Enfin, elles ont un **développement simultané** lorsqu'elles se déroulent en même temps, comme en parallèle.

3. L'explicit

Le **dénouement d'un roman** est tout aussi signifiant que son commencement. L'explicit a une valeur dramatique s'il conclut l'action par un dernier rebondissement. Il a une valeur morale s'il tire un enseignement de l'histoire qui vient d'être racontée. Certains explicits sont cependant ouverts, donnant l'impression que le roman reste inachevé.

> *Explicit liber* (« ici s'achève le livre ») concluait les manuscrits médiévaux. Aujourd'hui l'**explicit** désigne la fin d'un récit.

B Le temps de la narration

1. Le moment de la narration

- Le moment de la narration désigne l'**époque à laquelle le narrateur raconte son histoire**. Comme l'information est très rarement précisée, on se contente de situer le narrateur par rapport aux événements qu'il rapporte.

- La narration est **ultérieure** si ce moment se situe après les événements (récit au passé), **simultanée** s'il les raconte au moment même où ils se déroulent (récit au présent) ou **antérieure** s'il se situe avant eux (récit au futur).

2. L'ordre de la narration

Généralement, la narration suit un **ordre chronologique**. Il arrive cependant qu'elle fasse une **analepse** (c'est-à-dire un retour en arrière) ou une **prolepse** (c'est-à-dire une anticipation).

3. Le rythme de la narration

- **Le narrateur ne peut pas tout raconter** : il doit passer rapidement sur les événements insignifiants, voire les taire, mais développer les moments importants.

On distingue ainsi quatre **rythmes de narration**. L'**ellipse** passe sous silence une partie de l'histoire. Le **sommaire** résume une partie sans grande importance. La **scène** développe un temps fort du récit. La **pause**, enfin, interrompt l'action pour faire une description ou un commentaire.

C La focalisation

1. Le mode de narration

Il désigne la position qu'occupe le narrateur par rapport à l'histoire. Dans la **narration à la première personne**, le narrateur est l'un des personnages du récit (qu'il soit personnage principal ou simple témoin). Dans la **narration à la troisième personne**, il est extérieur au récit.

2. Le point de vue

Le narrateur peut adopter trois points de vue différents sur l'action. Dans la **focalisation externe**, il a le point de vue d'un observateur extérieur, limité à ce que l'on peut voir ou entendre. Dans la **focalisation interne**, il adopte le point de vue d'un personnage et perçoit le monde à travers sa conscience, ses pensées et sensations. Enfin, dans la **focalisation zéro**, le narrateur est omniscient : il voit tout, sait tout et connaît les pensées de tous les personnages.

> La **focalisation** (du latin *focus*, « foyer ») est un terme emprunté à l'optique : il désigne le point à partir duquel le narrateur voit l'action.

D La description

1. Les procédés de la description

La description se distingue de la narration par l'usage de **verbes de perception** *(voir, sentir...)* **et d'état** *(être, paraître...)*, de **présentatifs** *(c'est, il y a, voici, voilà)*, par l'emploi d'un **vocabulaire concret** (en particulier des adjectifs qualificatifs de couleur, de forme, de volume...) et la présence d'**indices spatiaux** et de **figures de style** caractéristiques (telles que la comparaison, la métaphore ou l'énumération).

Son temps est généralement l'**imparfait** (si le récit est au passé simple) ou le **présent** (si le récit est lui-même au présent).

2. Les fonctions de la description

La description peut avoir une fonction **documentaire** (si elle renseigne sur un lieu, un objet ou un personnage), **réaliste** (lorsqu'elle renforce la vraisemblance du récit), **narrative** (quand elle donne des informations nécessaires à la compréhension du récit), **symbolique** (par exemple, dans le cadre des portraits de personnages types) ou **argumentative** (lorsqu'elle sert de preuve ou d'exemple).

II La construction du personnage

A Les caractéristiques du personnage

■ Pour donner à son personnage l'épaisseur de la réalité, le romancier choisit souvent de le construire à partir de **nombreux détails réalistes** : nom et prénom (qui ont parfois une valeur symbolique ou sociale), âge, histoire passée, langage propre (vocabulaire et syntaxe qui témoignent d'un niveau social, particularismes locaux...), statut social sont autant d'éléments qui inscrivent le personnage dans la réalité.

■ Dans l'action, il peut être **personnage principal** (protagoniste) ou **secondaire**, voire simple **figurant**.

■ Le romancier peut choisir de présenter le personnage de façon **directe**, principalement sous la forme d'un portrait ; mais il peut aussi le construire de façon **indirecte** et le présenter à travers ses actes, ses comportements, ses paroles.

> Le mot *héros* peut qualifier le **personnage principal**, mais aussi un personnage idéalisé au comportement héroïque. Ainsi, tous les personnages principaux ne sont pas des héros !

B Le portrait romanesque

1. Contenu et structure

Un **portrait physique** (apparence générale, corpulence, taille, visage, vêtements...) est souvent suivi d'un **portrait moral** (type d'esprit, valeurs, moralité, pensées révélatrices, sentiments, goûts...).

2. Insertion dans le récit

Le portrait constitue une pause lorsqu'il s'agit d'un portrait **statique** (description pure et simple – ou directe) ; il constitue une scène lorsqu'il est **dynamique** (description indirecte : portrait en action qui présente le personnage à travers ses gestes, son attitude, ses paroles).

3. Point de vue

Le portrait peut être fait par un narrateur omniscient (**focalisation zéro** qui provoque une impression d'objectivité) ou par un autre personnage (**focalisation interne** qui donne une dimension plus subjective, ouverte au jugement), voire par le personnage lui-même (autoportrait en focalisation interne). Dans certains cas, le portrait se limite aux apparences extérieures, et le narrateur ne donne que peu d'informations (portrait en **focalisation externe**).

4. Élaboration d'un type

Au-delà du personnage et de ses attributs, il arrive que le portrait évoque une réalité sociale, morale ou psychologique que le personnage incarne. C'est en particulier le cas des **personnages types**, par exemple chez Balzac : Rastignac incarne ainsi le type de l'ambitieux dans *Le Père Goriot*.

ZOOM

Le portrait en peinture

▲ Jean Auguste Dominique Ingres, *Portrait de Louis-François Bertin* (1832).

▶ Le peintre néoclassique Ingres donne ici vie à un personnage en le représentant de façon **réaliste**, jusque dans ses **détails les moins séduisants**. Si Louis-François Bertin apparaît comme le **personnage type du bourgeois**, c'est surtout la vérité de sa personnalité qu'Ingres tente de représenter.

▶ Comme le peintre le dit lui-même, « rien de plus naturel et de plus expressif, rien de plus conforme au caractère du personnage à représenter que cette apparence d'une **forme sûre d'elle-même** et d'une **bonhomie impérieuse** ».

C La psychologie romanesque

- L'un des apports du roman d'analyse à la définition du personnage est sa **construction psychologique**. Le développement de la focalisation interne, en particulier, a permis aux romanciers de donner à voir l'intériorité du personnage de fiction.

- Le personnage est alors conçu comme un ensemble de **signes cohérents**, qui contribuent à créer un **individu univoque**, c'est-à-dire sans ambiguïté. Le roman du XIXe siècle crée des personnages dont le sens n'échappe pas au lecteur ; de ce point de vue, ils sont peu réalistes, ne cherchant pas à capter la part d'incompréhensible de tout individu. L'extériorité du personnage est ainsi le plus souvent le reflet de son intériorité (comme pour les personnages des contes, dont la beauté physique est en général le reflet de la bonté morale).

- C'est précisément cette approche qui a été **critiquée au XXe siècle** : en réalité, les individus ne sont pas aussi monolithiques et univoques que dans les romans.

III Une vision du monde réel

A Roman et réalité

- Pour donner au lecteur l'illusion de la réalité, le procédé le plus courant est la **description**, qui multiplie les « effets de réel ». Par cette expression, le critique Roland Barthes désigne ce qu'il appelle les « détails inutiles » d'une narration, qui n'ont aucun rôle à jouer dans le récit.

- Le dialogue peut aussi donner une forte impression de réalité, par toutes les **marques d'oralité** (interjections, familiarités, intonations…) et par la **parlure** (le terme désigne la façon de parler d'une classe sociale, puis, par extension, les particularités d'expression d'un individu). Ainsi, la façon dont Zola fait parler le peuple accrédite la vraisemblance de son récit.

- Certains genres romanesques, enfin, ont été inventés pour donner au lecteur une impression de réalité ; c'est en particulier le cas du **roman épistolaire** et du **roman-mémoires**.

> Barthes prend l'exemple du baromètre dans « Un cœur simple » de Flaubert : « Un vieux piano supportait, sous un baromètre, un tas pyramidal de boîtes et de cartons. » Cet objet ne joue aucun rôle dans l'histoire : c'est un pur **effet de réel**.

ZOOM

Portrait romanesque et incarnation cinématographique

◂ **Isabelle Huppert dans *Madame Bovary* (1991) de Claude Chabrol.**

« Ce qu'elle avait de beau, c'étaient les yeux ; quoiqu'ils fussent bruns, ils semblaient noirs à cause des cils, et son regard arrivait franchement à vous avec une hardiesse candide. […] Son cou sortait d'un col blanc, rabattu. Ses cheveux, dont les deux bandeaux noirs semblaient chacun d'un seul morceau, tant ils étaient lisses, étaient séparés sur le milieu de la tête par une raie fine, qui s'enfonçait légèrement selon la courbe du crâne ; et, laissant voir à peine le bout de l'oreille, ils allaient se confondre par derrière en un chignon abondant, avec un mouvement ondé vers les tempes, que le médecin de campagne remarqua là pour la première fois de sa vie. Ses pommettes étaient roses.

Gustave Flaubert, *Madame Bovary* (1857).

▸ Le portrait romanesque donne vie au personnage en multipliant les détails réalistes. Le cinéma l'incarne dans un acteur ou une actrice.

B Roman et Histoire

- Le **roman historique** se veut, quant à lui, une représentation de la réalité passée : l'Histoire (réelle) fournit le décor, la toile de fond de l'intrigue (fictive).

- Le roman est, plus largement, l'**historien du présent** : comme l'écrivent les frères Goncourt au XIXe siècle, « les historiens sont des raconteurs du passé, les romanciers des raconteurs du présent ». On peut ainsi considérer que tout roman, derrière la fiction du récit, porte un discours sur le monde réel dans lequel il a été conçu et écrit.

C Roman et société

C'est ainsi que les romanciers du XIXe siècle se sont souvent donné pour ambition de représenter la société de leur temps ; les cycles romanesques de Balzac *(La Comédie humaine)* ou de Zola *(Les Rougon-Macquart)* constituent un **monde à part entière**, sorte de miroir du monde réel. Connaître le monde (fictif) du roman, c'est alors un peu connaître le monde (réel) dans lequel nous vivons.

Dans un célèbre passage du *Rouge et le Noir* (1830), Stendhal compare le roman à « un miroir qui se promène sur une grande route ».

RÉCAPITULONS

- Pour donner l'illusion de la réalité, le roman exploite toutes les ressources de la narration : il joue sur la construction de l'intrigue, le temps de la narration ou la focalisation. Par la description, il peut multiplier les effets de réel.
- Le personnage de roman est pourvu de caractéristiques qui lui donnent sa vraisemblance. Individualisé par le portrait et doté d'une psychologie propre, il n'a rien à envier aux personnes réelles.
- Le roman est ainsi porteur d'une vision du monde : ses personnages constituent de véritables modèles humains, dont l'auteur montre les vertus ou les défauts.

Étudier l'incipit d'un roman

LA DÉMARCHE

- **Déterminez la forme de l'incipit** : l'action a-t-elle déjà commencé ? Est-ce plutôt un incipit descriptif ?
- **Identifiez ses différentes fonctions** : comment provoque-t-il la curiosité du lecteur ? Quelles informations lui donne-t-il ? Quel pacte de lecture (implicite ou explicite) noue-t-il avec lui ?

L'EXEMPLE COMMENTÉ

Voici les premières lignes de l'*Histoire de Gil Blas de Santillane*, roman picaresque écrit par Lesage au XVIIIe siècle.

« Blas de Santillane, mon père, après avoir longtemps porté les armes pour le service de la monarchie espagnole, se retira dans la ville où il avait pris naissance. Il y épousa une petite bourgeoise, qui n'était plus dans sa première jeunesse, et je vins au monde dix mois après leur mariage. Ils allèrent ensuite demeurer à Oviedo, où ma mère se fit femme de chambre et mon père écuyer. Comme ils n'avaient pour tout bien que leurs gages, j'aurais couru risque d'être assez mal élevé, si je n'eusse pas eu dans la ville un oncle chanoine.

Alain-René Lesage, *Histoire de Gil Blas de Santillane* (1715-1735).

- On peut hésiter entre deux formes. D'un côté, la mention d'une carrière du « père » dans l'armée espagnole donne l'impression que l'action a commencé avant le début du roman : ce serait alors un **incipit dynamique**. De l'autre côté, le lecteur est encore en position d'attente : il sait que c'est l'entrée en scène du narrateur personnage qui va vraiment lancer l'action. Les informations sur sa généalogie participeraient donc d'un **incipit progressif**.
- Cet incipit **situe l'histoire** dans un contexte spatio-temporel (« la monarchie espagnole », « Oviedo ») et donne des **informations** relatives au personnage (généalogie, milieu social…). Il provoque la **curiosité du lecteur** par son rythme très enlevé et son ton un peu ironique (« une petite bourgeoise, qui n'était plus dans sa première jeunesse »). Enfin, il noue un **pacte de lecture réaliste** en utilisant la forme d'une fausse autobiographie : le fait que le personnage raconte lui-même son histoire peut accentuer l'illusion de réalité.

Analyser l'effet produit par la focalisation

LA DÉMARCHE

- **Identifiez le point de vue** utilisé.
- **Expliquez ce choix** au regard de l'épisode raconté : pourquoi l'auteur a-t-il privilégié tel point de vue plutôt que tel autre ?
- Déterminez pour cela ce que cette focalisation permet d'apprendre au sujet des personnages et la **vision du monde** dont elle est porteuse.

L'EXEMPLE COMMENTÉ

Dans *La Chartreuse de Parme*, Stendhal utilise la focalisation interne pour représenter la bataille de Waterloo à travers les yeux de Fabrice, le personnage principal.

« Nous avouerons que notre héros était fort peu héros en ce moment. Toutefois, la peur ne venait chez lui qu'en seconde ligne ; il était surtout scandalisé de ce bruit qui lui faisait mal aux oreilles. L'escorte prit le galop ; on traversait une grande pièce de terre labourée, située au-delà du canal, et ce champ était jonché de cadavres.

– Les habits rouges ! les habits rouges ! criaient avec joie les hussards de l'escorte.

Et d'abord Fabrice ne comprenait pas ; enfin il remarqua qu'en effet presque tous les cadavres étaient vêtus de rouge.

Stendhal, *La Chartreuse de Parme* (1839).

- Le **champ lexical de la perception** (« ce bruit », « ne comprenait pas », « il remarqua »), directement lié à Fabrice, montre que le narrateur perçoit la scène de bataille à travers ses yeux.
- La focalisation interne permet ici d'entrer dans la **conscience du personnage** et de mieux le connaître. On découvre la naïveté de Fabrice, qui ne reconnaît pas l'uniforme anglais (« les habits rouges »), et son comportement peu héroïque. Au lieu d'aller courageusement au combat, il reste « scandalisé de ce bruit qui lui [fait] mal aux oreilles ».
- On mesure ainsi l'**ironie** avec laquelle Stendhal traite son personnage. Il tourne en dérision sa vision du monde simpliste et lâche, peu en accord avec ses rêves d'héroïsme.

SE TESTER QUIZ

1 Pourquoi l'incipit et l'explicit d'un roman méritent-ils toute l'attention du lecteur ?

☐ **a.** Parce qu'on pourrait passer à côté d'une information capitale et ne plus rien comprendre au roman.

☐ **b.** Parce que ce sont des seuils, qui marquent la frontière entre le monde réel et le monde fictif.

☐ **c.** Parce que, si on lit attentivement le début et la fin, on n'a plus besoin de lire le reste du roman.

2 Qu'est-ce qu'un personnage type ?

☐ **a.** Un personnage représentatif d'une classe sociale ou d'un caractère.

☐ **b.** Un personnage étrange, au comportement inhabituel.

☐ **c.** Un personnage qui joue un rôle de premier plan dans l'action.

3 Comment le romancier peut-il individualiser un personnage ?

☐ **a.** En lui attribuant une identité propre, une apparence et une psychologie particulières.

☐ **b.** En faisant son portrait de façon superficielle, pour juste ébaucher sa silhouette ou son tempérament.

☐ **c.** En s'inspirant d'une personne réelle, à qui le personnage ressemble.

4 En quoi le roman est-il porteur d'une vision du monde ?

☐ **a.** Il constitue un monde rêvé, une fiction éloignée du monde réel.

☐ **b.** Il anticipe l'avenir, il offre au lecteur la « vision » de ce que sera le monde.

☐ **c.** Il représente le monde réel, sur lequel le romancier porte un regard singulier et un jugement implicite ou explicite.

S'ENTRAÎNER

5 Comparez la construction du portrait de Poiret (document 1, p. 62) **et celle de Frédéric Moreau** (document 2, p. 63).

6 a. Quelles critiques Nathalie Sarraute adresse-t-elle au portrait et au personnage romanesque dans *L'Ère du soupçon* (document 3, p. 63) **?**

b. En quoi l'extrait de *Tropismes* (document 4, p. 64) **reflète-t-il les conceptions de Nathalie Sarraute ?**

OBJECTIF **BAC**

Question sur le corpus

7 Le personnage romanesque en question

Document 1. Honoré de Balzac, *Le Père Goriot* (1834)
Document 2. Gustave Flaubert, *L'Éducation sentimentale* (1869)
Document 3. Nathalie Sarraute, *L'Ère du soupçon* (1956)
Document 4. Nathalie Sarraute, *Tropismes* (1957)

Comment ces trois portraits donnent-ils au lecteur l'illusion de la réalité ?

POUR VOUS AIDER
Les trois portraits procèdent de façon différente : soyez attentif à la méthode qu'ils ont choisie pour donner vie à leur(s) personnage(s).

DOCUMENT 1

« Monsieur Poiret était une espèce de mécanique. En l'apercevant s'étendre comme une ombre grise le long d'une allée au Jardin des Plantes, la tête couverte d'une vieille casquette flasque, tenant à peine sa canne à pomme d'ivoire jauni dans sa main, laissant flotter les pans flétris de sa redingote qui cachait mal une culotte presque vide, et des jambes en bas bleus qui flageolaient comme celles d'un homme ivre, montrant son gilet blanc sale et son jabot de grosse mousseline recroquevillée qui s'unissait imparfaitement à sa cravate cordée autour de son cou de dindon, bien des gens se demandaient si cette ombre chinoise appartenait à la race audacieuse des fils de Japhet[1] qui papillonnent sur le boulevard Italien[2]. Quel travail avait pu le ratatiner ainsi ? Quelle passion avait bistré sa face bulbeuse, qui, dessinée en caricature, aurait paru hors du vrai ? Ce qu'il avait été ? mais peut-être avait-il été employé au Ministère de la Justice, dans le bureau où les exécuteurs des hautes-œuvres[3] envoient leurs mémoires de frais, le compte des fournitures de voiles noirs pour les parricides[4], de son pour les paniers, de ficelle pour les couteaux. Peut-être avait-il été receveur à la porte d'un abattoir, ou sous-inspecteur de salubrité.

Honoré de Balzac, *Le Père Goriot* (1834).

1 **Fils de Japhet** : la périphrase désigne le genre humain. 2 **Boulevard Italien** : le boulevard des Italiens, où se promenaient à l'époque les jeunes élégants. 3 **Les exécuteurs des hautes-œuvres** : les bourreaux. 4 **Les parricides**, qui avaient assassiné leur père ou leur mère, portaient un voile noir sur la tête lors de leur exécution.

DOCUMENT 2

Les lignes qui suivent constituent l'incipit de L'Éducation sentimentale*, célèbre roman de Flaubert.*

« Le 15 septembre 1840, vers six heures du matin, *la Ville-de-Montereau*, près de partir, fumait à gros tourbillons devant le quai Saint-Bernard.

Des gens arrivaient hors d'haleine ; des barriques, des câbles, des corbeilles de linge gênaient la circulation ; les matelots ne répondaient à personne ; on se heurtait ; les colis montaient entre les deux tambours, et le tapage s'absorbait dans le bruissement de la vapeur, qui, s'échappant par des plaques de tôle, enveloppait tout d'une nuée blanchâtre, tandis que la cloche, à l'avant, tintait sans discontinuer.

Enfin le navire partit ; et les deux berges, peuplées de magasins, de chantiers et d'usines, filèrent comme deux larges rubans que l'on déroule.

Un jeune homme de dix-huit ans, à longs cheveux et qui tenait un album sous son bras, restait auprès du gouvernail, immobile. À travers le brouillard, il contemplait des clochers, des édifices dont il ne savait pas les noms ; puis il embrassa, dans un dernier coup d'œil, l'île Saint-Louis, la Cité, Notre-Dame ; et bientôt, Paris disparaissant, il poussa un grand soupir.

M. Frédéric Moreau, nouvellement reçu bachelier, s'en retournait à Nogent-sur-Seine, où il devait languir pendant deux mois, avant d'aller *faire son droit.* Sa mère, avec la somme indispensable, l'avait envoyé au Havre voir un oncle, dont elle espérait, pour lui, l'héritage ; il en était revenu la veille seulement ; et il se dédommageait de ne pouvoir séjourner dans la capitale, en regagnant sa province par la route la plus longue.

Gustave Flaubert, *L'Éducation sentimentale* (1869).

DOCUMENT 3

« [...] les personnages, tels que les concevait le vieux roman (et tout le vieil appareil qui servait à les mettre en valeur), ne parviennent plus à contenir la réalité psychologique actuelle. Au lieu, comme autrefois, de la révéler, ils l'escamotent. Aussi, par une évolution analogue à celle de la peinture – bien qu'infiniment plus timide et plus lente, coupée de longs arrêts et de reculs – l'élément psychologique, comme l'élément pictural, se libère insensiblement de l'objet avec lequel il faisait corps. Il tend à se suffire à lui-même et à se passer le plus possible de support. C'est sur lui que tout l'effort de recherche du romancier se concentre, et sur lui que doit porter tout l'effort d'attention du lecteur.

Il faut donc empêcher le lecteur de courir deux lièvres à la fois, et puisque ce que les personnages gagnent en vitalité facile et en vraisemblance, les états psychologiques auxquels ils servent de support le perdent en vérité profonde, il faut éviter qu'il disperse son attention et la laisse accaparer par les personnages, et, pour cela, le priver le plus possible de tous les indices dont, malgré lui, par un penchant naturel, il s'empare pour fabriquer des trompe-l'œil.

Voilà pourquoi le personnage n'est plus aujourd'hui que l'ombre de lui-même. C'est à contrecœur que le romancier lui accorde tout ce qui peut le rendre trop facilement repérable : aspect physique, gestes, actions, sensations, sentiments courants, depuis longtemps étudiés et connus, qui contribuent à lui donner à si bon compte l'apparence de la vie et offrent une prise si commode au lecteur. Même le nom, dont il lui faut, de toute nécessité, l'affubler, est pour le romancier une gêne.

Nathalie Sarraute, *L'Ère du soupçon* (1956), © Gallimard.

DOCUMENT 4

Tropismes *est composé de courts textes indépendants qui évoquent des personnages pris sur le vif dans des scènes de la vie quotidienne.*

« Dans l'après-midi elles sortaient ensemble, menaient la vie des femmes. Ah ! cette vie était extraordinaire ! Elles allaient dans des « thés[1] », elles mangeaient des gâteaux qu'elles choisissaient délicatement, d'un petit air gourmand : éclairs au chocolat, babas et tartes.

Tout autour c'était une volière pépiante, chaude et gaîment éclairée et ornée. Elles restaient là, assises, serrées autour de leurs petites tables et parlaient.

Il y avait autour d'elles un courant d'excitation, d'animation, une légère inquiétude pleine de joie, le souvenir d'un choix difficile, dont on doutait encore un peu (se combinerait-il avec l'ensemble bleu et gris ? mais si pourtant, il serait admirable), la perspective de cette métamorphose, de ce rehaussement subit de leur personnalité, de cet éclat.

Elles, elles, elles, elles, toujours elles, voraces, pépiantes et délicates.

Leurs visages étaient comme raidis par une sorte de tension intérieure, leurs yeux indifférents glissaient sur l'aspect, sur le masque des choses, le soupesaient un seul instant (était-ce joli ou laid ?), puis le laissaient retomber. Et les fards leur donnaient un éclat dur, une fraîcheur sans vie.

Elles allaient dans des thés. Elles restaient là, assises pendant des heures, pendant que des après-midi entières s'écoulaient.

Nathalie Sarraute, *Tropismes* (1957), © Éd. de Minuit.

1 **Des « thés »** : des salons de thé.

SE TESTER

1 Réponse **b.** **2** Réponse **a.** **3** Réponse **a.** **4** Réponse **c.**

S'ENTRAÎNER

5 ▪ Le **portrait de monsieur Poiret** constitue une **pause narrative** : le récit laisse place à une description détaillée du personnage. Le portrait est statique, sa structure traditionnelle : après l'**apparence physique** (allure générale, vêtements et accessoires, cou et visage), le narrateur évoque le **caractère du personnage**. Néanmoins, ce n'est pas à son portrait moral qu'il se consacre, mais plutôt à son **portrait social** : Balzac ne précise pas ses traits moraux, ses valeurs, ses craintes ou ses espérances, mais son emploi, sa fonction dans l'édifice social. L'originalité de ce portrait est donc double. D'une part, il n'est pas fait par un narrateur omniscient, mais en **focalisation externe** (puisque le narrateur semble ne pas connaître le passé du personnage et la place qu'il a occupée). D'autre part, le personnage est peu à peu **transformé en type** : Poiret n'est plus un individu à part entière, mais l'incarnation de la catégorie de l'employé.

▪ Le **portrait de Frédéric Moreau**, quant à lui, n'interrompt pas la narration : il se mêle à une scène. Les éléments du portrait physique et moral de Frédéric sont donnés de **façon indirecte**, peu à peu, au fil du récit. On découvre d'abord son **apparence** (âge, silhouette, cheveux), puis sa **situation** (passé récent, futur proche, situation familiale). Aucun élément moral n'est précisé, mais certains détails permettent des **hypothèses sur son caractère** (attitude de rêveur, longs cheveux à la mode des écrivains romantiques...). Enfin, la **focalisation interne** découvre l'intériorité du personnage, mesure sa fascination pour Paris, fait imaginer ses espoirs de grandeur.

> Ces deux textes montrent l'importance du point de vue dans le portrait : chez Balzac, la **focalisation externe** donne une dimension énigmatique au personnage ; chez Flaubert, la **focalisation interne** permet de découvrir la vision du monde de Frédéric.

6 **a.** Selon Nathalie Sarraute, les personnages du « vieux roman », c'est-à-dire du roman réaliste du XIXe siècle, ne représentent pas la vie psychique d'un individu de façon réaliste. Selon elle, **le roman doit retranscrire les pensées du personnage, et non reconstruire son identité apparente** à coup de détails inutiles : son âge, son apparence physique, ses gestes, ses sentiments, son nom même, obscurcissent la perception de la vie intérieure de l'individu. Dès lors, il faut se détacher du « trompe-l'œil » que constitue l'apparence du personnage, pour se consacrer à la représentation d'une intériorité difficilement accessible.

b. C'est ce que fait Sarraute dans l'extrait de *Tropismes* : le lecteur ne sait rien ou presque de ces femmes, de leur apparence, de leur âge, de leur nom. Aux yeux de l'auteur, ces éléments importent peu et risquent de masquer l'essentiel, la cohésion psychologique de ce groupe de femmes unies par la même vanité. Sarraute tente alors de **représenter le courant de leur conscience**, en rapportant leurs questions, leurs doutes, mais aussi leur vide intérieur : **elle abandonne les attributs traditionnels du personnage réaliste**.

OBJECTIF BAC

7 Balzac, Flaubert et Sarraute ne procèdent pas de la même manière pour donner vie à leurs personnages et entretenir l'illusion de réalité.

- Les deux premiers, tenants de l'esthétique réaliste, tentent de produire des **effets de réel** en dotant leur personnage de détails vraisemblables. Ils ont un nom (monsieur Poiret dans un cas, Frédéric Moreau dans l'autre), une condition sociale (« employé », « receveur » ou « sous-inspecteur » pour le premier, « bachelier » et futur étudiant pour le second), une apparence physique. Des précisions apparemment anodines leur attribuent des accessoires singuliers : Poiret a sa « vieille casquette flasque » et sa « canne à pomme d'ivoire jauni », Frédéric ses « longs cheveux » et « un album sous son bras ». Cependant, Balzac choisit de faire le portrait de Poiret sous la **forme d'une pause** : il interrompt le fil de la narration pour faire une description plus précise de son personnage. À l'inverse, Flaubert préfère le **portrait en action** : il introduit son personnage dès l'incipit de son roman, sous la forme d'une première ébauche plus suggestive que précise. Surtout, Balzac élève Poiret au rang de **type** pour en faire le symbole d'une catégorie sociale, alors que Flaubert traite Frédéric comme un **individu singulier**.

- Sarraute rejette les procédés du roman réaliste : les « femmes » qu'elle évoque dans ce passage ne sont **jamais individualisées** par des noms. Si ces personnages ont malgré tout une forme de réalité aux yeux du lecteur, c'est parce que leurs **pensées**, leurs **attitudes** et leur **vision du monde** sont retranscrites avec beaucoup de **vraisemblance**. Le lecteur a presque l'impression de connaître ces personnages ou d'avoir déjà croisé leurs semblables, même s'il ne sait (presque) rien d'eux.

- Il y a donc **différentes voies pour donner aux personnages de roman l'apparence de la vie réelle**. Balzac multiplie les détails et utilise les ressources du type, Flaubert ébauche un portrait singulier au fil de l'action, et Sarraute tente de renouveler la psychologie romanesque en représentant l'intériorité des personnages.

N'oubliez pas, dans l'introduction et la conclusion de votre réponse, de **rappeler l'objet de l'interrogation** : c'est un bon moyen de rest[e] centré sur les enjeux [d]e la question et d'éviter ainsi le hors-sujet.

www.annabac.com

CHAPITRE

5 L'histoire du roman, du XVIIe siècle à nos jours

Le roman est un genre peu codifié : l'absence de règles rigides l'enfermant dans une forme figée lui a permis de connaître de grandes variations au cours des siècles. Deux tendances principales se dégagent toutefois de l'histoire du roman : la première vise à en faire le genre de l'idéalisation, la seconde à le transformer au contraire en instrument d'investigation de la réalité. La même tension s'observe dans le traitement du personnage romanesque, où s'opposent clairement tentation de l'héroïsation et recherche de la vraisemblance.

I Le roman avant le XVIIe siècle

Le roman ne naît pas au XVIIe siècle : pour comprendre ses évolutions, de 1600 à aujourd'hui, il faut d'abord observer ses origines, de l'épopée antique au roman de la Renaissance.

A Les origines antiques du roman

- On peut considérer les genres narratifs de l'Antiquité comme les ancêtres du roman. Parmi eux, l'**épopée** est consacrée au **récit des exploits de héros mythiques**, comme Ulysse (dans l'*Iliade* et l'*Odyssée* du grec Homère, au VIIIe siècle av. J.-C.) ou Énée (dans l'*Énéide* du latin Virgile, au Ier siècle av. J.-C.).

- À côté de ce genre prestigieux apparaissent dans la littérature grecque des **récits plus légers**, dont l'intrigue souvent complexe repose sur des amours contrariées : c'est par exemple le cas des *Éthiopiques* du grec Héliodore d'Émèse, œuvre écrite au IIIe siècle.

> *La Franciade* de Ronsard (1572), *La Henriade* de Voltaire (1728) ou *La Légende des siècles* de Hugo (1859-1883) s'inscrivent dans la tradition **épique** française.

- Une **veine satirique** se développe dans la littérature latine : le *Satiricon*, de Pétrone (Ier siècle), narre les tribulations de deux débauchés dans la Rome décadente, décrite avec un mélange d'ironie et de réalisme.

B Le roman médiéval

- Le roman naît à proprement parler au XIIe siècle : il désigne alors les récits écrits en **langue romane**, c'est-à-dire en langue vulgaire (par opposition au latin).
- Les premiers romans sont proches de l'épopée, mais substituent aux héros antiques le **modèle idéal du chevalier**. Pour classer cette foisonnante production, on distingue la **matière antique**, à laquelle appartient le *Roman de Thèbes* (XIIe siècle), la **matière de France**, parmi laquelle les chansons de geste telles que la *Chanson de Roland* (XIe siècle), et la **matière de Bretagne**, qui comprend les romans de Chrétien de Troyes tels que *Perceval ou le Conte du Graal* (XIIe siècle).
- Les siècles suivants voient se développer un roman plus réaliste, qui situe ses personnages dans la réalité contemporaine : c'est le **roman courtois**. Le réalisme va parfois jusqu'à la **satire** et à la **parodie**, qui marquent un relatif déclin du genre romanesque aux XIVe et XVe siècles.

La **courtoisie** désigne un ensemble de valeurs aristocratique et chevaleresques médiévales.

C Le roman au XVIe siècle

- Le XVIe siècle constitue une forme de renaissance pour le roman. Le modèle du **roman de chevalerie** reste très prégnant, comme en témoigne l'immense succès de l'*Amadis de Gaule*, roman courtois espagnol traduit en français en 1540.
- Cependant, l'art narratif est renouvelé par les trouvailles du récit court : le genre de la **nouvelle** est, à cette époque, le lieu d'une recherche du réalisme, par exemple sous la plume de Marguerite de Navarre (l'*Heptaméron*, 1559).
- Ce sont surtout les récits de **Rabelais** qui révolutionnent l'écriture romanesque : l'auteur de *Pantagruel* (1532) et de *Gargantua* (1534) contribue à l'invention du roman moderne, entre fantaisie de la fiction et réalisme de la satire.

II Le XVIIe siècle : l'invention du roman moderne

A Le roman au XVIIe siècle

1. Le roman héroïque

L'âge baroque est marqué par l'immense succès des **romans précieux** et **héroïques** qui, comme *L'Astrée* (1607-1628) d'Honoré d'Urfé, mêlent le récit d'aventures, le roman sentimental et la **pastorale** ou qui, comme *Artamène ou le Grand Cyrus* (1649-1653) de Madeleine de Scudéry, représentent figures et valeurs de l'aristocratie. Les intrigues romanesques sont complexes et assez invraisemblables.

La **pastorale** représen[t] les amours contrariée[s] de bergers, dans un décor champêtre.

2. La critique de la veine héroïque

En réaction se développent les modèles du **roman comique** et du **roman picaresque** : ces antiromans critiquent l'invraisemblance de l'héroïsation romanesque. Le premier, comme *Le Roman comique* de Scarron (1651-1657), se fonde sur une esthétique burlesque qui met à mal les valeurs héroïques. Le second, d'origine espagnole, narre les aventures du *picaro*, antihéros soumis aux vicissitudes d'une existence peu reluisante : des romans comme *La Vie de Lazarillo de Tormes et de ses fortunes et adversités* (publiée par un anonyme espagnol en 1554) ou *La Vie de Guzmán de Alfarache* de Mateo Alemán (1599-1604) connaissent un vif succès auprès du public français du XVIIe siècle.

> On qualifie d'**antiroman** un récit qui dénonce les invraisemblances des romans traditionnels, ou qui exhibe les procédés romanesques pour faire entrer le lecteur dans les coulisses du genre.

3. La naissance du roman d'analyse

La fin du siècle voit apparaître un nouveau genre romanesque, qui concilie expression des **valeurs aristocratiques** et recherche de la **vraisemblance** : le roman d'analyse, avec *La Princesse de Clèves* de Madame de Lafayette (1678), vise à une représentation réaliste des sentiments et du cœur humain.

B Le personnage au XVIIe siècle

1. Héros et antihéros

- Les romans de chevalerie et les romans précieux du XVIIe siècle idéalisent leurs personnages en les dotant d'une **perfection morale** aussi bien que **physique**. Ils représentent des modèles de comportement et incarnent les valeurs de la société aristocratique.

- En réaction à cette idéalisation apparaît un nouveau type de personnage : l'**antihéros** est bien un héros du point de vue narratif, puisqu'il est le personnage central du récit, mais pas du point de vue moral, puisqu'il n'y a rien d'héroïque dans sa démarche et ses actions ; au contraire, il semble très banal, parfois ridicule, et il est souvent le perdant.

- C'est par exemple le cas du **Don Quichotte** de **Cervantès**, qui se prend pour un héros à force de lire des romans, ou des personnages burlesques des romans comiques du XVIIe siècle. Le ridicule **Ragotin** du ***Roman comique*** de **Scarron** est ainsi le négatif du Destin et de L'Étoile, les deux jeunes premiers amoureux, qui ont quant à eux tous les traits héroïques du personnage traditionnel.

> On qualifie de **burlesque** la forme de comique qui, par l'imitation parodique, tourne en dérision les modèles sérieux et démythifie les valeurs héroïques.

ZOOM

Les principaux genres romanesques

Roman d'analyse	Il est consacré à l'étude de la psychologie humaine, et en particulier à la passion amoureuse.
Roman épistolaire	Il est exclusivement composé de lettres écrites par le ou les personnage(s) du roman.
Roman picaresque	Héritier du roman espagnol, il raconte les aventures d'un vagabond, le *picaro*, qui va de ville en ville pour tenter de trouver du travail et s'enrichir, mais fait sans cesse face à de nouvelles aventures.
Roman-mémoires	Il prend l'apparence d'une autobiographie écrite par le personnage principal.
Roman de mœurs	Il suit le destin individuel d'un personnage ordinaire, à travers lequel le romancier représente une classe sociale et une époque.
Roman d'éducation	Appelé aussi roman d'apprentissage ou de formation – voire *Bildungsroman* –, il raconte la formation sociale, sentimentale et intellectuelle du personnage principal, que l'on suit de la sortie de l'enfance jusqu'à sa mort.
Roman à thèse	Écrit par un auteur engagé, il se sert du récit pour soutenir une thèse politique ou idéologique.
Roman historique	Il retrace une époque passée en mélangeant des événements réels et des faits purement imaginaires.
Roman d'aventures	Il multiplie les rebondissements et met en scène un héros courageux et astucieux.
Roman-feuilleton	Il paraît par brefs épisodes quotidiens dans des journaux à grands tirages du XIXe siècle et se caractérise par ses nombreux rebondissements.
Roman policier	Héritier du roman d'aventures, il a généralement pour personnage principal un enquêteur qui doit résoudre une énigme.
Roman noir	Version américaine du roman policier, il voit le personnage du détective privé évoluer dans une atmosphère particulièrement inquiétante.
Roman de science-fiction	Roman d'anticipation, il s'interroge sur l'avenir de l'humanité en imaginant un monde futuriste, dominé par les progrès techniques.

2. La psychologie romanesque

■ L'œuvre de Madeleine de Scudéry, qui avait pour ambition déclarée de faire « **l'anatomie d'un cœur amoureux** », se distingue du reste de la production galante par l'importance qu'elle accorde à l'examen des sentiments.

■ Cette recherche d'une vraisemblance psychologique culmine dans le **roman d'analyse**. *La Princesse de Clèves* de Madame de Lafayette comme les *Lettres portugaises* de Guilleragues (1669), premier chef-d'œuvre du roman épistolaire en France, tentent de traduire les incertitudes du cœur et les désordres de l'amour. Avec le roman d'analyse, le personnage romanesque gagne une **intériorité**.

III Le XVIIIe siècle : l'essor du roman

A Le roman au XVIIIe siècle

1. Le triomphe du roman ?

■ Certains genres romanesques du siècle précédent perdurent : le modèle du roman picaresque se mue progressivement en **roman d'apprentissage**, par exemple chez Lesage (*Histoire de Gil Blas de Santillane*, 1715-1735) qui est le premier à adapter le modèle picaresque en France. Le **roman d'analyse** livre certaines de ses œuvres les plus abouties, comme chez Prévost, Rousseau ou Laclos.

■ Le siècle des Lumières voit aussi apparaître de nouveaux types de récit, tels que le **conte** au succès grandissant (*Les Mille et Une Nuits* sont traduites en français pour la première fois par Galland en 1704). Quant aux **romans philosophiques**, tels que les *Lettres persanes* de Montesquieu (1721), ils permettent aux philosophes des Lumières de transmettre leurs idées par l'intermédiaire de la fiction.

2. Le refus du romanesque

■ Mais **on se méfie toujours de l'imagination** : Voltaire appelle lui-même son conte philosophique *Candide* une « coïonnerie »...

> Les récits de **Voltaire**, qualifiés tantôt de « contes », tantôt de « romans », témoignent des frontières mouvantes du genre romanesque.

■ Pour gagner en vraisemblance et faire taire les critiques, les romanciers investissent les formes du **roman-mémoires**, comme Marivaux avec *La Vie de Marianne* (1731-1741) et l'abbé Prévost avec *Manon Lescaut* (1731), et du **roman épistolaire**, comme Rousseau dans *Julie ou la Nouvelle Héloïse* (1761) ou Laclos dans *Les Liaisons dangereuses* (1782).

■ Cette méfiance envers la fiction romanesque explique en partie le **succès d'antiromans** comme *Jacques le Fataliste et son maître* de Diderot (1796), qui dénonce les conventions artificielles du genre et ses invraisemblances.

3. Du roman sentimental au roman fantastique

- La seconde moitié du siècle voit naître le **roman sentimental**, marqué par le développement de la sensibilité : c'est le cas de *Paul et Virginie*, de Bernardin de Saint-Pierre (1788).

- La promotion du sentiment au détriment de la raison explique, à la fin du siècle, l'apparition et le succès du **roman fantastique**. Sur le modèle des romans gothiques anglais, des romanciers tels que Cazotte (avec *Le Diable amoureux*, en 1772) imaginent des histoires inquiétantes qui marquent la perte d'influence des Lumières et la transition vers l'âge romantique.

B Le personnage au XVIIIe siècle

- Comme au siècle précédent, héros et antihéros coexistent dans le roman des Lumières. Mais les enjeux se déplacent peu à peu sur la **question de la vraisemblance**, pour opposer les personnages de pure fiction (que l'on trouve par exemple dans les contes ou les utopies) aux personnages réalistes, qui représentent la société de leur temps.

- De nouvelles catégories de personnages font ainsi leur apparition dans le personnel du roman : le **bourgeois** et le **valet** deviennent de véritables protagonistes, témoignant des transformations sociales que connaît le XVIIIe siècle.

- Dans les récits à dimension argumentative, le personnage est le **porte-parole du romancier**, chargé d'incarner ses idées. Ainsi, Voltaire prête ses propres thèses aux personnages éponymes de ses contes, (Candide, Zadig ou Micromégas).

> L'adjectif ***éponyme*** signifie « qui donne son nom à quelqu'un ou quelque chose », en particulier à une œuvre

IV Le XIXe siècle : l'âge d'or du roman

A Le roman au XIXe siècle

1. Le goût de la fiction

Le roman populaire retrouve le goût du romanesque, voire de l'invraisemblance ; ainsi, les **romans d'aventures**, comme *Vingt mille lieues sous les mers* de Jules Verne (1870), et les **romans-feuilletons**, comme *Les Mystères de Paris* d'Eugène Sue (1842-1843), multiplient les rebondissements et ne refusent pas un certain degré d'irréalisme. Le **roman historique**, *Quatrevingt-Treize* (1874) de Hugo ou *Les Trois Mousquetaires* (1844) de Dumas, mélange quant à lui vérité historique et fiction romanesque.

2. Le culte de la réalité

Dans la seconde moitié du siècle, le **roman de mœurs** constitue le moyen de représenter la réalité au plus près : les **romans réalistes** (de Balzac, de Stendhal, de Flaubert) ou **naturalistes** (de Zola, des frères Goncourt, de Maupassant) racontent les destins individuels de personnages ordinaires, dans un cadre bourgeois.

B Le personnage au XIXe siècle

- Le personnage, dans le roman réaliste et naturaliste, acquiert un statut et une identité de plus en plus complexes. Doté d'un état civil complet, d'un caractère et d'une histoire propres, d'une apparence singulière, le personnage devient un **individu à part entière**.

- Mais il est aussi conçu en étroite relation avec son milieu social : le personnage devient un **type** lorsque, sous la plume de romanciers tels que Balzac ou Zola, il est **représentatif d'une catégorie sociale**, dont il présente toutes les caractéristiques les plus signifiantes.

- L'**antihéros** des siècles passés n'a pas disparu : il prend cependant une autre dimension avec le romantisme. Le héros rencontre l'échec, il est même gagné par l'impuissance, comme en témoigne exemplairement la figure de Frédéric Moreau dans *L'Éducation sentimentale* de Flaubert (1869). L'antihéros n'est plus, comme aux XVIIe et XVIIIe siècles, un strict négatif du héros : il est surtout un moyen de dire les crises du monde contemporain.

> Avec ***L'Éducation sentimentale***, Flaubert ambitionnait d'écrire un « livre sur rien » : en racontant une vie médiocre, il espérait se rapprocher de la réalité de l'existence.

V Le XXe siècle : le roman en crise ?

A Le roman au XXe siècle

1. Le renouvellement du roman populaire

Le roman populaire connaît encore, comme au siècle précédent, un grand succès : le **roman de science-fiction**, qui imagine l'avenir de l'humanité sous la forme d'un monde futuriste et technique, le **roman policier**, dans lequel un enquêteur doit résoudre une énigme criminelle, et le **roman noir**, sorte de double américain et pessimiste du précédent, témoignent de cette vitalité du roman populaire.

2. Du roman au récit

Cependant, l'hégémonie du roman traditionnel se voit contestée de plus en plus vivement, au point qu'on délaisse le « roman » pour de plus neutres « récits », qui suivent les **péripéties banales** d'une vie à priori sans intérêt. Cette remise en cause

ZOOM

Le roman en dix œuvres clés

1678	***La Princesse de Clèves*** **de Madame de Lafayette** Le premier roman d'analyse, récit d'une passion impossible.
1761	***Julie ou la Nouvelle Héloïse*** **de Jean-Jacques Rousseau** Un *best-seller* du XVIIIe siècle et l'un des romans épistolaires les plus aboutis.
1796	***Jacques le Fataliste et son maître*** **de Denis Diderot** Le modèle de l'antiroman, qui interroge sans cesse les limites de la réalité et de la fiction.
1829-1848	***La Comédie humaine*** **d'Honoré de Balzac** Une somme de 95 romans et plus de 2 000 personnages pour représenter la société entière et « faire concurrence à l'état civil ».
1830	***Le Rouge et le Noir*** **de Stendhal** Une histoire inspirée de plusieurs faits divers qui se présente comme une « chronique de 1830 ».
1869	***L'Éducation sentimentale*** **de Gustave Flaubert** Le grand « livre sur rien » rêvé par Flaubert : la vie telle qu'elle est, dans toute sa médiocrité.
1871-1893	***Les Rougon-Macquart*** **d'Émile Zola** L'« Histoire naturelle et sociale d'une famille sous le Second Empire » en 20 volumes : la somme romanesque du siècle.
1932	***Voyage au bout de la nuit*** **de Louis-Ferdinand Céline** Un roman d'apprentissage modernisé par un style résolument oral et une critique radicale de la société.
1960	***La Route des Flandres*** **de Claude Simon** Un renouvellement profond de l'écriture romanesque par l'usage systématique de la parenthèse et du participe présent.
1984	***L'Amant*** **de Marguerite Duras** Entre roman et autobiographie, un récit qui reçut le prix Goncourt et révéla son auteur au grand public.

du romanesque trouve un exemple dans *L'Étranger* de Camus (1942), mais surtout dans les récits du nouveau roman, comme *Tropismes* de Sarraute (1939) ou *Les Gommes* de Robbe-Grillet (1953).

B Le personnage au XXe siècle

- Le XXe siècle poursuit la **lente érosion de l'héroïsme**, en mettant ses personnages aux prises avec le monde et ses atrocités. Le *Voyage au bout de la nuit* de Céline (1932) est le récit d'une longue descente aux enfers du héros ; *L'Étranger* de Camus raconte l'absurdité de l'existence humaine, dans laquelle aucun héroïsme n'est possible.
- Le personnage devient un simple point de vue sur le monde, une **conscience éclatée** qui n'est pas toujours cohérente. Le nouveau roman amplifie cette déconstruction du personnage : il refuse de lui donner un état civil, de le caractériser. Il n'est plus que le foyer de la perception et du discours, un être de sensations et de langage.
- Le **roman traditionnel** poursuit, quant à lui, l'héritage du XIXe siècle en produisant des personnages individualisés par des caractéristiques morales et physiques singulières.

RÉCAPITULONS

- Toute l'histoire du roman est traversée par l'opposition structurante de la fiction et de la réalité. Depuis l'antithèse antique de l'épopée mythologique et de la satire réaliste, le genre romanesque n'a cessé d'osciller entre ces deux pôles.
- Le personnage romanesque porte lui aussi la trace de cette opposition. Au héros idéalisé, que le romancier dote de toutes les qualités, s'oppose le personnage médiocre, miroir de la société réelle, voire l'antihéros qui va d'échec en échec.
- La force du roman est ainsi d'être un genre critique qui ne cesse de se remettre en cause et d'interroger ses procédés : le roman est indissociable de l'antiroman, qui dénonce les facilités du romanesque et fonde une nouvelle forme de réalisme.

Analyser un portrait

LA DÉMARCHE

- **Déterminez comment le portrait est structuré** : suit-il un plan précis ou procède-t-il par petites touches successives ?
- **Jugez de la cohérence globale du personnage** : remarque-t-on une correspondance entre l'intériorité et l'extériorité (le caractère et l'apparence), ou ces deux aspects se contredisent-ils ?
- **Précisez si le portrait est réaliste ou idéalisé**, en identifiant les procédés qui assurent sa vraisemblance ou au contraire son idéalisation.

L'EXEMPLE COMMENTÉ

***Le Grand Cyrus* de Madeleine de Scudéry est un roman à clé : derrière le personnage de Cléomire, l'auteur évoque en fait une contemporaine, la marquise de Rambouillet.**

« Cléomire est grande et bien faite ; tous les traits de son visage sont admirables ; la délicatesse de son teint ne se peut exprimer ; la majesté de toute sa personne est digne d'admiration et il sort je ne sais quel éclat de ses yeux qui imprime le respect dans l'âme de tous ceux qui la regardent […]. […] sa physionomie est la plus belle et la plus noble que je vis jamais, et il paraît une tranquillité sur son visage qui fait voir clairement qu'elle est celle de son âme. […] Au reste, l'esprit et l'âme de cette merveilleuse personne surpassent de beaucoup sa beauté ; le premier n'a point de bornes dans son étendue et l'autre n'a point d'égale en générosité, en constance, en bonté, en justice et en pureté.

Madeleine de Scudéry, *Artamène ou le Grand Cyrus* (1649-1653).

- La **structure** de ce portrait est **traditionnelle** : il présente d'abord l'apparence physique du personnage, puis ses caractéristiques morales.
- La transition du portrait physique au portrait moral est assurée par l'équivalence faite entre « la tranquillité de son visage » et « celle de son âme ». On retrouve bien l'idée fondatrice du portrait romanesque traditionnel : **l'extériorité est le reflet de l'intériorité**.
- Le personnage de Cléomire est nettement **idéalisé**. Cette idéalisation se fonde sur différents procédés : l'hyperbole, la prétérition, le parallélisme, la gradation ascendante et, plus généralement, l'emploi de connotations mélioratives.

Poursuivre un récit

LA DÉMARCHE

- **Identifiez le genre du récit** à développer. Si c'est un roman, pouvez-vous préciser de quel sous-genre il s'agit ?
- **Précisez le cadre** dans lequel vous devez vous inscrire **pour être cohérent** : époque, lieu, personnages, atmosphère...
- **Respectez les choix formels et stylistiques** du texte d'origine : mode de narration et focalisation, moment de la narration, registre de l'extrait...

L'EXEMPLE COMMENTÉ

Un sujet d'écriture d'invention vous demande de poursuivre cet incipit.

« Quand la caissière lui eut rendu la monnaie de sa pièce de cent sous, Georges Duroy sortit du restaurant.

Comme il portait beau, par nature et par pose d'ancien sous-officier, il cambra sa taille, frisa sa moustache d'un geste militaire et familier, et jeta sur les dîneurs attardés un regard rapide et circulaire, un de ces regards de joli garçon, qui s'étendent comme des coups d'épervier.

Les femmes avaient levé la tête vers lui, trois petites ouvrières, une maîtresse de musique entre deux âges, mal peignée, négligée, coiffée d'un chapeau toujours poussiéreux et vêtue toujours d'une robe de travers, et deux bourgeoises avec leurs maris, habituées de cette gargote à prix fixe.

Lorsqu'il fut sur le trottoir, il demeura un instant immobile, se demandant ce qu'il allait faire. On était au 28 juin, et il lui restait juste en poche trois francs quarante pour finir le mois.

Guy de Maupassant, *Bel-Ami* (1885).

- Ce récit semble appartenir au **genre du roman** ; votre culture littéraire peut vous aider à préciser qu'il s'agit d'un **roman d'apprentissage**.
- Votre suite devra être centrée sur le même personnage (**Georges Duroy**) et reprendre ses caractéristiques, respecter le lieu (**décor urbain**) et l'époque (le **XIXe siècle** à priori, le **début de l'été**).
- C'est une narration ultérieure à la troisième personne. On est ici en focalisation interne (on voit le monde à travers les yeux de Georges) ; on note une certaine distance ironique entre le narrateur et le personnage. Le passage est une **alternance de narration et de description** : il s'agit d'un **portrait dynamique**.

SE TESTER QUIZ

1 Qu'appelle-t-on un roman de mœurs ?

- [ ] **a.** Un roman qui délivre une leçon morale à ses lecteurs.
- [ ] **b.** Un roman qui expose les us et coutumes d'un pays exotique.
- [ ] **c.** Un roman qui, à travers l'histoire de personnages singuliers, fait le portrait de la société de son temps.

2 Qu'appelle-t-on un antiroman ?

- [ ] **a.** Un écrivain qui critique le genre du roman et condamne les récits imaginaires.
- [ ] **b.** Un roman qui déconstruit le genre romanesque en critiquant ses invraisemblances ou en dévoilant ses procédés les plus courants.
- [ ] **c.** Tout récit qui précède dans l'histoire le genre du roman : épopée, chanson de geste…

3 Qu'appelle-t-on un personnage type ?

- [ ] **a.** Un personnage qui a mauvaise réputation.
- [ ] **b.** Un personnage qui a servi de modèle et a été imité dans des romans ultérieurs.
- [ ] **c.** Un personnage qui incarne une catégorie sociale.

4 Quelles critiques le nouveau roman adresse-t-il aux personnages traditionnels ?

- [ ] **a.** Ils sont trop cohérents et ne reflètent pas la réalité psychologique.
- [ ] **b.** Ils ont généralement des noms absurdes, qu'on ne rencontre pas dans la réalité.
- [ ] **c.** Ils sont trop idéalisés, trop beaux, trop intelligents.

OBJECTIF BAC

Commentaire

5 **Faites le commentaire de l'extrait de *Tropismes* de Nathalie Sarraute** (document 4, p. 64).

POUR VOUS AIDER

- Le titre de l'œuvre est intéressant : un « tropisme » désigne, sous la plume de Nathalie Sarraute, une force inconsciente qui pousse un individu à agir, un comportement réflexe. Les personnages représentés semblent reproduire des comportements stéréotypés.
- Le narrateur ne décrit pas de façon objective les personnages. L'enjeu du commentaire est donc de déterminer le regard que porte le narrateur sur ces femmes, et par quels procédés il les critique.
- Il faut enfin identifier les enjeux de ce portrait : quelle leçon le narrateur semble-t-il donner à ces femmes ? Quelle menace indistincte pèse sur leur existence apparemment tranquille ?

SE TESTER

1 Réponse **c**. **2** Réponse **b**. **3** Réponse **c**. **4** Réponse **a**.

OBJECTIF BAC

5 *Voici un exemple de plan que vous pourriez développer à l'écrit pour rédiger votre commentaire.*

I. Un portrait de femmes

1. L'indétermination

- On n'a aucune information sur les personnages, si ce n'est qu'elles appartiennent à la bourgeoisie (mode de vie oisif, habitude des salons de thé).
- Elles constituent un groupe homogène, sans individualité, sans personnalités distinctes, un groupe fermé sur lui-même (voir la répétition de « autour »).

2. Le monde des « thés »

Le monde des salons de thé est lui aussi refermé sur lui-même. C'est un lieu défini par sa lumière (« gaîment éclairée », « éclat »), symbole de son luxe délicat, et caractérisé par son animation et par la joie qui s'y diffuse.

3. La métamorphose des femmes

- L'animalisation du groupe intervient dès la mention d'une « volière pépiante », reprise quelques lignes plus loin (on retrouve l'adjectif au pluriel, juxtaposé à l'adjectif « voraces »). Elles sont comparées à des oiseaux picorant.
- Jeu de mots l. 12 : la répétition du pronom personnel féminin de la troisième personne du pluriel fait entendre, par ses sonorités, les *ailes* des oiseaux.
- Le fondement de la comparaison est la gourmandise ; « délicate » et presque animale, elle est la source de leur joie (voir dans le rythme ternaire, « éclairs au chocolat, babas et tartes », l'assonance du son vocalique [a], écho de l'interjection « Ah ! », l. 1, et connotant le plaisir).

Il faut **interpréter** les remarques stylistiques : il ne sert à rien d'identifier telle figure de style ou tel jeu de sonorités si vous ne montrez pas ce qu'ils apportent à la construction du sens.

II. La critique du narrateur

1. Superficialité et vanité

- « Leurs yeux indifférents glissaient sur le masque des choses, le soupesaient un seul instant (était-ce joli ou laid ?) » : le verbe « glisser » témoigne d'un regard superficiel. Ces femmes jugent des choses à partir de deux catégories seulement, le « joli » et le « laid ».

■ Le « choix difficile » consiste dans le choix d'une tenue vestimentaire (« l'ensemble bleu et gris »), pompeusement qualifié de « rehaussement subit de leur personnalité ».

2. L'ironie

■ L'expression grandiloquente de la première phrase, « men[er] la vie des femmes » est d'emblée ironique.

■ L'ironie se poursuit dans la deuxième phrase, qui affirme que « cette vie [est] extraordinaire » ; c'est l'avis de ces femmes, que dément catégoriquement la fin du texte où leur visage a « une fraîcheur sans vie » (l. 16). La dernière phrase précise qu'elles passent « des heures », « des après-midi entières » dans ces salons de thé : leur vie n'a donc rien d'« extraordinaire ».

3. La fuite du temps

Nathalie Sarraute reprend la tradition artistique des vanités picturales. On retrouve, dans ce texte, les deux sens du mot : la vanité de ces femmes est évidente, puisqu'elle trouve son origine dans leur superficialité. De plus, cette superficialité est critiquée par le rappel thématique de la fuite du temps, à la fin du texte. Tout est vain car tout doit disparaître.

Faites dialoguer la littérature avec d'autres arts : un texte fait souvent référence, implicitement ou explicitement, à la peinture, à la musique, au cinéma…

III. La contamination du texte

1. Une menace indistincte

■ La légèreté joyeuse du début laisse place à la conscience imprécise d'un danger, d'une gravité sans objet explicite. La gaieté se teinte d'une « légère inquiétude » qui vient la contredire (oxymore).

■ La menace s'accentue dans l'avant-dernier paragraphe. Une « sorte de tension intérieure » vient « raid[ir] » leurs visages (nouvelle série d'oxymores, disposés en doublet binaire, de l'« éclat dur » et de la « fraîcheur sans vie »).

2. La répétition

■ On remarque l'importance de la répétition dans tout l'extrait.

■ La vie de ces femmes est elle-même répétitive (imparfait itératif) ; par imitation, l'auteur fonde donc son écriture sur la répétition.

3. Qui parle ? Les voix mêlées

Le narrateur distingue typographiquement les autres voix de la sienne propre. Les paroles rapportées au style indirect libre sont isolées par les parenthèses, comme le discours direct par les guillemets. Pourtant, dans le dernier paragraphe, lorsque le narrateur reprend la phrase de la l. 2, les guillemets ont disparu autour du mot « thés » : la voix du narrateur est contaminée par celle des femmes.

www.annabac.com

CHAPITRE

6 Le texte théâtral et sa représentation

Étymologiquement, le mot *théâtre* renvoie à l'action de regarder. Dès son origine, il est donc conçu comme un spectacle qui requiert des acteurs, pour endosser les rôles écrits par le dramaturge, et un public, afin que le sens de la pièce s'actualise. Faut-il en conclure que la partition théâtrale n'est qu'un prétexte pour la mise en scène ?

I Le langage dramatique

Le langage dramatique résulte du travail du dramaturge, qui ne peut intervenir directement dans le dialogue : il comprend le texte effectivement prononcé et les indications silencieuses de mise en scène signalées en italique dans le texte.

A Le texte de théâtre

1. Les particularités énonciatives de la parole théâtrale

- Le **discours direct** caractérise le texte de théâtre, proche de l'oral.
- **La double énonciation**. Le personnage et l'auteur dramatique sont simultanément énonciateurs et s'adressent aux protagonistes comme aux spectateurs.
- **L'illusion théâtrale**. Les formes du dialogue théâtral reposent sur des conventions acceptées du spectateur qui feint de croire à l'illusion représentée sous ses yeux : on ne parle pas ainsi dans la vie réelle.

La **double énonciation** permet de jouer sur le degré de connaissance des différents destinataires. C'est le cas du quiproquo, méprise entre les personnages dont le spectateur n'est pas dupe.

2. Les formes de la parole théâtrale

- La **réplique** permet de caractériser les relations entre les personnages. Brève, elle prend le nom de **répartie** ; morale et philosophique, on l'appelle **sentence**.
- La **tirade**, lyrique, épique ou polémique, se singularise par sa longueur et affiche souvent une dimension argumentative.

■ La **stichomythie** institue un dialogue où les personnages se répondent vers par vers et met en valeur débats d'idées et conflits affectifs.

■ Le **récit théâtral** rapporte ce que la scène, par bienséance ou faute de moyens, ne peut représenter (sang, mort, bataille…).

■ Le **monologue** – dialogue fictif – met en scène un personnage délibérant avec lui-même ou un absent. Cas particulier du monologue, le **soliloque** est un discours où, dans l'impossibilité d'échanger, le personnage s'entretient avec sa conscience.

■ Les **stances** traduisent poétiquement le débat intérieur d'un personnage.

■ L'**aparté** – constitué de propos brefs que le personnage tient pour lui-même à l'insu des autres – peut prendre la forme d'une adresse explicite au public.

3. Les didascalies

■ Les **didascalies** sont des informations muettes communiquant aux lecteurs les intentions de mise en scène et précisant la situation d'énonciation du dialogue.

■ On distingue les **didascalies initiales** (liste des personnages, relations entre eux, contexte, précisions sur le décor, costumes…), les **didascalies fonctionnelles** (rappel du nom des personnages, découpage en actes et en scènes, indications de temps et de lieu) et les **didascalies expressives**, qui jouxtent le nom du personnage (jeu des acteurs, modalités de leur parole).

■ Les **didascalies internes** se déduisent du dialogue lui-même.
Dans *Tartuffe* de Molière, le personnage éponyme s'adresse à Elmire :

> « Vous toussez fort, Madame,
> Vous plaît-il un morceau de réglisse ?

Le lecteur en déduit que le personnage féminin est pris d'une quinte de toux et que son interlocuteur lui tend un prétendu remède.

■ Pléthoriques dans le **théâtre contemporain**, les didascalies vont parfois jusqu'à se substituer au texte dit.

Certaines **scènes muettes** ne sont composées que de longues didascalies. C'est le cas d'*Acte sans paroles* de Beckett ou du final de *La Reine morte* de Montherlant.

B L'action dramatique

L'action dramatique recouvre l'ensemble des événements qui sont représentés ou rapportés sur scène.

1. Le schéma actantiel

■ Éléments animés ou non, les **actants** influencent le cours de l'action. Ces forces agissantes, personnage ou valeur morale, assurent la progression de l'action.

- On distingue **six types d'actants**. Motivé par un **destinateur** (idée, force individuelle, sociale), le **sujet** en quête d'un **objet** (être ou valeur) rencontre des **adjuvants** qui l'aident à accomplir sa mission et des **opposants** qui se mettent en travers de sa route, en vue de satisfaire un **destinataire** ou bénéficiaire de l'action.

2. Le personnage de théâtre

- **Être fictif**, création d'un auteur, il s'incarne dans un comédien bien réel.

- Cet **individu**, homme ou femme, est doté d'un nom et de traits distinctifs qui fondent son identité propre.

- **Défini par sa situation**, il possède un rôle plus ou moins traditionnel et codé. Ainsi, du théâtre antique au théâtre moderne, on observe la permanence de certains types comme le maître, le valet, de certains caractères tels le rusé, l'ingénue...

- **Il se caractérise par sa parole** au sens où son discours permet de tracer les contours de sa personnalité et de sa psychologie, de le rattacher à une classe sociale ou un groupe de référence.

> Dans le théâtre contemporain, où l'illusion réaliste est délaissée, la **notion de personnage** se trouve parfois contestée : celui-ci apparaît sans consistance réelle, anonyme, défini par so[n] seul discours.

3. La structure classique

En cours **à partir de 1640**, elle repose sur différents codes et règles.

- **La règle des trois unités**. L'action, unique ou éventuellement soutenue par des actions secondaires qui lui restent subordonnées, doit se dérouler dans un seul lieu et ne pas excéder vingt-quatre heures.

- Les **règles de bienséance et de vraisemblance** excluent la représentation de la mort et du sang et imposent le critère de crédibilité de l'action jouée.

- **La pièce est traditionnellement découpée en actes**, interrompus par des entractes et divisés en scènes que rythment les entrées et les sorties des personnages.

- **Trois temps forts** s'enchaînent traditionnellement. L'**exposition**, qui n'excède généralement pas le premier acte, permet de présenter l'action et ses protagonistes. Le **nœud** constitue un moment de crise, où le conflit initial, nourri de péripéties, a pris sa pleine mesure. Le **dénouement**, qui intervient au dernier acte, a charge de liquider le conflit ; la résolution vient le plus souvent d'une reconnaissance ou d'une catastrophe, ou encore du procédé du *deus ex machina*, intervention qui dénoue providentiellement l'action.

> Les **péripéties** désignent les épisodes de l'action. Si elles sont brutales, on parle de coups de théâtre ; si elles viennent relancer l'action, on les appelle rebondissements.

4. La dramaturgie moderne

Se détournant des règles classiques, elle fait de la **difficulté de communication** le thème et l'enjeu de ses pièces.

- Le **langage des corps** se substitue à la parole, qui apparaît vaine. L'action se réduit à l'expression, soutenue par la mise en scène.

- Le **décor**, les **objets**, l'**inscription physique des comédiens dans l'espace** prennent une place décisive en raison même de la mise en question de la parole et du sens qu'elle véhicule.

II La mise en scène : du texte à sa représentation

Pour exister, l'œuvre théâtrale nécessite un certain nombre d'intervenants : si le texte n'est écrit que par l'auteur, il est néanmoins créé par de nombreux artistes qui lui permettent de devenir spectacle et représentation.

A Le metteur en scène

- **Il dirige la transformation du texte en spectacle** ; si cette fonction n'a pas toujours existé, elle est aujourd'hui si essentielle que l'on considère parfois le metteur en scène comme le créateur de la pièce, au même titre que l'auteur.

- Les **choix** et les **interprétations** du metteur en scène peuvent infléchir le sens de la pièce, voire le changer totalement. C'est une des raisons pour lesquelles cette fonction est difficile : le metteur en scène peut mal interpréter le texte qu'il représente. Il peut respecter à la lettre les indications du dramaturge ou les négliger, choisir des costumes traditionnels ou créer des tenues plus originales, respecter la logique du texte ou s'en écarter.

> On parle, par exemple, du *Tartuffe* d'Ariane Mnouchkine (et non de Molière) ou du *Phèdre* de Patrice Chéreau (et non de Racine), deux célèbres metteurs en scène contemporains.

- Il est souvent assisté par un **scénographe**, qui s'occupe plus particulièrement de la mise en espace de la pièce.

- Le **choix de l'espace scénique** influe, lui aussi, sur la représentation : simples tréteaux, scène traditionnelle, multiplication d'espaces scéniques aménagés parfois au milieu des spectateurs, décors d'époque ou épure…

zOOM

Une pièce, deux mises en scène

▶ ***Tartuffe* de Molière** met en scène un faux dévot, personnage dissimulant son intérêt derrière de larges manifestations de vertu chrétienne. À la scène 5 de l'acte IV, Elmire, la maîtresse de maison, feint d'accepter la liaison que Tartuffe lui propose, afin de le confondre aux yeux de son mari, qui est caché sous la table.

▲ Ci-dessus, *Tartuffe*, mis en scène par Ariane Mnouchkine, Avignon, 1995.

► À droite, *Tartuffe*, mis en scène par Antoine Vitez, Avignon, 1978.

▶ Dans la mise en scène d'**Antoine Vitez**, le rôle de Tartuffe est confié à un comédien au physique avantageux, ce qui met l'accent sur le pouvoir de séduction du personnage. La posture des personnages, pour le moins audacieuse, est pleine de sens : les bras en croix du séducteur figurent sa dimension christique, tandis que l'abandon extatique d'Elmire suggère la force de l'entreprise de séduction.

▶ La mise en scène proposée par **Ariane Mnouchkine** transpose la pièce dans un décor oriental. La dévotion fanatique et la convoitise qu'elle cache se sont déplacées : Tartuffe est devenu un islamiste qui prend le voile de la religion pour masquer les enjeux politiques de son action.

B L'interprétation des comédiens

Choisis par le metteur en scène, les comédiens sont chargés d'**incarner les personnages**, de leur prêter un ton, une gestuelle, des mouvements, une attitude et une démarche générales.

L'**interprétation** qu'ils donnent de leur personnage est essentielle dans la perception du sens de la pièce par le spectateur.

Suivant le ton que l'acteur adopte, le public perçoit l'ironie d'une réplique ou en reste au premier degré.

C Les métiers de la représentation

Dans les coulisses du théâtre, un grand nombre de personnes contribuent à la transformation du texte en spectacle et à traduire les idées du metteur en scène.

- Le **décorateur**, le **costumier** et les **éclairagistes** s'occupent de l'apparence visuelle de la pièce.
- L'**ingénieur du son** et le **créateur de la musique originale** se chargent de son apparence sonore.
- Le **régisseur** coordonne l'ensemble des techniciens.
- Le **producteur** est en charge de l'ensemble des opérations financières.

III Le texte et les limites de la mise en scène

A La mise en scène comme interprétation

Le sens de la pièce n'est pas figé : si le dramaturge écrit les répliques précises de ses personnages, le metteur en scène peut pourtant, en dirigeant l'interprétation des comédiens, en ajoutant ou coupant des répliques, en influençant le ton sur lequel elles sont prononcées, infléchir considérablement le sens de l'œuvre.

Deux mises en scène d'une même pièce peuvent prendre deux directions divergentes, chacune insistant sur tel aspect de la pièce. Le metteur en scène dispose donc d'une très grande liberté, limitée par sa seule imagination.

B Quand l'auteur contrôle la mise en scène

L'auteur peut tenter de **contrôler l'interprétation** qu'en donnera le metteur en scène : nombre d'écrivains du XXe siècle furent soucieux de ce travail. Samuel Beckett assistait ainsi à la plupart des répétitions de création de ses pièces.

Certains auteurs ont tenté, à l'intérieur même de leur texte, de disposer des éléments tendant à guider la mise en scène future et à limiter la liberté du metteur en scène : l'**inflation des didascalies, et en particulier des indications scéniques**, est concomitante avec l'apparition de la fonction de metteur en scène.

C Le texte, limite de la liberté d'interprétation

- Le **texte** de théâtre, y compris dans le cas où l'auteur a fait peu de place aux didascalies, constitue une limite naturelle à la liberté d'interprétation du metteur en scène. En effet, on ne peut faire dire n'importe quoi à un texte.
- La **mise en scène**, sans être une plate explicitation du texte, doit toujours rester à son service et ne pas le faire mentir. En commettant un contresens, le metteur en scène défait l'œuvre écrite par l'auteur.

RÉCAPITULONS

- Le rôle essentiel du metteur en scène s'est affirmé au cours du temps – au point que le nom de celui-ci vient parfois s'apposer au titre d'une œuvre dramatique à la place de celui de l'auteur.
- Une même pièce peut donner lieu à des interprétations variées et des mises en scène fort différentes, voire contradictoires.
- En définitive, la partition de théâtre demeure bien un texte, riche de toutes les possibilités de sa représentation qu'elle ne cesse de contrôler.

Étudier le rythme d'une scène

LA DÉMARCHE

- Commencez par **situer la scène** par rapport à l'intrigue de la pièce.
- Identifiez ensuite la **forme de l'échange**.
- Étudiez les **didascalies**.
- Caractérisez enfin la **cadence** du texte.

PROCÉDER PAS À PAS

I Situer la scène dans l'action dramatique

- **Une scène d'exposition**. Déterminez si elle découvre progressivement l'intrigue et les personnages ou si elle se fait *in medias res* (« au milieu de l'action »).
- **Une scène au cœur de l'action**. Identifiez les éventuels effets de surprise nés de péripéties ou de coups de théâtre. Repérez un possible dilemme chez le personnage, celui-ci entraînant alors un ralentissement.
- **Une scène de dénouement**. Qualifiez la vitesse de liquidation du conflit.

II Identifier la forme de l'échange théâtral

- **Un dialogue**. Intéressez-vous à ses composantes (répliques, stichomythie, récit). Analysez son organisation (répartition de la parole, présence d'un meneur de jeu) et interprétez son contenu (conflit, débat, discours amoureux…).
- **Un monologue**. Interrogez-vous sur sa fonction : informatif ou lyrique, il marque une pause dans l'action ; délibératif, il crée une tension dramatique.

III Étudier les didascalies

- **Les éléments visuels**. Montrez comment les gestes, mimiques et déplacements viennent conforter, infléchir ou contrecarrer les paroles échangées.
- **Les signes sonores**. Évaluez la manière dont l'intonation, le débit, les bruitages, la musique d'accompagnement soutiennent le dialogue.

IV Caractériser la cadence de la partition de théâtre

- **La syntaxe**. Demandez-vous si elle procède par ellipses (relevez la présence de points de suspension qui accélèrent ou rompent le cours de la parole). Si elle recourt à la répétition, elle met l'accent sur la progression de l'échange.
- **La ponctuation**. À valeur logique, elle détermine les temps fort d'une prise de parole ; à valeur émotive, elle introduit des pauses dans le discours ; absente, elle produit des effets de fluidité, de suspense ou de rupture rythmique.

Écrire un dialogue de théâtre

LA DÉMARCHE

Au titre de l'écriture d'invention, on peut vous demander de rédiger un dialogue théâtral, que celui-ci s'inscrive dans la continuité d'un extrait compris dans votre corpus ou qu'il faille le créer de toutes pièces à partir de positions mises au jour dans différents textes. Pour cela :

- Commencez par **situer l'échange** à produire.
- **Identifiez le contenu** à développer.
- **Soignez la forme** empruntée.

PROCÉDER PAS À PAS

I Situer l'échange

- **Le contexte du dialogue**. Repérez dans la consigne ou le texte le lieu et l'époque dans lesquels s'inscrit le dialogue, leur influence étant décisive sur l'énonciation.
- **Le nombre, l'identité et les caractéristiques des interlocuteurs**. Exploitez les directives d'écriture ou les éléments déjà compris dans le corpus. Dans le cas d'un sujet d'invention pure, respectez le critère de vraisemblance.

II Identifier le contenu

- **Les types de dialogue**. Demandez-vous si le dialogue doit être didactique, dialectique ou polémique. L'objectif d'un dialogue didactique est l'exposition d'un savoir ; le questionneur se contente de relancer celui qui le détient. Le but d'un dialogue dialectique est de permettre aux interlocuteurs de résoudre une difficulté commune, ce qui implique entre eux un rapport de relative égalité. Un dialogue polémique est l'occasion d'un affrontement entre positions antagonistes qui se termine souvent par un *statu quo*, chacun restant campé sur son point de vue.
- **Thèses et arguments**. Recherchez dans le libellé ou les textes d'éventuelles indications sur les thèses défendues par les différents personnages et travaillez les arguments et les exemples qu'ils vont déployer pour les soutenir.

III Soigner la forme

- **La présentation**. Appliquez les règles typographiques propres à l'écriture dramatique (majuscules d'imprimerie pour les noms des interlocuteurs, italique pour les didascalies).
- **Les indications de mise en scène**. Précisez les intonations, gestes, déplacements, bruitages, musiques, jeux de lumière accompagnant les paroles échangées sans perdre de vue le registre dans lequel vous les situez.

SE TESTER QUIZ

1 Qu'est-ce qui distingue une réplique et une tirade ?

- [ ] **a.** La première est plus courte que la seconde.
- [ ] **b.** La première est en prose, la seconde en vers.
- [ ] **c.** La première est adressée à un interlocuteur, la seconde met en scène un personnage qui délibère seul.

2 Qu'est-ce qu'une didascalie expressive ?

- [ ] **a.** Une indication qui se déduit du dialogue lui-même.
- [ ] **b.** Une indication qui concerne les modalités de parole des personnages.
- [ ] **c.** Une indication qui se substitue au dialogue lui-même.

3 Qu'est-ce qui définit la structure dramatique classique ?

- [ ] **a.** Les règles de vraisemblance et de bienséance.
- [ ] **b.** Le découpage en actes.
- [ ] **c.** La règle des trois unités.

4 Qu'appelle-t-on scénographie ?

- [ ] **a.** La mise en espace d'une pièce de théâtre.
- [ ] **b.** L'écriture de la mise en scène.
- [ ] **c.** Le découpage d'une pièce en scènes.

S'ENTRAÎNER

5 Lisez l'extrait d'*En attendant Godot* (document 1, p. 92)**, qui correspond au début de la pièce. Dans quelle mesure peut-on parler d'une scène d'exposition ?**

POUR VOUS AIDER

- Une scène d'exposition permet d'introduire les éléments nécessaires à la compréhension de l'intrigue (le contexte, les personnages et leurs relations…).
- L'exposition d'*En attendant Godot* peut vous surprendre ! Faites de cet effet de surprise le point de départ de votre réponse.
- Examinez avec précision les informations essentielles délivrées par l'extrait, mettez en évidence à la fois le respect et la liberté pris par rapport à la tradition.
- Analysez les éléments qui mettent le lecteur en déroute et qui rattachent cette page au théâtre de l'absurde. (Aidez-vous de la méthode p. 108.)

OBJECTIF BAC

Question sur le corpus

6 Le travail du metteur en scène

Document 1. Samuel Beckett, *En attendant Godot* (1952)
Document 2. Pierre Chabert, « Singularités de Samuel Beckett » (1994)
Document 3. Joël Jouanneau, « Non pas l'Homme, mais cet homme… » (1994)
Document 4. Photographie de la mise en scène d'*En attendant Godot* par J. Jouanneau (1992)

À laquelle des trois conceptions de la mise en scène exposées par Pierre Chabert (document 2) **vous semble correspondre le travail de Joël Jouanneau** (documents 3 et 4) **?**

POUR VOUS AIDER

- Repérez les trois attitudes possibles du metteur en scène que P. Chabert envisage.
- N'oubliez pas de vous référer à la photographie (document 4) pour caractériser le travail de Joël Jouanneau.

DOCUMENT 1

« *Route à la campagne, avec arbre.*

Soir.

Estragon, assis sur une pierre, essaie d'enlever sa chaussure. Il s'y acharne des deux mains, en ahanant. Il s'arrête, à bout de forces, se repose en haletant, recommence. Même jeu.

Entre Vladimir.

ESTRAGON *(renonçant à nouveau).* – Rien à faire.
VLADIMIR *(s'approchant à petits pas raides, les jambes écartées).* – Je commence à le croire. *(Il s'immobilise.)* J'ai longtemps résisté à cette pensée, en me disant, Vladimir, sois raisonnable, tu n'as pas encore tout essayé. Et je reprenais le combat *(Il se recueille, songeant au combat. À Estragon.)* – Alors, te revoilà, toi.
ESTRAGON. – Tu crois ?
VLADIMIR. – Je suis content de te revoir. Je te croyais parti pour toujours.
ESTRAGON. – Moi aussi.

VLADIMIR. – Que faire pour fêter cette réunion ? *(Il réfléchit.)* Lève-toi que je t'embrasse. *(Il tend la main à Estragon.)*
ESTRAGON *(avec irritation)*. – Tout à l'heure, tout à l'heure.

Silence.

VLADIMIR *(froissé, froidement)*. – Peut-on savoir où monsieur a passé la nuit ?
ESTRAGON. – Dans un fossé.
VLADIMIR *(épaté)*. – Un fossé ! Où ça ?
ESTRAGON *(sans geste)*. – Par là.
VLADIMIR. – Et on ne t'a pas battu ?
ESTRAGON. – Si… Pas trop.
VLADIMIR. – Toujours les mêmes ?
ESTRAGON. – Les mêmes ? Je ne sais pas.

Silence.

Samuel Beckett, *En attendant Godot* (1952), acte premier, © Éd. de Minuit.

DOCUMENT 2

Pierre Chabert, comédien et metteur en scène, évoque les difficultés que peut rencontrer le metteur en scène d'une pièce de Beckett.

« On aborde souvent le problème de l'attitude du metteur en scène face aux pièces de Samuel Beckett en termes de « respect » et de « liberté ».

La position de Samuel Beckett sur la mise en scène est bien connue : le metteur en scène doit se conformer aux indications précises qu'il a pris soin de donner dans ses textes mêmes. Samuel Beckett a souffert toute sa vie, pas simplement de la « trahison » des metteurs en scène, mais plus généralement de leur incompréhension, de leur incapacité, selon lui, à comprendre et à restituer ses œuvres telles qu'elles avaient été conçues […].

Il faut se faire à cette raison : les pièces de Beckett n'ont pas été écrites par un dilettante, par un homme de lettres qui avait de vagues idées sur le théâtre […]. Ce qui frappe dans ses textes, ce n'est pas tant l'importance des indications que leur précision et les relations étroites qu'elles engagent entre la parole et tout l'aspect concret de la représentation, leur justesse, leur pertinence, leur nécessité. Le metteur en scène se trouve donc confronté à un ensemble d'indications contraignantes, d'autant plus que la démarche de Beckett consiste à réduire, à restreindre volontairement les possibilités scéniques, notamment par l'immobilisation croissante des personnages. Le metteur en scène peut avoir l'impression d'être enfermé dans un carcan, de ne plus avoir lui non plus le droit de bouger et peut choisir alors de tout casser, de tout chambouler, pour affirmer sa « liberté ».

Il faut s'insurger contre cette opinion courante voulant que le metteur en scène n'ait aucune liberté, c'est-à-dire aucune marge d'interprétation et montrer tout le travail créateur qu'il peut et doit réaliser dans le déchiffrement et l'exécution de la partition. Car les indications scéniques, aussi précises soient-elles, nécessitent comme en musique une interprétation.

Pierre Chabert, « Singularités de Samuel Beckett »,
dans *Théâtre aujourd'hui*, n° 3 (1994), © CNDP.

DOCUMENT 3

Joël Jouanneau revient sur la mise en scène d' En attendant Godot *qu'il avait proposée au public du théâtre des Amandiers de Nanterre en 1992.*

« Quand il s'agit des pièces de Molière, de Marivaux ou de Shakespeare, chacun admet parfaitement que de multiples mises en scène soient possibles. Une œuvre devient « classique » lorsqu'elle s'ouvre à des lectures très différentes, des interprétations « radicales »… voilà ce qui a guidé mon propos lorsque j'ai monté *En attendant Godot*. […]

Le choix d'un vieux Vladimir et d'un jeune Estragon, considéré comme sacrilège, a constitué le point de départ de mon travail. Habituellement, les personnages sont supposés être de la même génération ; le texte de Beckett ne fournit cependant aucun repère à ce sujet. Je voulais que l'un fût le « grand frère » de l'autre : l'idée que le premier est censé apprendre quelque chose au second est, à mes yeux, inscrite dans le texte. […]

Dans la mise en scène, j'avais envie d'inscrire cette relation par rapport à l'errance humaine qu'on rencontre aujourd'hui. Vladimir portait un costume d'ouvrier des années cinquante et le jeune Estragon une tenue de maintenant. […] Par rapport à la question polémique d'une atteinte à l'universalité de la pièce, je tenais beaucoup à ce que les costumes et les décors parlent des jeunes d'aujourd'hui qui sont sans projet, sans travail, et de la violence, cette condamnation à l'attente, qui leur est faite. Philosophiquement, je ne supporte plus l'image imposée des « clowns métaphysiques » portant des petits chapeaux ronds et des costumes historiquement datés des lendemains de la dernière guerre. Les costumes et les corps ne sont pas intemporels, ils sont toujours socialisés et historiques.

Joël Jouanneau, « Non pas l'Homme, mais cet homme… »,
dans *Théâtre aujourd'hui*, n° 3 (1994), © CNDP.

DOCUMENT 4

Mise en scène d'*En attendant Godot* par Joël Jouanneau au théâtre des Amandiers en 1992, avec Philippe Demarle dans le rôle d'Estragon [au centre] et David Warrilow dans celui de Vladimir [à droite assis dans le « transformateur électrique »].

SE TESTER

1 Réponse **a**.

2 Réponse **b**.

3 Réponses **a**., **b**. et **c**.

4 Réponse **a**.

S'ENTRAÎNER

5 La scène d'ouverture d'*En attendant Godot* a de quoi déstabiliser le lecteur : elle le désoriente bien plus qu'elle ne l'introduit à l'action. Elle n'en présente pas moins certaines **caractéristiques d'une scène d'exposition**. Quoique flous, le lieu et le moment du drame sont ainsi mentionnés dans la didascalie initiale *(« Route à la campagne, avec arbre », « Soir »)* puis dans le dialogue lui-même (« Dans un fossé. – Un fossé ! Où ça ? – Par là. »). Les personnages, immédiatement sur scène, sont présentés comme unis, ce que symbolise la main tendue ou donnée : *« Il tend la main à Estragon. »*

Appuyez-vous régulièrement sur le texte pour étayer vos affirmations.

Cependant, l'introduction de l'intrigue déconcerte : on ne sait pourquoi les deux personnages sont réunis. Tout se passe comme s'il s'agissait d'un **faux départ**, d'une entrée ***in medias nullas res***. Le spectateur se trouve plongé dans une histoire qui a commencé sans lui, ce que manifeste l'expression « Alors, te revoilà, toi ». À l'absence d'action se joignent les motifs de la répétition (« Toujours les mêmes ? ») et de l'impuissance (« Rien à faire »).

L'expression latine ***in medias nullas res***, littéralement « au mili[eu] de rien », est forgée s[ur] *in medias res*, employ[é] pour désigner un débu[t] qui jette le lecteur en plein cœur de l'action.

Il s'agit donc d'une **scène d'exposition paradoxale**, dont l'enjeu est de ne rien introduire, ou d'introduire le « rien » sur lequel se fonde et s'ouvre la pièce. C'est là une occasion, pour le dramaturge de l'absurde, d'initier le spectateur à un nouveau théâtre qui le conduit à abandonner ses habitudes.

OBJECTIF BAC

6 Dans le document 2, Pierre Chabert propose **trois types de rapport au texte de la part du metteur en scène** : l'un, parfaitement servile, se donne comme une exécution pure et simple de la pièce écrite, sans aucune marge de liberté. Un autre rapport possible consiste, à l'inverse, à « choisir [...] de **tout casser**, de tout chambouler, pour affirmer sa "liberté" ». Enfin, une dernière possibilité apparaît : il y a tout un « **travail créateur** » que le metteur en scène « peut et doit réaliser dans

Ce modèle de **mise en scène parfaitement servile** existe-t-il vraiment ? Peut-on concevoir une mise en scène dans laquelle aucun élément n'ait é[té] apporté par le metteu[r] en scène ?

le déchiffrement et l'exécution de la partition. Car les indications scéniques, aussi précises soient-elles, nécessitent comme en musique une interprétation ».

- La démarche de Joël Jouanneau correspond à la **deuxième option**, qui se démarque très largement des indications scéniques données par Beckett et va jusqu'à prendre des libertés par rapport au texte de la pièce : il n'y a plus, comme l'indique la didascalie initiale dans le document 1, de *« route à la campagne, avec arbre »* mais, de l'aveu même du metteur en scène, « les costumes et les décors parlent des jeunes d'aujourd'hui qui sont sans projet, sans travail, et de la violence, cette condamnation à l'attente, qui leur est faite ». Aussi a-t-il choisi de placer l'action d'*En attendant Godot* dans une friche industrielle, dans laquelle l'arbre est devenu un transformateur électrique.

- La liberté que prend Joël Jouanneau s'appuie sur une interprétation du texte ; si la mise en scène qu'il propose fait mentir certaines didascalies, elle n'en dit pas moins une vérité du texte, au même titre que celle proposée par Beckett lui-même.

www.annabac.com

CHAPITRE

7 L'histoire du théâtre, du XVIIe siècle à nos jours

Le théâtre ne saurait se réduire à un texte écrit et figé dans les pages d'un livre : la représentation théâtrale incarne ce texte en le faisant vivre dans un espace bien concret et réel, la scène. De même, la forme de cet espace scénique, qui évolue au cours des siècles, conditionne la représentation, et donc le sens même de la pièce.

I Histoire du genre dramatique

A Le théâtre de l'Antiquité

1. Naissance en Grèce

- Au **Ve siècle av. J.-C.**, le théâtre apparaît. Art communautaire, il s'est développé à partir des rites et des célébrations officielles de la cité et s'est nourri des mythes fondateurs.

- La **distinction, d'origine sociale**, entre tragédie et comédie s'impose d'emblée dans la république athénienne. L'univers tragique est celui des héros et des actions éclatantes, l'univers comique celui des conditions humbles et du burlesque.

- Action dramatique suscitant crainte et pitié chez le spectateur, la **tragédie** se trouve magistralement illustrée par Eschyle, Sophocle et Euripide. Aristote théorise ce genre dans sa *Poétique* (IVe siècle av. J.-C.) : imitation d'une action sérieuse et complète, la tragédie doit combiner dans la fable qu'elle propose péripéties, reconnaissance et catastrophe.

> La scène de **reconnaissance** pas par exemple, par la mise au jour d'un lier de parenté entre deu personnages, qui jusque-là l'ignoraient

- Liée aux fêtes villageoises et à la célébration de Dionysos, dieu de la vigne et du vin, la **comédie** mélange des éléments rituels et religieux avec des épisodes grotesques et donne licence aux discours les plus subversifs. C'est sous la plume d'Aristophane qu'elle devient un véritable genre littéraire.

2. Rome : le théâtre en demi-héritage

- **De Grèce, le théâtre se transmet à Rome** et à l'ensemble des territoires de l'Empire romain dès le IIIe siècle av. J.-C.
- **Reflet de l'histoire collective des Grecs**, miroir de leurs cités-États, la tragédie ne survit guère au déclin de ce dernier modèle à Rome.
- La **comédie littéraire** s'épanouit dans les œuvres de Plaute et de Térence.

B Du Moyen Âge au XVIIIe siècle : un nouvel essor

1. Le Moyen Âge : du sacré au dramatique

- Après la chute de l'Empire romain, au Ve siècle de l'ère chrétienne, le théâtre s'éclipse de la vie culturelle, balayé par les invasions barbares, pendant près de cinq siècles.
- Les **scènes tirées de l'Évangile** et mises en scène par le clergé gagnent leur autonomie jusqu'à être jouées sur le parvis des églises.
- La **farce**, comédie volontiers grossière, connaît un franc succès : son humour parfois scabreux et son esprit carnavalesque réjouissent un public simple.

2. Le XVIe siècle : entre renouveau et renaissance

- En 1548, un décret royal interdit la représentation des drames religieux. C'est un coup définitif porté au théâtre religieux.
- La **tradition comique** se perpétue, entérinant la distinction entre la comédie littéraire fondée sur les modèles antiques et la comédie populaire.
- La redécouverte et les nombreuses traductions de la *Poétique* d'Aristote par les humanistes remettent la tragédie au goût du jour. Puisant ses sujets dans la Bible, la **tragédie renaissante** se fait l'écho des tensions nées des guerres de Religion, comme *Les Juives* (1583) de Robert Garnier.

3. Le siècle classique : l'âge d'or du théâtre

- Sous le règne de Louis XIII, la scène se trouve dominée par la **pastorale**, qui met en scène les amours idéalisées de bergers, et la **tragi-comédie**, tragédie non régulière, tombant fréquemment dans l'invraisemblable.
- L'esthétique classique consacre la tragédie et la comédie en les ramenant aux règles strictes de la dramaturgie antique (unités de lieu, de temps, d'action, vraisemblance, bienséance). Corneille et Racine donnent au genre tragique ses plus grandes œuvres ; Molière hisse la comédie au rang des grands genres.

> Les théoriciens classiques puisent dans la *Poétique* d'Aristote l'essentiel des **règles** qu'ils appliquent au théâtre.

4. Le XVIIIe siècle : un théâtre en transition

- **Marivaux** et **Beaumarchais** rénovent la comédie en lui donnant une dimension plus psychologique et sociale. Ils sont les théoriciens et illustrateurs du genre dramatique sérieux.

- Le déclin de la tragédie classique et l'essor de la bourgeoisie contribuent à la **naissance du drame**, « tragédie de mœurs privées », où se mêlent réalisme et sentimentalité. C'est le cas, par exemple, des *Fausses Confidences* et du *Mariage de Figaro*.

C Le XIXe siècle : révolutions théâtrales

1. La préface de *Cromwell* : un manifeste dramatique

C'est avec ce texte que Victor Hugo fonde, en 1827, l'esthétique du **drame romantique**, qui met en évidence la dualité fondamentale de l'homme révélée par le christianisme. Le théâtre doit ainsi mêler **grotesque et sublime** et incarner la tension qui anime ces opposés. Mélangeant les genres, rompant avec les unités de temps et de lieu, en quête de vérité par la recherche de la « couleur locale », le drame romantique se définit comme miroir du réel.

Hugo maintient l'unité d'action et l'emploi de l'alexandrin afin de préserver la dynamiq de l'action.

2. L'après-romantisme

- Le **théâtre de divertissement** s'épanouit à la fin du siècle avec la comédie de boulevard, dont Labiche et Feydeau se font les représentants.

- À l'opposé, le **symbolisme** propose un théâtre onirique et poétique, comme en témoigne *Pelléas et Mélisande* (1892) de Maeterlinck.

- L'**avant-garde** verse dans la provocation et renverse les codes dramatiques. Ainsi, *Ubu Roi* (1896) d'Alfred Jarry préfigure la scène du XXe siècle.

D Le XXe siècle : un théâtre de crise

1. Un théâtre ancré dans son siècle

- Les **mythes antiques** sont revisités par certains dramaturges à la lumière des épisodes marquants du siècle : Cocteau avec *La Machine infernale* (1934), Giraudoux avec *Électre* (1937), Anouilh avec *Antigone* (1944).

- Influencés par les courants philosophiques du temps, tels que **l'existentialisme** ou **l'absurde**, Sartre et Camus produisent – avec respectivement *Huis clos* (1944) et *Les Justes* (1949) – un théâtre engagé.

ZOOM

Le théâtre en dix œuvres clés

ve siècle av. J.-C.	***Les Perses*** **d'Eschyle,** ***Antigone*** **de Sophocle,** ***Électre*** **d'Euripide** Ces trois pièces phares de l'Antiquité ont fait l'objet de réécritures au xxe siècle.
Ier siècle	***Médée*****,** ***Phèdre*****,** ***Agamemnon*** **de Sénèque** La tragédie latine revisite la mythologie grecque à la lumière de la philosophie stoïcienne.
1464	***La Farce de maître Pathelin*** Écrite par un anonyme, elle est la plus célèbre des farces médiévales.
1637	***Le Cid*** **de Pierre Corneille** Cette tragi-comédie souleva une vive querelle parce qu'elle enfreignait les règles du théâtre classique.
1665	***Dom Juan*** **de Molière** Cette comédie suscita plus d'effroi que de rires en son temps.
1669	***Britannicus*** **de Jean Racine** La tragédie racinienne par excellence.
1784	***Le Mariage de Figaro*** **de Beaumarchais** Une comédie qui préfigure le drame romantique, en prise directe avec l'histoire du temps.
1929	***Le Soulier de satin*** **de Paul Claudel** Pièce réputée d'accès difficile, elle illustre la veine poétique du genre dramatique.
1958	***Rhinocéros*** **d'Eugène Ionesco** Une manifestation éclatante de l'absurde sur la scène théâtrale.
1987	***Dans la solitude des champs de coton*** **de Bernard-Marie Koltès** Cette pièce contemporaine fut révélée au public par les nombreuses mises en scène dont elle a fait l'objet.

2. Le nouveau théâtre

À partir des années 1950, le **sentiment de l'absurde** gagne non seulement les thèmes du théâtre mais aussi ses formes. Entérinant une crise majeure des valeurs issues du rationalisme et de l'humanisme, le nouveau théâtre met en scène le problème de l'incommunicabilité entre les êtres et de la cruauté des rapports humains. Beckett, Tardieu, Sarraute, Ionesco en constituent les figures majeures en France.

II Histoire de la mise en scène

L'évolution du genre dramatique à travers les âges a imprimé à l'histoire de la mise en scène ses scansions majeures et entraîné des changements profonds dans la conception de la représentation.

A Des origines au XVIIIe siècle : le triomphe de la convention

1. Dans l'Antiquité

- Dans la **Grèce antique**, le caractère rituel du théâtre et les conditions de la représentation imposent une mise en scène réglée où l'auteur incarne tous les rôles ; par la suite, cependant, apparaissent des comédiens masqués accompagnés d'un chœur.
- À **Rome**, le décor se cantonne aux parties latérales de la scène et le jeu des acteurs est caractérisé par l'outrance. La figure du metteur en scène, appelé *dominus gregis* – « chef du troupeau » des histrions –, apparaît progressivement.

> Un **histrion** est un acteur jouant des farc grossières.

2. Le Moyen Âge et l'époque moderne

- Convaincus de la nécessité de mettre le texte en action, les auteurs de théâtre du **Moyen Âge** se font meneurs de jeu, en cherchant à superviser la représentation, éclatée en diverses scènes qui ont cours simultanément.
- La **Renaissance** voit se constituer un corps de comédiens professionnels dirigés par un homme de l'art.
- Le **XVIIe siècle** mise sur une décoration fastueuse et une machinerie scénique complexe. Le dramaturge collabore comme conseiller à la mise en scène de ses pièces, quand il ne tient pas le rôle-titre et ne dirige pas sa propre troupe.
- Le **XVIIIe siècle** exige des comédiens et du metteur en scène davantage de fidélité à l'égard du texte écrit par le dramaturge.

B Le XIXe siècle : révolution de la représentation et naissance de la mise en scène

■ Le drame romantique apporte des **innovations techniques** qui entraînent un renouvellement de la représentation : l'introduction de praticables - accessoires posés sur scène - et le remplacement des chandelles par une rampe à gaz créent des possibilités de jeux inédits.

■ **Musset** se détourne un moment de la mise en scène, après l'échec de la représentation de *La Nuit vénitienne*, et plaide pour les vertus d'un « **théâtre dans un fauteuil** ».

■ En **1830**, le terme « **mise en scène** » est utilisé pour la première fois pour qualifier le travail de Victor Hugo montant *Hernani*. La représentation avait été supervisée par l'écrivain à grand renfort de dessins et de prescriptions de jeu.

Hugo avait étroitement associé le régisseur – chargé de l'organisation matérielle de la représentation – et les comédiens de la pièce à son travail de mise en scène.

C Le XXe siècle : la consécration du metteur en scène

■ **Décor**, **objets** et **corps** envahissent la scène pour conjurer la vanité de la parole. Les mises en scène mettent au jour des créations inédites mais recréent également des pièces déjà inscrites au répertoire en en proposant une lecture actualisée.

■ **Trois metteurs en scène phares**. **Antonin Artaud** se prononce en faveur d'un « théâtre total » où la représentation emprunte à tous les arts du spectacle et abolit la frontière entre scène et public. **Bertolt Brecht** développe la théorie de la distanciation qui travaille à la dénonciation de la facticité du spectacle. **Samuel Beckett**, attaché au respect scrupuleux des didascalies, assiste les metteurs en scène dans les créations qu'ils donnent de ses pièces.

Dans la lignée de **Bertolt Brecht**, Roger Planchon, dans les années 1970, revisite les classiques par des mises en scène marquées idéologiquement.

III Les métamorphoses de l'espace théâtral

A L'Antiquité : un espace nettement circonscrit

1. Chez les Grecs

■ Les théâtres sont des **hémicycles**, arcs de cercle de 200 à 240 degrés. Les spectateurs s'assoient sur des gradins (le *théatron*) ; ils entourent un petit espace central, l'*orchestra*, où se tient le chœur. Devant, se dresse la scène : le *proskénion*, estrade sur laquelle évoluaient les acteurs, et la *skéné*, dont les comédiens sortent pour entrer en scène.

- Les murs sont peints de manière à suggérer un **décor**. Les **enceintes** peuvent accueillir jusqu'à quatre-vingt mille spectateurs.

2. Chez les Romains

- L'**usage de la pierre** se systématise et l'**amplitude des gradins**, qui ne forment plus alors qu'un arc de cercle de 180 degrés, se trouve réduite.
- L'*orchestra* est recouvert de sièges, réservés aux spectateurs importants. La scène est plus profonde, et la *skéné* a laissé place à une grande façade ornée *(frons scenae)*, qui dissimule les coulisses.
- **Cinq mille spectateurs** peuvent y suivre une pièce tous ensemble.

Le théâtre de Pompée, Rome, attira jusqu'à vin[gt-]sept mille personnes.

B Le théâtre médiéval

- Au Moyen Âge, le théâtre investit des lieux qui ne lui sont pas destinés.
- Le **drame liturgique** des XIe et XIIe siècles se déroule dans l'église, dans le chœur et au milieu de la nef.
- Les **miracles** et les **mystères**, du XIVe au début du XVIe siècle, sont joués le plus souvent sur le parvis de l'église, dont la façade sert de décor.
- Le **théâtre profane** se joue sur des tréteaux, en ville généralement, à l'occasion de grandes foires.

C Les théâtres de l'âge classique

1. Le théâtre élisabéthain

- Le **théâtre anglais du XVIe siècle** se joue dans des **salles circulaires à ciel ouvert** imitant des cours d'auberges, comme le théâtre de Shakespeare, le Globe. Le bâtiment compte en général trois étages, où sont placés les spectateurs assis ; d'autres se tiennent debout, au centre, devant la scène.
- **Plusieurs niveaux** composent la scène. Au-dessus de l'avant-scène se trouve un balcon, où apparaissent parfois des comédiens, comme dans *Roméo et Juliette.*

2. Le théâtre à la française

Un **nouveau type de salle** se développe en France. Le public est debout sur le parterre, devant la scène. Au fond de la salle, quelques marches, gradins rudimentaires surélevés, permettent de s'asseoir. Enfin, il y a des galeries latérales à l'étage. On retrouvait cet aménagement dans des **salles rectangulaires**, le plus souvent destinées au jeu de paume.

ZOOM

Les différents types de théâtres à travers les âges

▲ Théâtre grec :
un édifice gigantesque.

▲ Théâtre médiéval :
le spectacle hors de ses murs.

▲ Théâtre élisabéthain :
une scène à plusieurs niveaux.

▲ Théâtre à l'italienne :
un espace compartimenté.

3. Le théâtre à l'italienne

- Ce modèle s'impose **dans toute l'Europe**. Les spectateurs sont assis dans les différents étages d'une salle en ellipse. L'assistance du parterre finit par occuper des fauteuils.

- Par l'usage d'un **rideau** et d'un **encadrement qui dessine les contours du plateau**, le théâtre à l'italienne distingue très nettement la salle et la scène, la réalité et la fiction.

D Les scènes du théâtre moderne

- De nos jours, le théâtre tend à sortir de ses espaces traditionnels : les metteurs en scène s'éloignent parfois des théâtres à l'italienne pour investir des lieux originaux. Reprenant la **tradition médiévale des tréteaux**, certains s'installent en plein air.

- **La scène perd une partie de sa dimension symbolique**. Réduite à un plateau, elle exhibe ses coulisses, se montre comme fictive et irréelle.

Usines, entrepôts, anciennes salles de spectacle réhabilitées constituent autant de **lieux originaux** pour jouer des pièces de théâtre.

RÉCAPITULONS

- Comme tout genre littéraire, le théâtre a une histoire, qui reflète les préoccupations des différentes époques.
- L'écriture dramatique influence (et est influencée en retour par) les conditions de représentation (mise en scène, espace scénique) propres à chaque siècle.

Analyser une scène de tragédie classique

LA DÉMARCHE

- Commencez par **repérer les thèmes caractéristiques** de la tragédie classique.
- Déterminez ensuite la **visée du texte**, entre édification et divertissement.
- Attachez-vous, enfin, à la **forme** et au **style de l'extrait**.

PROCÉDER PAS À PAS

I Repérer les thèmes caractéristiques

La fatalité. C'est une force supérieure face à laquelle le héros ne peut rien. Déterminez quel dieu ou quelle puissance impose sa vengeance au personnage ; demandez-vous si elle est à l'origine d'un dilemme.

Dans *Phèdre* de Racine, Vénus fait éprouver à l'héroïne éponyme un amour incestueux pour Hippolyte, le fils de son époux Thésée.

Les passions et leurs conséquences destructrices. Elles anéantissent la volonté de l'homme. Montrez que cela se traduit par une souffrance tant morale que physique.

Phèdre voit sa « raison égarée » et sent « tout [s]on corps et transir et brûler » (Racine, *Phèdre*, acte I, scène 3).

II Déterminer la visée du texte

Instruire. Montrez comment le dramaturge représente la puissance dévastatrice des passions : il peut chercher à inspirer la crainte, la désapprobation…

La mise en scène des « remèdes impuissants » auxquels Phèdre recourt (prières, sacrifices, attaques, exil) révèle un amour incurable mais aussi condamnable.

Émouvoir. Le tragique, chez les classiques, réside souvent dans la volonté de faire pleurer le public. Dans cette perspective, cherchez tout ce qui rattache le texte au registre pathétique.

Dans la tirade que Phèdre adresse à sa confidente, les exclamations douloureuses et les termes du champ lexical de la souffrance abondent.

III Commenter la forme et le style de l'extrait

La conformité à la vraisemblance. Demandez-vous ce qui motive un monologue, une tirade, une stichomythie et en quoi ils engagent une identification aux protagonistes.

Le style. Dégagez, dans la versification, les rythmes, le lexique et les images, ce qui en fonde la séduction et la pureté.

Analyser une scène du théâtre de l'absurde

LA DÉMARCHE

- Montrez comment le théâtre de l'absurde **refuse les conventions traditionnelles** du genre.
- Intéressez-vous ensuite au **drame de la parole** qu'il met en scène.
- Dégagez, enfin, en quoi il propose une **nouvelle conception de la mise en scène**.

PROCÉDER PAS À PAS

I Montrer le refus des conventions théâtrales

- **La fin de l'illusion réaliste**. Reliez l'absence de références au temps et à l'espace à la perte contemporaine des repères et au non-respect de la vraisemblance.
- **L'absence de progression dans l'action**. Montrez qu'en délaissant la structuration des pièces en actes et scènes, en ne proposant pas de véritable exposition ni de dénouement et encore moins de nœud, le théâtre de l'absurde souligne la vanité de l'action, vouée à la simple répétition.
- **La contestation de la notion de personnage**. Insistez sur le fait que, sur scène, les êtres apparaissent sans consistance, dépourvus d'histoire, interchangeables, parfois anonymes, dénués de psychologie cohérente.

II S'intéresser au drame de la parole

- **La désorganisation du langage**. Repérez les incohérences logiques, les distorsions de lexique et de syntaxe, le renversement des lieux communs, signes d'une parole vide.
- **Les dysfonctionnements du dialogue**. Identifiez les jeux de mots, quiproquos, silences qui disent l'impossible communication entre les êtres.
- **Un comique paradoxal**. Démontrez que le comique, passant par la dérision et le cynisme, sert l'expression du tragique.

III Dégager une conception nouvelle de la mise en scène

- **De nombreuses didascalies**. Montrez qu'elles donnent des indications scéniques très précises et qu'elles participent du sens même de la partition théâtrale.
- **La place faite au corps**. Soyez attentif à ce qui révèle concrètement la déchéance de l'homme.
- **L'omniprésence des objets**. Relevez les marques de la matérialité du quotidien où s'engluent les personnages, et qui traduit la perte de sens de leur existence.

SE TESTER QUIZ

1 Qu'est-ce qui différencie tragédie et comédie antiques ?

☐ **a.** La tragédie édifie le spectateur quand la comédie n'a d'autre visée que de l'amuser.

☐ **b.** Seule la tragédie a fait l'objet d'une théorisation littéraire dans la *Poétique* d'Aristote.

☐ **c.** Leur distinction est liée à l'origine sociale : la tragédie représente des personnages de rang élevé, tandis que la comédie met en scène des gens de basse condition.

2 Au nom de quel principe le drame romantique voit-il le jour ?

☐ **a.** Le réalisme : il s'agit de rapprocher le théâtre des préoccupations des spectateurs.

☐ **b.** La dualité de l'homme : la pièce doit dévoiler sa dimension à la fois sublime et grotesque.

☐ **c.** Le refus de l'héritage classique, dont le cortège de règles bride la liberté du dramaturge.

3 À quelle époque fait-on remonter la naissance de la mise en scène ?

☐ **a.** Dès la Rome antique quand s'impose la figure du *dominus gregis*.

☐ **b.** Au Grand Siècle, notamment avec Molière qui écrit, joue et encadre sa propre troupe.

☐ **c.** À la représentation de la pièce *Hernani* de Victor Hugo, supervisée par l'écrivain lui-même à grand renfort de notes et de schémas.

4 À quoi doit-on le succès du théâtre à l'italienne ?

☐ **a.** Un rideau et un encadrement circonscrivent le plateau, distinguant nettement la scène et le réel.

☐ **b.** Tous les spectateurs sont assis, ce qui limite les risques de débordements.

☐ **c.** La forme de l'ellipse qu'emprunte la salle offre un bon confort de vue.

OBJECTIF BAC

Dissertation

5 Le travail du metteur en scène

Document 1. Samuel Beckett, *En attendant Godot* (1952)
Document 2. Pierre Chabert, « Singularités de Samuel Beckett » (1994)
Document 3. Joël Jouanneau, « Non pas l'Homme, mais cet homme... » (1994)
Document 4. Photographie de la mise en scène d'*En attendant Godot* par J. Jouanneau (1992)

Voir ces quatre documents, p. 92-95.

Voir une pièce de théâtre dans deux mises en scène différentes, est-ce voir la même pièce deux fois, ou est-ce voir deux pièces différentes ?

Vous répondrez à cette question en un développement composé s'appuyant sur des exemples précis tirés du corpus, des textes étudiés pendant l'année et de vos lectures personnelles.

POUR VOUS AIDER

- Reformulez le sujet. La mise en scène est-elle seulement la paraphrase du texte, ou est-elle une véritable création qui ajoute une part de sens inédit à celui-ci ?
- Faites des hypothèses de travail. Par exemple, si voir deux mises en scène différentes c'est voir deux pièces différentes, quel est alors le statut du texte théâtral ?
- Élaborez un plan. Votre première partie peut montrer le primat du texte sur la représentation ; votre deuxième partie s'attacher à défendre la force d'interprétation de la mise en scène ; votre troisième partie, proposer une définition du théâtre comme art de la co-création.

SE TESTER

1 Réponse c. **2** Réponse b. **3** Réponse c. **4** Réponse a.

OBJECTIF BAC

5 *Les titres de partie ne doivent en aucun cas figurer dans votre copie.*

Dans un premier temps, on s'attachera à montrer que le spectacle n'est qu'une variante, une illustration du texte de théâtre. On plaidera ensuite que la mise en scène a le pouvoir de renouveler la lecture de la partition théâtrale. Enfin, on établira que le théâtre résulte de la double collaboration de l'auteur et du metteur en scène, auquel se trouve associé le lecteur spectateur.

Ne perdez jamais de vue la **problématique de départ** tout au long de votre développement. Ici, on peut la formuler ainsi : la mise en scène est-elle une lecture parmi d'autres ou une création autonome ?

I. Le primat du texte : deux spectacles, une seule pièce

1. Des personnages caractérisés par leurs paroles

Au théâtre, les paroles se substituent à l'action. Plus encore, les personnages, leur caractère et leur profil psychologique sont entièrement déterminés par leurs paroles. C'est le signe que **le dialogue écrit joue un rôle essentiel** et que, puisque les dialogues et les mots ne changent pas, la pièce ne changera pas non plus.

2. L'intrigue, colonne vertébrale du spectacle

De plus, le spectacle théâtral repose essentiellement sur l'intrigue et son déroulement : le rythme de la pièce, fondé sur les différentes péripéties, les coups de théâtre et les rebondissements, dépend donc exclusivement du texte. **L'auteur est ainsi le seul créateur du spectacle** car l'intrigue est la même d'une mise en scène à l'autre.

3. Les didascalies ou la prise en compte du spectacle par le texte

Plus encore, **le texte contrôle sa mise en scène** à venir par les didascalies : celles-ci témoignent d'une volonté de diriger en partie la mise en scène. *En attendant Godot*, par exemple, comporte de nombreuses didascalies : la pièce ne varie pas, du moins à priori, d'une mise en scène à une autre.

II. Le primat du spectacle : deux mises en scène, deux pièces

1. Les silences du texte

Cependant, il est rare qu'un texte ait tout prévu de sa propre mise en scène. Même les textes dans lesquels les didascalies sont très développées font parfois silence et nécessitent un **travail de création et d'invention** de la part du metteur en scène. C'est le cas, dans *En attendant Godot*, de la « danse du filet » que Lucky est censé exécuter et à propos duquel le texte ne dit rien. Il faut, dans ces passages-là, autre chose – comme une sorte de complément du texte, que seul le metteur en scène peut fournir. Cette marge de liberté permet précisément de différencier les mises en scène et de ne pas voir tout à fait la même pièce d'une mise en scène à une autre.

2. Fonctions de la mise en scène

La mise en scène apporte ainsi des éléments extérieurs au texte, qui permettent de l'enrichir et de le réaliser, pour qu'il se transforme en spectacle véritable. Outre l'auteur, le metteur en scène et les comédiens, il ne faut pas oublier que l'éclairagiste, le costumier, le scénographe, le décorateur. apportent quelque chose au spectacle et construisent sa dimension visuelle, non verbale, que le texte ne pouvait pas entièrement contenir. Là encore, chaque metteur en scène va se distinguer des représentations antérieures de la pièce.

Pensez aux **différents métiers** qui gravitent autour de la mise en scène.

3. Des mises en scène diverses

La diversité des mises en scène d'une même pièce est le signe de cette **importance de la mise en scène**. Ainsi, *En attendant Godot* reçoit des éclairages différents au gré des mises en scène : l'une renvoie à la dimension métaphysique de la pièce, l'autre entre en résonance avec l'actualité sociale.

En 1978, une mise en scène de *Tartuffe* de Molière par Antoine Vitez fait de l'hypocrite un séducteur à qui rien ni personne ne résiste. Loin de cette approche psychologique des rapports entre les personnages, Ariane Mnouchkine fait une lecture politique de la pièce dans sa mise en scène de 1995 et transforme le faux dévot en extrémiste se servant de la religion pour prendre le pouvoir. On peut se demander s'il s'agit encore de la même pièce ; pourtant ces deux lectures de *Tartuffe* étaient déjà en germe dans le texte.

Exploitez le zoom *Une pièce, deux mises en scène*, p. 86. Compare les deux mises en scè de ***Tartuffe***.

III. Deux lectures d'une même pièce : le théâtre, art vivant

1. La mise en scène comme interprétation du texte

Ainsi, le genre théâtral semble bien consister en une co-création, dans laquelle se rejoignent auteur et metteur en scène. Cependant, le travail de l'auteur vient toujours avant celui du metteur en scène. Dès lors, le metteur en scène doit respecter le texte qui, même s'il ne suffit pas, reste fondateur. Lorsque le metteur en scène prend des libertés, il le fait toujours au nom du texte : c'est le cas de Joël Jouanneau dans le document 3, pour justifier sa mise en scène d'*En attendant Godot*.

Appuyez-vous sur les **textes du corpus** pour étayer votre démonstration.

2. L'autorité du dramaturge et du texte

Il arrive que l'auteur veuille contrôler la mise en scène de son propre texte : son autorité est alors celle du texte. Lors des répétitions d'*En attendant Godot*, Beckett dictait les interdits sans dire ce qu'il prescrivait positivement, comme si le texte détenait en lui toutes les informations nécessaires. Le texte d'un auteur décédé conserve une forte autorité : le metteur en scène ne peut faire n'importe quoi, car il risque, comme tout lecteur du texte, de **faire un contresens**, de **jouer** et de **faire jouer une scène à l'envers**, dans un registre déplacé.

3. La mise en scène comme actualisation du texte

On peut considérer que **le texte de théâtre contient virtuellement toutes ses mises en scène**, même en l'absence de didascalies, puisque le metteur en scène ne peut que s'en tenir à la lettre du texte pour en proposer sa propre interprétation aux spectateurs. En ce sens, la mise en scène est toujours avant tout la lecture d'un texte – lecture qui se traduit dans l'espace, s'incarne dans le temps et dans des êtres réels. *Tartuffe* n'est ni le texte de Molière, ni l'une de ses mises en scène, mais le texte accompagné de toutes les mises en scène auxquelles il a pu donner lieu, du drame de la séduction chez Vitez au spectacle polémique de Mnouchkine.

www.annabac.com

CHAPITRE

8 Écriture poétique et quête du sens

La poésie, c'est d'abord une forme particulière : l'écriture poétique se distingue d'emblée de l'écriture romanesque ou théâtrale. Pendant de longs siècles, elle s'est en effet confondue avec le vers. Et même en s'affranchissant des règles de la versification au cours du XIXe siècle, elle a continué à investir des formes qui la différencient des autres genres. Il serait cependant réducteur de limiter la poésie à une pure question formelle : elle tient aussi un discours particulier sur l'homme et sur le monde. Le poète se met en quête d'un sens, qu'il entend dévoiler par et dans le poème.

I Les règles de la versification

A Le vers

1. La mesure du vers

■ La mesure d'un vers dépend du **nombre de syllabes**. Quelques principes influencent ce décompte :
– le ***-e* muet** (ou *-e* caduc) s'élide en fin de vers (même lorsqu'il est suivi d'une marque de pluriel) et avant un mot commençant par une voyelle ou un *h*- muet ;
– la **diérèse** compte pour deux syllabes deux voyelles voisines ; elle se rencontre avec les sons *i*, *u* et *ou* suivis d'une autre voyelle (par exemple dans *li/on*) ;
– la **synérèse** compte pour une seule syllabe deux voyelles voisines (par exemple dans *hier*).

> Lorsque vous scandez un vers, mettez les ***-e* muets** entre parenthèses pour ne pas fausser votre scansion.

■ Une fois ces principes appliqués, on peut déterminer les types de vers présents dans le poème. On distingue :
– les vers pairs, parmi lesquels l'**alexandrin** (12 syllabes), le **décasyllabe** (10), l'**octosyllabe** (8) ou plus rarement l'hexasyllabe (6) ;
– les vers impairs, moins fréquents, parmi lesquels l'endécasyllabe (11), l'ennéasyllabe (9) ou l'heptasyllabe (7).

2. L'accentuation du vers

- Les règles d'accentuation ne sont pas les mêmes suivant que l'on analyse un **vers simple** (inférieur ou égal à huit syllabes) ou un **vers complexe** (plus de huit syllabes).

- Vers simples et vers complexes comptent tous un **accent fixe** obligatoire sur la dernière syllabe prononcée. Seuls les vers complexes comptent un second accent fixe, sur la quatrième syllabe pour le décasyllabe, ou sur la sixième syllabe pour l'alexandrin.

L'**accent** du vers se note comme un accent aigu, au-dessus de la voyelle qui est au centre de la syllabe accentuée.

- C'est cet accent fixe interne qui détermine la place de la **césure**, puisqu'elle se situe immédiatement après lui. Cette césure partage le vers en deux **hémistiches** (c'est-à-dire « demi-vers »), qui peuvent être inégaux (dans le décasyllabe) ou égaux (dans l'alexandrin).

« Tant que mes yeúx // pourront larmes épándr(e)

Ce décasyllabe de Louise Labé se distribue en 4//6.

« Je suis d'un pas rêveúr // le sentier solitaír(e)

Cet alexandrin d'Alphonse de Lamartine se distribue en 6//6.

La **césure** se note par deux traits obliques parallèles.

- À l'intérieur d'un vers simple, ou de chaque hémistiche d'un vers complexe, on peut déterminer la place d'un accent mobile que l'on appelle **accent secondaire** (ou **accent flottant**). Sa place indique celle de la **coupe**, puisqu'elle se situe immédiatement après lui. La place de cet accent secondaire est très variable : il marque en général la dernière syllabe prononcée d'un groupe de mots cohérent et autonome.

« Je suís / d'un pas rêveúr // le sentiér / solitaír(e)

En tenant compte des accents flottants, l'alexandrin déjà cité se distribue en 2/4//3/3.

La **coupe** se note par un seul trait oblique.

3. Les effets de rythme

- La fin d'un vers correspond le plus souvent à la fin d'une phrase ou d'un groupe syntaxique cohérent. Il arrive cependant qu'un **enjambement** voie un groupe syntaxique important déborder le cadre du vers et se prolonger dans le vers suivant. Ce procédé, qui supprime la pause en fin de vers et donne de l'ampleur à ce dernier, crée des effets rythmiques et sonores puissants.

- Le **rejet** est une variante de l'enjambement : il consiste à rejeter dans le vers suivant un élément court nécessaire à la construction du vers précédent. Cela crée une rupture du rythme et met en relief le mot rejeté.

▪ Le **contre-rejet** est le procédé inverse : un élément verbal court termine un vers mais appartient au vers suivant par la construction et le sens. Là encore, cela crée une rupture du rythme et met en relief le mot rejeté.

> « Oh ! c'est triste de voir debout le piédestal
> Tout seul ! Et des pensers mélancoliques vont
> Et viennent dans mon rêve où le chagrin profond
> Évoque un avenir solitaire et fatal.
>
> Paul Verlaine, « L'amour par terre », *Fêtes galantes* (1869).

Cette strophe présente à la fois un enjambement, un rejet et un contre-rejet.

B La rime

1. La qualité des rimes

La qualité des rimes dépend du nombre de sons que les mots à la rime ont en commun. La rime est qualifiée de **pauvre** si les deux mots ont un seul son en commun (par exemple, le son [ø] entre *feu* et *peu*), **suffisante** s'ils ont deux sons en commun (par exemple, les sons [m] et [ɑ̃] entre *vaguement* et *firmament*) et **riche** s'ils ont trois sons ou plus en commun (par exemple, les sons [s], [y] et [l] entre *péninsul(e)* et *capsul(e)*.

Le *-e* caduc, puisqu'il n'est pas vraiment prononcé, ne compte pas pour un **son** à part entière.

2. La disposition des rimes

La disposition des rimes décrit la façon dont elles se distribuent dans le poème ; pour l'étudier, il faut garder à l'esprit qu'une rime est toujours constituée de deux vers. Lorsqu'un mot en fin de vers ne rime avec aucun autre et n'a donc pas de répondant, on parle de **rime orpheline**. Enfin, si le répondant ne se trouve que dans la strophe suivante, on parle de **rime disjointe**.

3. Deux règles majeures

▪ La **règle de l'alternance** précise qu'il faut faire alterner rime masculine et rime féminine (c'est-à-dire s'achevant sur un *-e* muet, même s'il est suivi d'une marque du pluriel).

▪ La **règle de liaison supposée** spécifie que deux mots ne doivent pas rimer entre eux si l'un est terminé par une voyelle *(voilà)* et l'autre par une consonne muette *(là-bas)*, ou même s'ils sont terminés par des consonnes muettes qui ne produiraient pas le même son s'il y avait une liaison (*océan* et *néant*).

ZOOM

Les principales dispositions de rimes

Rimes suivies (ou plates)	a « Ici je veux sortir du général dis**cours** a De mon tableau public ; je fléchirai le **cours** b De mon fil entrepris, vaincu de la mém**oire** b Qui effraye mes sens d'une tragique hist**oire** Théodore Agrippa d'Aubigné, *Les Tragiques* (1616).
Rimes croisées	a « Au temps qui court, vanité, men**teries** b L'un dit à l'autre, et impertinem**ment** a Aux lèvres n'a l'homme que flat**teries** b Et disant l'un, son cœur parle autre**ment**. Clément Marot, *Psaumes* (1543).
Rimes embrassées	a « Je n'écris point d'amour, n'étant point am**oureux**, b Je n'écris de beauté, n'ayant belle maîtr**esse**, b Je n'écris de douceur, n'éprouvant que rud**esse**, a Je n'écris de plaisir, me trouvant doul**oureux**. Joachim du Bellay, *Les Regrets* (1558).
Rythme tripartite	a « Ainsi en ta première et jeune nouv**eauté**, a Quand la Terre et le Ciel honoraient ta b**eauté**, b La Parque t'a tuée, et cendre tu rep**oses**. c Pour obsèques reçois mes larmes et mes p**leurs**, c Ce vase plein de lait, ce panier plein de f**leurs**, b Afin que vif et mort ton corps ne soit que r**oses**. Pierre de Ronsard, *Les Amours* (1555).
Rimes serpentines	a « Si chose aimée est toujours b**elle**, a Si la beauté est étern**elle**, b Dont le désir n'est à blâ**mer**, b On ne saurait que bien ai**mer**. c Si le cœur humain qui dés**ire** c En choisissant n'a l'œil au p**ire**, b Quand le meilleur sait esti**mer**, b On ne saurait que bien ai**mer**. Bonaventure Des Périers, *Chansons* (1544).

C La strophe

- La strophe constitue, à l'intérieur du poème, une **unité** sémantique et grammaticale. Elle est isolée par un **blanc typographique** qui manifeste sa cohérence. Du point de vue syntaxique, elle coïncide généralement avec l'unité de la phrase.
- Sa cohérence est accentuée par la structure des rimes. La strophe se fonde en effet sur un **système de rimes clos**, qui comporte au moins deux rimes, et dont les rimes se répondent sans dépasser les limites de la strophe.
- À partir du XIXe siècle, la définition de la strophe est contestée : l'**enjambement strophique** apparaît, les limites de la phrase ne correspondant plus à celles de la strophe.
- Le nom que l'on donne aux strophes dépend du nombre de vers qu'elles contiennent : on distingue en particulier le **quatrain** (strophe de quatre vers sur deux rimes) et le **sizain** (strophe de six vers, souvent construite sur trois rimes).

> À proprement parler, le distique (deux vers) et le tercet (trois vers) ne sont pas des **strophes** à part entière, puisqu'ils ne comportent pas de rimes complètes.

II Les poèmes à forme fixe

A Les formes médiévales

À la fin du Moyen Âge, un grand nombre de modèles formels coexistent, tous inspirés de la chanson ou de la danse. Il existe ainsi :
– la **ballade**, généralement constituée de trois strophes suivies d'un envoi ;
– le **chant royal**, qui est une forme inspirée de la ballade ;
– le **rondeau**, qui doit son nom à la ronde que l'on dansait lorsqu'on le chantait à l'origine ;
– le **virelai**, qui était lui aussi le nom d'une danse avant de devenir celui d'une forme poétique.

> L'**envoi** est une demi-strophe qui correspond à la seconde moitié des autres strophes du poème, par le nombre de vers et la disposition des rimes. Il commence généralement par apostropher le dédicataire du poème.

B Le sonnet

- Si les poètes du XVIe siècle rejettent les formes fixes médiévales, ils en exploitent de nouvelles, parmi lesquelles le sonnet, certainement la **forme fixe la plus célèbre**.
- Toujours constitué de **quatorze vers**, il fut d'abord composé en décasyllabes, puis majoritairement en alexandrins. Il se fonde sur un système strophique toujours identique, **deux quatrains** de rimes embrassées (abba abba) suivis d'**un sizain** dont la disposition des rimes varie (généralement ccdeed ou ccdede).
- Le sonnet connaît un **immense succès**, qui ne s'est pas encore démenti : les poètes contemporains jouent parfois eux aussi avec cette forme fixe.

C D'autres formes poétiques

Bien d'autres modèles poétiques s'apparentent aux poèmes à forme fixe, même s'ils n'ont pas une structure totalement identique d'une œuvre à l'autre. Ainsi, l'ode, l'élégie, le madrigal, le blason, le pantoum malais... constituent des modèles formels ou thématiques que les poètes peuvent investir.

III La libération formelle

A Libération du vers

- Certains des plus grands poètes romantiques, à commencer par Hugo, ont déjà bousculé la versification traditionnelle ; leurs successeurs ont poursuivi le mouvement en inventant le **vers libéré**, qui s'inspire du vers traditionnel mais ne respecte par les règles de la scansion classique et ne comporte pas de rimes au sens strict.

- Les **vers libres** marquent une nouvelle étape dans cet affranchissement des règles : ils sont de longueur et de rythme très variables, et ne respectent ni les règles classiques de la versification, ni les rimes traditionnelles. Ils reposent essentiellement sur des jeux sonores, sur un réseau d'assonances et d'allitérations et sur un retour régulier à la ligne qui permet de les identifier en tant que vers.

- Le **verset** peut être considéré comme une évolution du vers libre : il désigne un ensemble qui excède le plus souvent les limites du vers, jusqu'à occuper un paragraphe entier. Néanmoins, il relève d'une tradition ancienne : dans les textes sacrés, tels que le Coran et la Bible, le verset désigne les brefs paragraphes qui composent chaque chapitre.

L'**assonance** et l'**allitération** qualifient des effets sonores : la première désigne la répétition d'un même phonème vocalique, la seconde la répétition d'un même phonème consonantique.

B Libération du poème

- Ce mouvement d'affranchissement des règles traditionnelles n'a pas seulement touché le vers : il s'est aussi étendu à l'ensemble du poème, en particulier dans ce que l'on a appelé, à la suite de Baudelaire, des **poèmes en prose**.

- Leur véritable inventeur est Aloysius Bertrand : son recueil ***Gaspard de la nuit*** (1842) comporte des poèmes qui se présentent comme de la prose (donc sans vers ni rimes) mais qui témoignent d'un travail sur les sons (assonances et allitérations), les rythmes et les images caractéristique de l'écriture poétique.

- Il ne faut pas confondre le poème en prose avec la **prose poétique**, née dès l'âge classique (dans les textes de Fénelon puis de Rousseau) : bien qu'elle emprunte à la poésie certains de ses procédés caractéristiques, elle apparaît dans des textes narratifs ou argumentatifs en prose.

IV La poésie en quête du sens

A La poésie lyrique : le poète chante le monde

1. Origine musicale du lyrisme

Son nom l'indique clairement : la poésie lyrique était à l'origine la poésie destinée à être accompagnée par la lyre. Si les poèmes lyriques ne sont plus vraiment écrits pour être chantés à partir du XVIe siècle, ils gardent toutefois une **dimension proprement musicale**, dont témoigne le soin particulier que les poètes apportent au rythme et aux sonorités de leurs vers.

> Cette **origine musicale** est encore présente da le lyrisme moderne : nombreux sont les poèmes qui utilisent le termes *chant*, *chansor* voire *musique*.

2. L'énonciation lyrique

- Le poème lyrique est généralement écrit à la **première personne** et comporte de nombreuses marques de présence du locuteur. Les poètes romantiques l'ont ainsi caractérisé comme la **voix de la subjectivité**.

- De plus, il s'adresse souvent à un destinataire explicite (que ce soit l'être aimé, l'ami, le lecteur...), qu'il met en scène et interpelle à la **deuxième personne**. La poésie lyrique repose ainsi sur un véritable **dialogue**, ancré dans la subjectivité des interlocuteurs.

3. Dire le moi et le monde

- Dès le Moyen Âge, le poème lyrique se destine à l'expression des sentiments, particulièrement des sentiments amoureux. Au XIXe siècle, la génération romantique consacre le lyrisme comme le genre destiné à dire les **émotions personnelles** : il privilégie alors des thèmes tels que l'amour, la mort, la conscience du temps qui passe, la nostalgie ou la solitude.

- Mais le lyrisme ne parle pas seulement du moi du poète : il sait aussi s'ouvrir au monde. Il ne faut donc pas lire la subjectivité lyrique comme une forme de nombrilisme, mais comme la **singularité d'un regard sur le monde**.

B La poésie engagée : le poète prend parti dans le monde

- Dans la poésie engagée, le poète prend position et **met son art au service d'une cause** politique, morale, sociale... Les poètes engagés défendent, dénoncent, révèlent, témoignent dans le but d'éveiller les consciences et de pousser à l'action. Ainsi, la poésie engagée apparaît généralement dans des contextes de **tensions politiques**.

ZOOM

Le calligramme, entre poème et dessin

S
A
LUT
M
O N
D E
DONT
JE SUIS
LA LAN
GUE É
LOQUEN
TE QUESA
BOUCHE
O PARIS
TIRE ET TIRERA
TOU JOURS
AUX A L
LEM ANDS

▲ Guillaume Apollinaire, *Calligrammes* (1925), © Gallimard.

▶ C'est **Apollinaire** qui **invente le genre et le nom du calligramme** (du grec *kallos*, « beau », et *gramma*, « lettre ») : dans un recueil publié en 1918, il propose des poèmes qui dessinent leur sujet par l'agencement de leurs mots. Ils superposent deux types de représentation, l'une directe et visuelle, l'autre indirecte et langagière.

▶ Ce **calligramme patriotique** joint ainsi l'efficacité du dessin (la tour Eiffel, symbole de la grandeur française) à celle des mots (qui tirent « la langue [...] aux Allemands »).

Ce fut par exemple le cas pendant la Seconde Guerre mondiale : les **poètes engagés** de la génération surréaliste, comme Aragon, Eluard, Char ou Desnos, composent des poèmes pour dénoncer l'occupation allemande et exhorter leurs compatriotes à la résistance.

C La poésie didactique : le poète explique le monde

La poésie didactique se donne pour mission de **délivrer un enseignement**. Certains genres poétiques sont essentiellement didactiques : c'est le cas de la **fable**, qui met les ressources de l'écriture poétique au service d'une **édification morale**.

La poésie didactique n'est pas seulement morale : elle peut être **philosophique**, voire **scientifique**. Enfin, son objet peut être la poésie elle-même, lorsqu'il s'agit d'en définir les règles et principes : c'est le rôle dévolu aux arts poétiques, véritables traités pratiques, manuels de composition en prose ou en vers.

Deux **arts poétiques** illustres : le traité de Boileau (*Art poétique*, 1674) et le poème du même nom de Verlaine qui commence ainsi : « De la musique avant toute chose, / Et pour c préfère l'Impair » (187

RÉCAPITULONS

Pendant longtemps, l'écriture poétique s'est caractérisée par la maîtrise de la versification. Pourtant, à partir du XIXe siècle, la poésie survit à l'abandon progressif du vers, de la rime ou de la forme fixe. C'est donc que le poétique est ailleurs – dans un travail spécifique du rythme, du son, de l'image.

L'originalité de l'écriture poétique réside aussi dans la particularité d'un regard sur le monde : qu'elle soit lyrique, engagée ou didactique, la poésie est d'abord une quête de sens.

Étudier la versification d'un poème

LA DÉMARCHE

- **Déterminez les types de vers** sur lesquels se fonde le poème et **opérez la scansion** (en déterminant la place des accents fixes et flottants). Repérez aussi d'éventuels effets rythmiques.
- **Étudiez le système des rimes** (disposition, richesse, respect des règles).
- **Analysez la structure des strophes** et **repérez une éventuelle forme fixe**.

L'EXEMPLE COMMENTÉ

« Chanson d'automne » est un poème de Paul Verlaine paru dans le recueil *Poèmes saturniens* (1866). Sa versification est particulièrement originale.

« Les sanglots lóngs	tétrasyllabe	a		riche (3 sons)	masc.	
Des violóns	tétrasyllabe	a		riche (3 sons)	masc.	diérèse
De l'autómn(e)	trisyllabe	b		riche (4 sons)	fém.	
Blessent mon cœúr	tétrasyllabe	c		suffisante	masc.	
D'une langueúr	tétrasyllabe	c		suffisante	masc.	
Monotón(e).	trisyllabe	b		riche (4 sons)	fém.	
Tout suffocánt	tétrasyllabe	d		suffisante	masc.	
Et blême, quánd	tétrasyllabe	d		suffisante	masc.	contre-rejet
Sonne l'heúr(e),	trisyllabe	e		riche (3 sons)	fém.	
Je me souviéns	tétrasyllabe	f	rythme tripartite	suffisante	masc.	synérèse
Des jours anciéns	tétrasyllabe	f		suffisante	masc.	synérèse
Et je pleúr(e) ;	trisyllabe	e		riche (3 sons)	fém.	
Et je m'en vaís	tétrasyllabe	g		suffisante	masc.	
Au vent mauvaís	tétrasyllabe	g		suffisante	masc.	
Qui m'empórt(e)	trisyllabe	h		riche (3 sons)	fém.	
Deçà, delà,	tétrasyllabe	i		suffisante	masc.	
Pareil à lá	tétrasyllabe	i		suffisante	masc.	enjambement
Feuille mórt(e).	trisyllabe	h		riche (3 sons)	fém.	

Les **riches effets sonores et rythmiques** de ce poème lui donnent une indéniable **musicalité** : c'est peut-être la raison pour laquelle il a inspiré de nombreux chanteurs, comme Georges Brassens ou Serge Gainsbourg.

Identifier un poème en prose

LA DÉMARCHE

- **Repérez les effets rythmiques et sonores** qui soulignent la dimension poétique de la prose.
- **Identifiez les effets de structure qui donnent une impression de clôture et de cohérence** : à la différence d'un extrait de prose poétique, le poème en prose se suffit à lui-même et constitue une œuvre à part entière.
- **Relevez les thèmes et images** qui inscrivent le texte dans une tradition poétique.

L'EXEMPLE COMMENTÉ

Les lignes qui suivent constituent le texte intégral d'un poème en prose de Baudelaire intitulé « Enivrez-vous ».

« Il faut être toujours ivre. Tout est là : c'est l'unique question. Pour ne pas sentir l'horrible fardeau du Temps qui brise vos épaules et vous penche vers la terre, il faut vous enivrer sans trêve.

Mais de quoi ? De vin, de poésie ou de vertu, à votre guise. Mais enivrez-vous. Et si quelquefois, sur les marches d'un palais, sur l'herbe verte d'un fossé, dans la solitude morne de votre chambre, vous vous réveillez, l'ivresse déjà diminuée ou disparue, demandez au vent, à la vague, à l'étoile, à l'oiseau, à l'horloge, à tout ce qui fuit, à tout ce qui gémit, à tout ce qui roule, à tout ce qui chante, à tout ce qui parle, demandez quelle heure il est ; et le vent, la vague, l'étoile, l'oiseau, l'horloge, vous répondront : « Il est l'heure de s'enivrer ! Pour n'être pas les esclaves martyrisés du Temps, enivrez-vous ; enivrez-vous sans cesse ! De vin, de poésie ou de vertu, à votre guise. »

Charles Baudelaire, *Petits Poèmes en prose* (1869).

- Le **rythme du poème** est défini par les nombreuses répétitions. La reprise de la phrase « De vin, de poésie ou de vertu, à votre guise » fonctionne même comme un véritable refrain, donnant au texte la **structure d'une chanson** et créant un effet de clôture, caractéristique du poème en prose : on voit par là que le poème est fini, qu'il est clos sur lui-même.
- On peut ensuite noter que les **thèmes** abordés, en particulier celui de la fuite du temps, sont caractéristiques de l'écriture poétique et du registre lyrique.
- Enfin, la présence même du substantif « poésie » dans le refrain confirme le genre dans lequel ce texte s'inscrit : il s'agit bel et bien d'un **poème**.

SE TESTER QUIZ

1 Qu'est-ce qu'une synérèse ?

☐ **a.** Le fait de compter pour une seule syllabe deux voyelles qui se suivent.

☐ **b.** Le fait de compter pour deux syllabes deux voyelles qui se suivent.

☐ **c.** Le fait d'élider en fin de vers un -*e* muet.

2 Quel système qualifie-t-on de *rimes embrassées* ?

☐ **a.** abab.

☐ **b.** abba.

☐ **c.** aabb.

3 Quand le sonnet a-t-il été introduit dans la littérature française ?

☐ **a.** À la fin du Moyen Âge.

☐ **b.** Au XVIe siècle.

☐ **c.** Au XIXe siècle.

4 Quelle est la caractéristique énonciative de la poésie lyrique ?

☐ **a.** Elle est marquée par la subjectivité du poète.

☐ **b.** Elle relève d'une tradition musicale.

☐ **c.** Elle privilégie le thème de l'amour.

S'ENTRAÎNER

5 Analysez précisément l'énonciation des trois poèmes du corpus (documents 1, 2 et 4, p. 126, 127 et 128)**.**

6 Comment l'extrait de la préface des *Contemplations* (document 3, p. 127) **permet-il de comprendre les particularités de l'énonciation lyrique ?**

OBJECTIF BAC

Question sur le corpus

7 L'énonciation lyrique

Document 1. Pierre de Ronsard, *Les Amours* (1578)
Document 2. Victor Hugo, *Les Contemplations* (1856)
Document 3. Victor Hugo, « Préface », *Les Contemplations* (1856)
Document 4. Guy Goffette, *Le Pêcheur d'eau* (1995)

Définissez la poésie lyrique à partir de ces quatre documents.

POUR VOUS AIDER

- Distinguez bien les poèmes du texte théorique que constitue une préface.
- Votre réponse doit nécessairement être synthétique : vous devez procéder par caractéristique de la poésie lyrique, et non texte par texte.

DOCUMENT 1

« L'autre jour que j'étais sur le haut d'un degré[1],
Passant tu m'avisas, et me tournant la vue,
Tu m'éblouis les yeux, tant j'avais l'âme émue
De me voir en sursaut de tes yeux rencontré.

Ton regard dans le cœur, dans le sang m'est entré
Comme un éclat de foudre alors qu'il fend la nue[2].
J'eus de froid et de chaud la fièvre continue,
D'un si poignant regard mortellement outré.

Lors si ta belle main passant ne m'eût fait signe,
Main blanche, qui se vante être fille d'un Cygne[3]
Je fusse mort, Hélène, aux rayons de tes yeux.

Mais ton signe retint l'âme presque ravie[4],
Ton œil se contenta d'être victorieux,
Ta main se réjouit de me donner la vie.

Pierre de Ronsard, *Les Amours* (1578).

1 **Degré :** escalier. 2 **La nue :** le nuage. 3 L'**Hélène** de la mythologie grecque était fille de Léda et du dieu Zeus transformé en cygne. 4 **Ravie :** enlevée, exaltée.

DOCUMENT 2

Hier au soir

Hier, le vent du soir, dont le souffle caresse,
Nous apportait l'odeur des fleurs qui s'ouvrent tard ;
La nuit tombait ; l'oiseau dormait dans l'ombre épaisse.
Le printemps embaumait, moins que votre jeunesse ;
Les astres rayonnaient, moins que votre regard.

Moi, je parlais tout bas. C'est l'heure solennelle
Où l'âme aime à chanter son hymne le plus doux.
Voyant la nuit si pure et vous voyant si belle,
J'ai dit aux astres d'or : Versez le ciel sur elle !
Et j'ai dit à vos yeux : Versez l'amour sur nous !

Mai 18..

Victor Hugo, « Autrefois », *Les Contemplations* (1856).

DOCUMENT 3

Qu'est-ce que les *Contemplations* ? C'est ce qu'on pourrait appeler, si le mot n'avait quelque prétention, *les Mémoires d'une âme.*

Ce sont, en effet, toutes les impressions, tous les souvenirs, toutes les réalités, tous les fantômes vagues, riants ou funèbres, que peut contenir une conscience, revenus et rappelés, rayon à rayon, soupir à soupir, et mêlés dans la même nuée sombre. C'est l'existence humaine sortant de l'énigme du berceau et aboutissant à l'énigme du cercueil ; c'est un esprit qui marche de lueur en lueur en laissant derrière lui la jeunesse, l'amour, l'illusion, le combat, le désespoir, et qui s'arrête éperdu « au bord de l'infini ». Cela commence par un sourire, continue par un sanglot, et finit par un bruit du clairon de l'abîme.

Une destinée est écrite là jour à jour.

Est-ce donc la vie d'un homme ? Oui, et la vie des autres hommes aussi. Nul de nous n'a l'honneur d'avoir une vie qui soit à lui. Ma vie est la vôtre, votre vie est la mienne, vous vivez ce que je vis ; la destinée est une. Prenez donc ce miroir, et regardez-vous-y. On se plaint quelquefois des écrivains qui disent *moi*. Parlez-nous de nous, leur crie-t-on. Hélas ! quand je vous parle de moi, je vous parle de vous. Comment ne le sentez-vous pas ? Ah ! insensé, qui crois que je ne suis pas toi !

Ce livre contient, nous le répétons, autant l'individualité du lecteur que celle de l'auteur. *Homo sum*[1]. Traverser le tumulte, la rumeur, le rêve, la lutte, le plaisir, le travail, la douleur, le silence ; se reposer dans le sacrifice, et, là, contempler Dieu ; commencer à Foule et finir à Solitude, n'est-ce pas, les proportions individuelles réservées, l'histoire de tous ?

Victor Hugo, « Préface », *Les Contemplations* (1856).

1 ***Homo sum*** : expression latine signifiant « je suis un être humain ».

DOCUMENT 4

Tant de choses

Tu as laissé dans l'herbe et dans la boue
tout un hiver souffrir le beau parasol rouge
et rouiller ses arêtes, laissé la bise[1]
abattre la maison des oiseaux

sans desserrer les dents, à l'abandon laissé
les parterres de roses et sans soin le pommier
qui arrondit la terre. Par indigence[2]
ou distraction tu as laissé

tant de choses mourir autour de toi
qu'il ne te reste plus pour reposer tes yeux
qu'un courant d'air dans ta propre maison
– et tu t'étonnes encore, tu t'étonnes

que le froid te saisisse au bras même de l'été.

Guy Goffette, *Le Pêcheur d'eau* (1995),
© Gallimard.

1 **La bise** : vent froid qui souffle du nord ou du nord-ouest.
2 **Indigence** : pauvreté, pénurie, au propre comme au figuré.

SE TESTER

1 Réponse **a**. **2** Réponse **b**. **3** Réponse **b**. **4** Réponse **a**.

S'ENTRAÎNER

5 ▪ Les trois poèmes se fondent sur un dialogue entre le locuteur (que l'on appelle en poésie le sujet lyrique) et son destinataire ; ils sont tous marqués par une **énonciation très subjective**.

▪ On relève dans le sonnet de Ronsard de nombreuses marques de présence du sujet lyrique, à commencer par le pronom de la première personne du singulier « je » ; ce locuteur d'adresse à un « tu », son destinataire direct, qu'il identifie explicitement comme « Hélène » grâce à l'apostrophe du vers 11. Ce sonnet s'inscrit donc dans la **tradition de la lyrique amoureuse**, qui voit le poète s'adresser à la femme aimée.

> La notion de **sujet lyrique** permet de ne pas confondre l'auteur du poème et le locuteur : le poète lyrique ne parle pas forcément de lui dans son œuvre, même s'il utilise la première personne.

▪ Le poème de Hugo appartient lui aussi à cette tradition : on y trouve de nombreuses marques de présence du sujet lyrique, comme les pronoms « je » et « nous », ou encore l'adverbe de temps « hier ». Ce locuteur s'adresse à un « vous », dont l'identité n'est jamais précisée, mais qui forme avec lui un **duo amoureux**.

▪ En revanche, le poème de Goffette ne relève pas explicitement de la lyrique amoureuse : il est tout entier tourné vers un destinataire qui n'est évoqué que par l'intermédiaire du pronom « tu », mais qui n'est pas identifié, dont on ne connaît pas les liens qui l'unissent au sujet lyrique. Ce dernier n'est pas présent dans le poème, si ce n'est à travers les **reproches qu'il adresse au destinataire**.

6 ▪ Le point commun des trois poèmes est qu'ils se fondent sur un **dialogue entre le sujet lyrique et le destinataire** (femme aimée ou personne non identifiée). Le poème serait alors pour son auteur un moyen de s'exprimer et de s'adresser à une personne précise : la poésie lyrique serait une poésie personnelle, presque autobiographique, dans laquelle le poète se livrerait entièrement.

▪ Si Victor Hugo ne nie pas cette dimension personnelle du lyrisme romantique, il précise toutefois, dans la « Préface » des *Contemplations*, qu'il ne faut pas s'arrêter à cette dimension strictement personnelle : « Hélas ! quand je vous parle de moi, je vous parle de vous. Comment ne le sentez-vous pas ? Ah ! insensé, qui crois que je ne suis pas toi ! », écrit-il en s'adressant au lecteur. Derrière l'anecdote personnelle se trouve donc une **expérience collective et universelle** que le lecteur peut partager ; il est alors le ***je*** et le ***tu*** de chaque poème.

> Cette phrase peut fournir un excellent argument d'autorité dans le cadre d'une dissertation sur la poésie lyrique.

OBJECTIF BAC

7 La poésie lyrique est caractérisée par une énonciation particulière, des thèmes singuliers et une conception musicale de la langue.

- C'est tout d'abord l'**énonciation** des trois poèmes du corpus que l'on remarque : ils sont marqués par une **forte subjectivité**. Le sonnet de Ronsard et le poème de Hugo comportent de nombreuses marques de présence du sujet lyrique, à commencer par les pronoms « je », « nous », « tu » ou « vous » ; quant au poème de Goffette, il est tout entier tourné vers son destinataire. La préface des *Contemplations* permet de comprendre que cette énonciation subjective renvoie en fait à une expérience collective : le lecteur doit lui-même se projeter dans le « je » ou le « tu » du poème lyrique.

- De plus, les **thèmes** abordés par ces textes sont eux-mêmes représentatifs de la poésie lyrique : le sonnet de Ronsard et le poème de Hugo s'inscrivent dans la tradition de la **lyrique amoureuse**, et le poème de Goffette reprend le thème de la **fuite du temps**, lui aussi très caractéristique. Plus largement, les trois textes se fondent sur une expérience personnelle, directement liée à l'existence du sujet lyrique : Ronsard évoque une rencontre faite « l'autre jour », Hugo une scène qui s'est déroulée « hier au soir », et Goffette le déroulement des saisons dans un paysage prosaïque et quotidien.

- Enfin, ces trois poèmes témoignent d'une **conception musicale de la langue**, ce que montrerait aisément une étude précise de la versification dans les trois textes, ou encore la présence du verbe « chanter » dans le poème de Hugo.

Vous n'avez pas le tem
de faire une étude
précise de la versifica
des trois poèmes, mai
vous pouvez **analyser**
un exemple significat
dans chaque texte.

www.annabac.com

CHAPITRE

9 L'histoire de la poésie, du Moyen Âge à nos jours

Malgré une relative permanence formelle, la poésie n'a cessé d'évoluer au cours des siècles : les genres qu'elle privilégie, les thèmes qu'elle aborde, les missions qui lui sont confiées connaissent de nombreux changements entre le Moyen Âge et le XXIe siècle. Quels sont les grands mouvements qui ont marqué l'histoire de la poésie ? Quelles fonctions le poète s'est-il vu attribuer d'une époque à une autre ? L'histoire de la poésie est d'abord une histoire de ses conceptions et de ses théories : il s'agit de voir comment, à travers les siècles, les poètes ont défini leur art.

I Le Moyen Âge : constitution de la poésie comme genre

A La poésie au Moyen Âge

■ La question des genres est relativement complexe au Moyen Âge : l'**usage systématique du vers**, qui facilite à la fois la mémorisation du texte et son accompagnement musical, confond d'abord le roman, le fabliau ou la chanson. Mais, à partir du XIIe siècle, **la poésie devient un genre autonome**, essentiellement dévolu à l'expression amoureuse de la courtoisie. Parallèlement à ce **modèle lyrique**, des auteurs comme Rutebeuf inaugurent, à partir du XIIIe siècle, une veine plus **réaliste**, voire **satirique**.

■ Le XIVe siècle correspond à l'**âge d'or du lyrisme médiéval** : sous l'impulsion notamment de **Guillaume de Machaut**, la poésie invente de nouvelles formes telles que le rondeau, la ballade ou le virelai. Au XVe siècle, **Charles d'Orléans** et **François Villon**, dans des voies différentes, enrichissent eux aussi le genre lyrique. Cependant, la poésie évolue progressivement vers un plus grand formalisme, qui annonce les jeux virtuoses des grands rhétoriqueurs.

Guillaume de Machaut fut l'un des premiers poètes à penser la poésie sans accompagnement musical : il contribua ainsi à développer le lyrisme comme genre distinct de la musique.

B Fonctions du poète au Moyen Âge

La naissance de la poésie en tant que genre est indissociable de ses conditions de réception : faite à l'origine pour être chantée ou récitée dans les châteaux, elle n'aurait pu voir le jour sans un public aristocratique suffisamment riche et cultivé pour la soutenir. Les premiers poètes sont donc **itinérants** : ces **poètes de cour**, chanteurs et déclamateurs, vont de château en château et dépendent de la générosité d'un mécène. Cependant, à côté de ces « **jongleurs** » itinérants tel Rutebeuf, certains poètes (comme Guillaume de Poitiers) sont de **grands seigneurs** : cette grande variété sociologique peut être constatée tout au long du Moyen Âge.

Aux XIIe et XIIIe siècles, les deux figures majeures du poète sont le troubadour et le trouvère. Le **troubadour** apparaît à la toute fin du XIe siècle dans le **sud de la France** : tels Guillaume de Poitiers et Bernard de Ventadour, il écrit en **langue d'oc**. Le **trouvère** apparaît au XIIIe siècle dans le **nord de la France** : tel Thibaut de Champagne, il transpose en **langue d'oïl** le lyrisme courtois des troubadours.

> Ce phénomène qui, sc l'impulsion d'Aliénor d'Aquitaine, vit la culture des troubadou **transposée** en langue d'oïl fut qualifié de *translatio* lyrique.

Aux siècles suivants, la **même diversité sociale** peut être observée : si certains poètes sont de véritables seigneurs (comme le duc Charles d'Orléans, surnommé le *Prince-poète*), d'autres sont des clercs au service d'un seigneur (comme Guillaume de Machaut), voire des voyous (tel François Villon).

II Le XVIe siècle : renaissance de la poésie

C La poésie au XVIe siècle

1. De la grande rhétorique à l'école de Lyon

Le XVIe siècle poétique est né sous l'égide des grands rhétoriqueurs, dont les poèmes se fondent sur un travail très élaboré de versification. Ils contribuent donc à enrichir la forme poétique, inventant des rimes complexes, développant l'usage de l'alexandrin et imaginant de nouveaux types de strophes.

> Les **grands rhétorique** tirent leur nom de la *seconde rhétorique* expression désignant la poésie et l'art de rimer dans les traités rhétorique de l'époque

Leurs successeurs recherchent une poésie plus simple et plus sincère. Ainsi, **Clément Marot** sait être aussi virtuose que les grands rhétoriqueurs, mais il donne à sa poésie des accents personnels et lyriques qui dépassent le simple jeu formel.

Ce renouveau poétique est poursuivi par les auteurs de l'**école lyonnaise** qui s'inspirent de la poésie italienne, en particulier de Pétrarque et du sonnet. Ses plus illustres représentants sont **Maurice Scève** et **Louise Labé**, qui donnent de nouveaux accents au lyrisme amoureux.

2. La Pléiade

- L'école poétique la plus importante de la Renaissance est certainement la Pléiade, groupe de poètes formé autour de Pierre de **Ronsard** et Joachim **du Bellay**. Ils veulent enrichir la langue française en la dotant d'œuvres aussi nobles que celles de l'Antiquité ; aussi décident-ils de s'inspirer des grands genres antiques, tels que l'ode ou l'hymne.

- Ils investissent aussi les nouvelles formes, comme le sonnet, mais s'opposent à la virtuosité parfois gratuite de leurs devanciers. S'ils veulent rajeunir le vocabulaire littéraire et enrichir le vers ou la rime, c'est au nom de la **Beauté,** idéal platonicien vers lequel tend leur poésie.

La philosophie de **Platon** (IVe-Ve siècle av. J.-C.) a joué un rôle important dans l'humanisme et la littérature de la Renaissance : on a même qualifié de *néoplatonisme* le courant de pensée fondé sur un idéal de beauté et d'harmonie.

3. La poésie de la fin du siècle

- Dans le contexte troublé des **guerres de Religion**, la poésie se fait **engagée** : Ronsard écrit un *Discours des misères de ce temps* (1562) violemment anti-protestant ; le protestant **Agrippa d'Aubigné** réplique par de véhéments *Tragiques* (1577-1616) qui renouvellent la poésie épique française.

- Les violences de l'époque donnent aussi naissance à une poésie lyrique plus intime, hantée par une mort omniprésente. L'instabilité du monde et le règne des apparences sont ainsi les thèmes majeurs de la poésie de **Jean de Sponde** : les premiers âges du **baroque** sont sombres et pessimistes.

D Fonctions du poète au XVIe siècle

- Les grands rhétoriqueurs sont d'abord des **poètes de cour**, dont le talent les voue à la glorification des princes qui sont leurs protecteurs. Chantant leurs louanges, ils assurent leur postérité. À leurs yeux, la poésie est donc un **métier**, un art qui s'apprend et qui se fonde sur une **maîtrise technique**.

- Pour la Pléiade, le poète est en revanche un **élu** : son art est un don du ciel qui lui permet d'accéder à des vérités qu'ignorent les autres hommes. La Pléiade forge ainsi une véritable théorie de l'inspiration, héritée du *furor poeticus* (« fureur poétique ») défini par Platon : le poète est comme possédé par une voix qui le transcende et qu'il doit diffuser. Pour autant, le don ne suffit pas : le travail est nécessaire, comme l'affirme la *Défense et Illustration de la langue française*, véritable manifeste de la Pléiade publié par Joaquim du Bellay en 1549.

Un **manifeste** est un texte fondateur qui expose les principes et les enjeux d'un mouvement littéraire.

III Le XVIIe siècle : diversités poétiques

E La poésie au XVIIe siècle

1. La poésie baroque

■ La poésie de la première moitié du XVIIe siècle emprunte des chemins très divers. Dans les salons de la **préciosité**, elle se fait mondaine et légère pour pratiquer des genres très codifiés. Avec **Mathurin Régnier** et **Paul Scarron**, elle explore une veine satirique et moqueuse. Chez **Théophile de Viau**, elle devient personnelle et chante les joies et les peines de l'existence. Avec **Saint-Amand**, elle exalte les plaisirs sensuels quand, chez **Tristan L'Hermite**, elle se teinte de mélancolie.

La **préciosité** désigne un mouvement littéra culturel et social qui s'est développé dans les salons mondains du XVIIe siècle. Il se caractérise par son esthétique raffinée fondée sur un art de la conversation.

■ Mais le grand poète de cette première moitié de siècle est **François de Malherbe**. Il incarne une forme de poésie nouvelle, qui refuse l'héritage antique aussi bien que le modèle de la Pléiade. Consacrant la prééminence de la forme sur le fond, il fait de l'écriture poétique la quête d'une langue pure et engage une véritable régularisation de la versification.

2. La poésie classique

■ Dans la seconde moitié du XVIIe siècle, la **diversité** perdure dans la production poétique : on écrit des épopées aussi bien que des jeux de salons, des poèmes religieux aussi bien que des vers de circonstance commandés par le pouvoir.

■ C'est cependant la **poésie didactique** qui voit s'épanouir les deux grands poètes de ce temps, **Jean de La Fontaine** et **Nicolas Boileau**. Le premier est l'auteur de célèbres *Fables* (1668-1694) dont les vers plaisants délivrent un enseignement moral par l'intermédiaire d'un récit divertissant.

> « Ces badineries ne sont telles qu'en apparence ; car dans le fond, elles portent un sens très solide. Et comme, par la définition du point, de la ligne, de la surface, et par d'autres principes très familiers, nous parvenons à des connaissances qui mesurent enfin le ciel et la terre, de même aussi, par les raisonnements et conséquences que l'on peut tirer de ces fables, on se forme le jugement et les mœurs, on se rend capable de grandes choses.

Jean de La Fontaine, *Fables*, Préface de 1668.

Le second est l'auteur d'un non moins fameux *Art poétique* (1674) dont les mille cent vers diffusent les principes du classicisme concernant les grands genres littéraires, parmi lesquels la poésie.

A Fonctions du poète au XVIIe siècle

Malherbe rompt avec la doctrine de l'inspiration de la Pléiade : le poète n'est plus à ses yeux l'élu des dieux habité par le *furor poeticus*, mais un **artisan qui travaille** pour atteindre une perfection formelle. La perspective suivie par Boileau est la même quand il conseille :

> « Hâtez-vous lentement, et sans perdre courage,
> Vingt fois sur le métier remettez votre ouvrage,
> Polissez-le sans cesse, et le repolissez,
> Ajoutez quelquefois, et souvent effacez.
>
> Boileau, *Art poétique* (1674).

IV Le XVIIIe siècle : la poésie délaissée

- Si la poésie perdure tout au long du siècle des Lumières, sous la forme d'un jeu de salon, elle reste le parent pauvre d'un **âge dominé par la raison et la prose philosophique**. La fin du siècle est cependant marquée par un retour du sentiment et, à travers lui, de la poésie lyrique : les années 1770-1800 annoncent ainsi la révolution romantique du siècle suivant.

- L'œuvre d'**André Chénier** est exemplaire de la poésie de cette fin de siècle : prenant modèle sur l'Antiquité, elle réhabilite l'inspiration créatrice et l'expression du sentiment, en particulier dans ses *Élégies* et ses *Épîtres*.

Parce qu'elles anticipent certaines caractéristiques de la littérature **romantique**, on qualifie souvent de *préromantiques* les œuvres de la fin du XVIIIe siècle ; mais il s'agit d'une construction rétrospective.

V Le XIXe siècle : un renouveau lyrique

B La poésie au XIXe siècle

1. Le romantisme

- Au début du XIXe siècle intervient une nouvelle révolution poétique, grâce au mouvement romantique : sous l'égide de **Lamartine**, **Hugo**, **Musset** ou **Vigny**, la poésie connaît un **renouveau lyrique**, dans lequel la subjectivité du poète prend une place plus importante.

- Du point de vue formel, les poètes romantiques recherchent une **plus grande simplicité**, par exemple en usant d'un vocabulaire plus prosaïque, ou en assouplissant les règles les plus strictes de la versification.

- La seconde génération romantique, celle des **Gautier**, **Nerval** ou **Baudelaire**, est marquée par une sorte de **désenchantement** : ils ne croient plus au caractère sacré de la poésie.

2. Du Parnasse au symbolisme

En réaction contre certains prosaïsmes romantiques et contre l'engagement politique de leurs glorieux aînés, les **Parnassiens** se nourrissent au **culte de la beauté et de l'art pour l'art** : ils promeuvent une poésie extrêmement formelle, aux thèmes souvent empruntés à l'Antiquité.

Le nom des **Parnassie**
est une référence au
mont Parnasse, mass
grec consacré au dieu
Apollon et séjour
mythique des neuf Mus

C'est contre les excès formalistes du Parnasse qu'apparaît la galaxie **symboliste** : **Verlaine**, **Rimbaud** et **Mallarmé** défendent, dans les années 1870-1880, une poésie fondée sur l'art de la **suggestion** et du **symbole**. L'image, qu'elle soit métaphore ou comparaison, est au centre de la poésie symboliste ; celle-ci repose aussi sur une nouvelle forme de musicalité, qu'illustre tout particulièrement l'invention du vers libre.

C Fonctions du poète au XIXe siècle

1. Le mage romantique

La subjectivité du poète romantique lui permet d'entendre et de voir des réalités inaccessibles aux autres humains : il est alors un **prophète**, un **mage** investi d'une mission presque sacrée. C'est cette mission que Victor Hugo décrit dans un célèbre poème intitulé « Fonction du poète » :

« Le poète en des jours impies
Vient préparer des jours meilleurs.
Il est l'homme des utopies,
Les pieds ici, les yeux ailleurs.
C'est lui qui sur toutes les têtes,
En tout temps, pareil aux prophètes,
Dans sa main, où tout peut tenir,
Doit, qu'on l'insulte ou qu'on le loue,
Comme une torche qu'il secoue,
Faire flamboyer l'avenir !

Victor Hugo, *Les Rayons et les Ombres* (1840).

Cette conscience du rôle que peut jouer la poésie dans l'éveil des consciences a conduit certains poètes romantiques à **s'engager dans la vie politique**. Lamartine joua ainsi un rôle éminent dans le gouvernement provisoire de la Seconde République (1848), et Hugo dénonça inlassablement le coup d'État de Louis-Napoléon Bonaparte (1851) et le régime autoritaire du Second Empire.

ZOOM

Le mage romantique

▲ **André Gill, caricature de Victor Hugo.**

▶ Cette caricature représentant Victor Hugo souligne bien les caractéristiques du **poète prophète** : Hugo est ici un roi mage, qui guide le peuple avec sa lyre (attribut du poète) en indiquant du doigt l'étoile à suivre.

2. Le poète maudit

La seconde génération romantique voit le poète maudit succéder au poète prophète. Le poète maudit illustre l'**isolement social** de l'artiste, qui ne trouve pas sa place au milieu des autres hommes. C'est cette figure du **génie incompris** que représente Baudelaire à travers la célèbre métaphore de l'albatros :

> « Le Poète est semblable au prince des nuées
> Qui hante la tempête et se rit de l'archer ;
> Exilé sur le sol au milieu des huées,
> Ses ailes de géant l'empêchent de marcher.
>
> Charles Baudelaire, *Les Fleurs du Mal* (1857).

VI Le XXe siècle : la modernité poétique

A La poésie au XXe siècle

1. Le surréalisme

- À la fin de la Première Guerre mondiale, le surréalisme s'inspire de Rimbaud et d'Apollinaire pour créer une poésie originale, dans ses thèmes comme dans ses formes. Breton, Aragon et Eluard, pour ne citer que les poètes surréalistes les plus célèbres, fondent leur écriture sur l'**image**, moyen d'atteindre la **surréalité** qu'ils cherchent à représenter.

Proche des peintres cubistes, Guillaume **Apollinaire** a tenté de moderniser le langage poétique comme Braq[ue] et Picasso l'ont fait av[ec] le langage pictural.

- Par des jeux collectifs, comme le cadavre exquis, ou par la pratique de l'écriture automatique, ils tentent de produire une poésie dictée par l'**inconscient**, qui aurait accès à une **réalité supérieure**, celle du **rêve** et de l'**hypnose**. Ils écrivent ainsi des poèmes novateurs, qui font preuve d'une grande liberté formelle.

2. La poésie contemporaine

- Depuis la fin de la Seconde Guerre mondiale, la poésie connaît une période de grande vivacité. Même si **ses lecteurs sont peu nombreux**, et si le tirage d'un recueil reste confidentiel (de 1 000 à 2 000 exemplaires), on ne cesse d'écrire de la poésie. Alors que certains se demandent *À quoi bon encore des poètes ?* (Christian Prigent, 1996), la poésie continue d'**interroger le monde** dans lequel nous vivons.
- Certains, comme **René Char** ou **Yves Bonnefoy**, font de la poésie une quête philosophique ; d'autres, comme **Francis Ponge** ou **Eugène Guillevic**, s'intéressent à la poésie des objets. Certains, tels **Philippe Jaccottet** ou **Lorand Gaspar**, sont attentifs à la beauté du monde, quand d'autres, parmi lesquels **Jude Stéfan** ou **Guy Goffette**, tentent d'ancrer le lyrisme dans le monde contemporain.

ZOOM

La poésie en dix œuvres clés

1552-1578	***Les Amours* de Pierre de Ronsard** Des poèmes dédiés à Cassandre, à Marie et à Hélène, qui constituent l'un des monuments du lyrisme amoureux.
1558	***Les Regrets* de Joachim du Bellay** Entre élégie et satire, un grand recueil du lyrisme français.
1668-1694	***Fables* de Jean de La Fontaine** Le modèle de la poésie didactique, qui met les ressources de la versification au profit de l'art de persuader.
1856	***Les Contemplations* de Victor Hugo** Un des sommets du lyrisme romantique, où la vie intime et l'expérience universelle se rejoignent.
1857	***Les Fleurs du Mal* de Charles Baudelaire** L'invention de la modernité poétique.
1866	***Poèmes saturniens* de Paul Verlaine** L'un des premiers recueils symbolistes, où la musique verlainienne réinvente la versification.
1886	***Illuminations* d'Arthur Rimbaud** Les fulgurances d'un poète qui invente une poésie radicalement nouvelle.
1913	***Alcools* de Guillaume Apollinaire** Un recueil caractéristique de la modernité littéraire, entre renouvellement des traditions et inventions formelles.
1926	***Capitale de la douleur* de Paul Éluard** L'un des recueils les plus aboutis de la poésie surréaliste.
1953	***Du mouvement et de l'immobilité de Douve* d'Yves Bonnefoy** Le premier recueil du plus grand poète contemporain.

B Fonctions du poète au xxe siècle

- Le poète du début du siècle est volontiers **anticonformiste**, voire **asocial** ; avec le mouvement dada, il adopte une **attitude provocatrice et transgressive**. Il est souvent excentrique et se met en scène, avec le groupe, dans des manifestations publiques généralement houleuses.

Le groupe **dada** est un mouvement artistique fondé en Suisse en 19[…] par le poète Tristan Tza[…]. Il tourne en dérision le[…] valeurs bourgeoises p[…] subvertir la société de l'époque.

- La Seconde Guerre mondiale change la donne et pousse les poètes à s'engager. Certains des surréalistes, compagnons de route du parti communiste, entrent dans la **Résistance** en publiant clandestinement des poèmes dénonçant les agissements des Allemands. Cet **engagement** poétique se poursuit après-guerre, par exemple dans la poésie de la **négritude**. Cette expression désigne l'œuvre de poètes tels que Léopold Sédar Senghor ou Aimé Césaire, qui dénoncent le **colonialisme français** et revendiquent les valeurs et la culture du monde noir, sur lesquelles ils fondent leur écriture poétique.

- Aujourd'hui, le poète fait généralement figure d'**intellectuel**. Consacrant sa vie à un art difficile, s'adressant à un public malheureusement restreint, il vit très rarement de sa plume.

RÉCAPITULONS

- Le rôle confié au poète a considérablement évolué au fil des siècles : tantôt prophète guidant le peuple, tantôt poète maudit, il n'a pas toujours occupé la même position sociale.
- La définition de la poésie a elle-même beaucoup varié. Fruit d'une inspiration divine pour les uns, résultat d'un travail acharné pour les autres, elle témoigne des évolutions qu'a connues le statut social du poète.
- Ces changements ont influencé l'écriture poétique elle-même et expliquent en partie les conceptions esthétiques des différents mouvements qui, du Moyen Âge au surréalisme, ont rythmé l'histoire de la poésie.

Étudier un sonnet de la Renaissance

LA DÉMARCHE

- Vous devez d'abord **identifier la forme du sonnet**.
- Il s'agit ensuite de **déterminer la façon dont le poète exploite cette forme** du sonnet, notamment l'articulation des deux quatrains et du sizain.
- Il faut enfin **repérer les thèmes caractéristiques de la Renaissance**.

L'EXEMPLE COMMENTÉ

Dans le second livre des *Amours* (1578), Ronsard rend hommage à Marie de Clèves, princesse de Condé, morte à 21 ans.

« Comme on voit sur la branche au mois de mai la rose,
En sa belle jeunesse, en sa première fleur,
Rendre le ciel jaloux de sa vive couleur,
Quand l'Aube de ses pleurs au point du jour l'arrose ;

La grâce dans sa feuille, et l'amour se repose,
Embaumant les jardins et les arbres d'odeur ;
Mais battue, ou de pluie, ou d'excessive ardeur,
Languissante elle meurt, feuille à feuille déclose.

Ainsi en ta première et jeune nouveauté,
Quand la terre et le ciel honoraient ta beauté,
La Parque t'a tuée, et cendre tu reposes.
Pour obsèques reçois mes larmes et mes pleurs,
Ce vase plein de lait, ce panier plein de fleurs,
Afin que vif et mort, ton corps ne soit que roses.

Pierre de Ronsard, second livre des *Amours* (1578).

- Il s'agit d'un **sonnet** : le poème compte quatorze alexandrins, organisés en deux quatrains de rimes embrassées (abba) et un sizain en rythme tripartite (ccdeed).
- Ce sonnet se fonde sur une comparaison : les deux quatrains sont consacrés au comparant (la beauté fragile de la rose), le sizain au comparé (la belle Marie, morte trop jeune, destinataire de cet éloge funèbre).
- Cette comparaison permet à Ronsard d'évoquer l'**imminence de la mort** à travers l'image de la rose qui se fane presque instantanément. Il renouvelle ainsi le thème de la **fuite du temps** et enjoint à ses lecteurs de profiter de chaque minute (motif antique du *carpe diem* : « cueille le jour présent »).

Analyser un poème symboliste

LA DÉMARCHE

- Il faut d'abord **étudier la versification** et déterminer comment elle exploite la **musicalité de la langue**.
- Vous devez ensuite analyser la **façon dont le poème suggère sa signification** et identifier les **images** et les **symboles** sur lesquels il se fonde pour y parvenir.

L'EXEMPLE COMMENTÉ

Ce poème de Mallarmé affirme le pouvoir de l'image et de la suggestion.

« Toute l'âme résumée
Quand lente nous l'expirons
Dans plusieurs ronds de fumée
Abolis en autres ronds

Atteste quelque cigare
Brûlant savamment pour peu
Que la cendre se sépare
De son clair baiser de feu

Ainsi le chœur des romances
À la lèvre vole-t-il
Exclus-en si tu commences
Le réel parce que vil

Le sens trop précis rature
Ta vague littérature.

Stéphane Mallarmé, *Poésies* (1870-1898).

- Mallarmé fait le choix d'un **vers court** (l'heptasyllabe) qui met en valeur les sonorités à la rime et produit des effets rythmiques puissants, tels que contre-rejets ou enjambements strophiques.
- Le sens peu évident du poème est **suggéré** par la comparaison du poème (« le chœur des romances ») à la fumée d'un cigare. Les ronds de fumée sont au cigare ce que le poème est au « réel » « vil » : ils ont la même légèreté presque immatérielle.
- Ce poème est un véritable **art poétique** du symbolisme, qui préfère suggérer (c'est la « vague littérature ») plutôt qu'expliciter un « sens trop précis ».

SE TESTER QUIZ

1 Comment les poètes de la Pléiade conçoivent-ils l'inspiration ?

☐ **a.** Le poète n'est pas « inspiré » : il doit son œuvre à son seul travail.

☐ **b.** Le poète reçoit une inspiration divine, qu'il doit exploiter et amplifier par son travail.

☐ **c.** Le poète n'a aucun besoin de travailler : son œuvre n'est que le fruit de son génie, véritable don du ciel.

2 Qu'est-ce que la préciosité ?

☐ **a.** Le caractère des textes poétiques à la versification très travaillée.

☐ **b.** Un mouvement culturel du XVIIe siècle.

☐ **c.** Le fait de considérer que la poésie est un art élitiste, réservé à quelques individus supérieurs.

3 Que représente la figure du poète maudit ?

☐ **a.** Le poète qui ne trouve pas sa place dans la société de son temps.

☐ **b.** Le poète qui est condamné à mourir jeune.

☐ **c.** Le poète impuissant qui ne parvient pas à écrire.

4 Que signifie le nom du mouvement surréaliste ?

☐ **a.** Que les poètes surréalistes ont une attitude très étonnante en société.

☐ **b.** Que les poètes surréalistes visent une réalité supérieure, par les rêves et l'inconscient.

☐ **c.** Que les poètes surréalistes superposent plusieurs réalités pour créer une réalité hybride.

OBJECTIF BAC

Commentaire

5 Faites le commentaire du poème de Goffette intitulé « Tant de choses » (document 4, p. 128).

POUR VOUS AIDER

- La simplicité de ce poème offre un point de départ intéressant : il s'inscrit dans la tradition lyrique, mais la renouvelle par son prosaïsme.
- L'identité du destinataire, son caractère très vague et imprécis peuvent fournir un autre angle pour analyser le texte.
- Enfin, la présence du thème de la mort fait de ce texte une élégie : vous montrerez comment le poème exploite les caractéristiques de ce genre.

SE TESTER

1 Réponse **b**. **2** Réponse **b**. **3** Réponse **a**. **4** Réponse **b**.

OBJECTIF BAC

5 *Voici un exemple de plan que vous pourriez développer à l'écrit pour rédiger votre commentaire.*

I. Une écriture poétique renouvelée

1. Les jeux formels, entre tradition et renouveau

- Proximité avec la forme du sonnet : 13 vers (et non 14), vers de chute isolé.
- Vers qui tournent autour de l'alexandrin (de 11, 12, 13 syllabes majoritairement).
- Pas de rimes, mais des homophonies finales (« b**ou**e » au v. 1 et « r**ou**ge » au v. 2 ; « bi**s**e » au v. 3 et « oi**s**eaux » au v. 4).

On parle d'**homophonie finale** lorsque des mots en fin de vers présentent des parenté sonores (allitérations ou assonances) sans aller jusqu'à rimer ensemble.

2. Le renouvellement des thèmes traditionnels

- Nouveau lyrisme, attentif aux objets prosaïques (« le beau parasol rouge », « la maison des oiseaux »).
- Banalité de la vie quotidienne, paysage commun (« les parterres de roses », « le pommier », la « maison »).
- Simplicité de l'écriture, contre la grandiloquence d'un certain lyrisme.

II. Le dialogue lyrique

1. La mise en scène de *toi*

- Deuxième personne omniprésente, premier mot du poème.
- Caractéristique de la subjectivité énonciative du lyrisme.
- Pourtant, pas de *je* : comme une voix désincarnée qui s'élève et s'adresse à un *tu*, dont l'identité n'est pas précisée.

2. L'universalité lyrique

- *Tu* peut donc être n'importe qui, voire le lecteur lui-même, qui s'identifie au pronom par la lecture.
- Lecteur touché par le poème, qui le met en accusation et souligne ses fautes : « sans desserrer les dents », « sans soin », « par indigence / ou distraction ».

III. Une élégie nouvelle

L'**élégie** est un genre lyrique fondé sur le thème du malheur, généralement amoureux. Le mot désigne aussi un poème à la tonalité mélancolique et nostalgique.

1. La tonalité mélancolique

- Nostalgie : poème placé sous le signe de la perte, de la disparition.

- Opposition nette entre passé heureux (marqué par la beauté et l'harmonie : « le beau parasol rouge », « le parterre de roses », « le pommier qui arrondit la terre ») et présent malheureux (marqué par la disparition : seuls demeurent les regrets et le vide, ce « courant d'air » qui remplit la « maison »).

2. L'omniprésence de la mort

- Mort des objets (« souffrir », « rouiller », « abattre », « à l'abandon ») résumée par le vers 9 : « tant de choses mourir autour de toi ».

- Mort du sujet, plus spirituelle que physique, symbolisée par l'antithèse spectaculaire du dernier vers (« froid », « été »).

3. Une réécriture du thème du *tempus fugit*

- Présence des saisons : « hiver » (v. 2), « été » (v. 13), indices du thème de la fuite du temps *(tempus fugit)* caractéristique du lyrisme élégiaque.

- Le temps passe, le destinataire du poème se laisse porter sans penser à vivre, jusqu'à la perspective de sa propre mort évoquée métaphoriquement dans le dernier vers du poème.

- Les « roses » (v. 6) sont une allusion à la poésie de Ronsard, dans laquelle la rose est l'allégorie de la fragilité et de la brièveté de l'existence (« Mignonne, allons voir si la rose… »).

www.annabac.com

CHAPITRE

10 L'écriture argumentative

L'argumentation – acte par lequel un locuteur soutient, réfute ou discute une thèse en vue de rallier un destinataire déterminé à sa position – se rencontre dans la littérature d'idées mais traverse également les grands genres dans leur ensemble (théâtre, roman, poésie). Au-delà des différences imposées par le genre littéraire concerné, qu'est-ce qui caractérise l'écriture argumentative ?

I Les spécificités du texte argumentatif

A Éléments de définition

- Le **thème** est le sujet du débat, de l'argumentation : c'est en fait la question à laquelle le locuteur se propose de répondre.
- La **thèse** est la proposition que défend le locuteur, ce qu'il cherche à démontrer.
- L'**argument** est une proposition reconnue ou donnée comme vraie, et qui sert à en faire admettre une autre (la thèse), dont la vérité est à prouver. Il sert donc à prouver la thèse soutenue ou à réfuter – c'est-à-dire critiquer – la thèse rejetée (on parle alors de **contre-argument**).
- L'**exemple** vient à l'appui de l'argumentation logique et abstraite comme illustration concrète ; il permet ainsi d'éprouver, de vérifier la thèse sur des faits irréfutables. Il est qualifié d'**argumentatif** lorsqu'il présente un cas si exemplaire et représentatif d'un ensemble qu'il suffit, en l'absence d'argument, à établir une proposition générale.
- Le **circuit** ou **schéma argumentatif** recoupe les étapes successives – qui sont fréquemment articulées par des connecteurs logiques – par lesquelles passe le texte pour emporter l'adhésion du destinataire.

> Il faut distinguer la **thè[se] rejetée** (thèse des adversaires du locute[ur]) de la **thèse soutenue** (thèse défendue par le locuteur). Une concession peut reconnaître à la thèse adverse une part de vérité pour mieux la renverser ensuite.

B Stratégies argumentatives

Une stratégie argumentative est la démarche par laquelle le locuteur s'emploie à emporter l'adhésion du destinataire. Elle peut se fonder sur la capacité de ce dernier à raisonner, à sentir ou à arbitrer une question.

1. Convaincre : l'argumentation fondée sur la raison

■ On distingue différents types de raisonnement.
- Le **raisonnement inductif** part de faits particuliers pour s'élever à la loi générale.
- Le **raisonnement déductif** se fonde sur un énoncé général pour prouver un fait particulier.
- Le **raisonnement par analogie** consiste à rapprocher un phénomène d'une autre réalité, plus familière au destinataire.
- Le **raisonnement par l'absurde** imagine les conséquences dénuées de sens d'une proposition pour la réfuter.

Raisonnement déductif, le **syllogisme** comprend trois propositions qui entretiennent entre elles un rapport rigoureux : *Tous les hommes sont mortels ; or Socrate est un homme ; donc Socrate est mortel.*

■ On distingue différents types d'arguments.
- L'**argument logique** tire sa validité de la cohérence interne du discours.
- L'**argument de valeur** se réfère à un système moral, esthétique, idéologique.
- L'**argument d'expérience** s'établit à partir de faits observés.
- L'**argument d'autorité** s'appuie sur des références connues et tenues pour admises.
- L'**argument ad hominem** discrédite et attaque la personne du destinataire.

2. Persuader : l'adhésion provoquée par les passions

■ L'énonciateur qui veut persuader son interlocuteur fait appel aux **passions**, c'est-à-dire aux émotions et sentiments qui affectent l'âme et l'esprit humain : il cherche à agir sur la sensibilité du destinataire, à le séduire par son discours.

■ Pour cela, il recourt aux **figures de rhétorique** interpellant le destinataire – c'est le cas de l'apostrophe – et cherche à l'émouvoir par la beauté et la force de ses images (comparaisons, métaphores, notamment) ; il privilégie ainsi les registres lyrique, pathétique et polémique.

■ Il travaille à donner une image de lui-même (appelée ***ethos*** en grec) propre à susciter l'assentiment de son auditoire et fonde son argumentaire sur les ressorts de la psychologie humaine (le ***pathos***) afin d'émouvoir.

L'**apostrophe** est le procédé par lequel l'orateur, interrompant son développement, s'adresse à une personne ou une entité.

■ La persuasion passe enfin par l'**implicite**, qui prend la forme du sous-entendu (dont l'interprétation dépend entièrement de la situation d'énonciation, c'est-à-dire du statut des interlocuteurs et du contexte dans lequel l'énoncé est prononcé) et du présupposé (qui suppose une déduction à la charge du destinataire).

3. Délibérer : la recherche du préférable

Face à la nécessité d'opérer un choix, la délibération est l'acte par lequel on prend une décision. Au plan grammatical, cela se traduit par :
- des **marques énonciatives** variées traduisant la pluralité des points de vue ;
- la **modalisation** (adverbes, conditionnel...) ;
- la **formulation d'hypothèses**.

ZOOM

Les types de discours argumentatif

▸ Les théoriciens de l'Antiquité grecque distinguaient **trois grands genres oratoires** selon la visée du discours : le judiciaire, l'épidictique et le délibératif.

▸ Ces catégories restent opératoires pour classer la majorité des textes argumentatifs.

	Discours judiciaire	Discours épidictique	Discours délibératif
Visée	accuse / défend	loue / blâme	pèse le pour et le contre, définit des attitudes et des partis à adopter
Faits examinés	passés	présents	futur
Valeurs	juste / injuste	noble / vil, condamnable	utile / nuisible
Genres	plaidoyer, réquisitoire	éloge, blâme, portrait, satire, pamphlet, oraison funèbre	monologue, dialogue, discours, essai, lettre
Figures	interrogation oratoire, apostrophe	gradation, hyperbole, métaphore, métonymie	antithèse, chiasme, parallélisme

II Les grandes formes de l'argumentation

A L'argumentation directe

1. Définition

- L'argumentation directe se rencontre dans les textes qui ne relèvent pas de la fiction et dans lesquels se déploient, sans médiation, le ou les points de vue de locuteurs qui parlent en leur nom propre.
- Elle s'épanouit dans les **essais** – au sens général du terme : écrits non fictionnels à visée argumentative – notamment les genres du discours et de la préface.

2. Caractéristiques

- Le locuteur peut **manifester ouvertement sa présence** à travers l'emploi des pronoms de la première personne, l'utilisation de verbes d'opinion et des procédés de la modalisation.
- Il peut aussi décider de **s'effacer derrière son texte**, en gommer l'aspect subjectif pour privilégier le caractère d'évidence de ses dires ou leur prétendue objectivité ; il a recours aux tours impersonnels et au présent de vérité générale.

> Le texte argumentatif est nécessairement **subjectif**, dans la mesure où il émane d'un sujet. Il ne peut donc que tendre à l'**objectivité** pour mieux se soustraire à la contestation.

B L'argumentation indirecte

1. Définition

- L'argumentation indirecte se rencontre dans les **récits de fiction renfermant un enseignement d'ordre pratique ou moral**.
- La prise de position de l'auteur se fait implicitement par la médiation d'un **récit allégorique** que le lecteur décrypte ; elle peut également être entérinée explicitement par un passage, généralement à l'ouverture ou en conclusion du récit, où le conteur délivre sa pensée sous une forme souvent lapidaire.
- Indirecte, l'argumentation l'est notamment dans les **contes**, merveilleux ou philosophique, mais aussi dans la **fable** ; on la retrouve aussi dans le **roman dit à thèse**.

2. Caractéristiques

- Le trait commun aux récits où s'insinue une argumentation indirecte est la mise en œuvre de procédés visant à **susciter l'adhésion du locuteur par l'agrément**.
- Le conteur tout comme le fabuliste ou le romancier cherchent à **séduire le lecteur**, à lui plaire par la grâce d'un récit imagé de manière à le **convaincre** par la force de l'exemple développé, et à le **persuader** au moyen de figures touchant sa sensibilité esthétique, éthique ou philosophique.

III De l'argumentation comme genre à l'argumentation dans les genres

A Typologie des textes argumentatifs

Les textes argumentatifs rassemblent des écrits très différents, aux buts et aux registres variés.

1. Les textes à visée philosophique

- **L'essai**. Il se présente comme un texte hybride, sans ordre apparent, parcouru de multiples digressions, embrassant les sujets les plus divers ; il exprime un point de vue subjectif sur le monde, engageant par là le jugement et la personnalité de son auteur.

La forme de l'**essai** es née sous la plume de Montaigne qui la conç comme un champ d'expérimentation de ses idées et de lui-mên

- **Le traité**. Réflexion singulière sur un sujet nettement circonscrit, il vise l'exhaustivité du traitement de ce dernier.

  Exemple : *De l'esprit des lois*, Montesquieu

- **Le discours**. Mise en forme écrite de la pensée, il se présente comme le parcours ordonné d'une question, suivant les règles de l'art oratoire. Les **règles de l'art oratoire**, né dans l'Antiquité, imposent de distinguer l'invention (recherche des arguments), la disposition (classement de ces arguments), l'élocution (mise en forme stylistique).

  Exemple : *Discours sur l'origine et les fondements de l'inégalité parmi les hommes*, Rousseau

- **Le dialogue**. Hérité de Platon, philosophe de l'Antiquité grecque, il prend la forme d'une conversation d'idées ayant trait à la politique, la science, les mœurs, rapportée au discours direct ; il ouvre la voie à un débat, permet d'illustrer la confrontation des points de vue mais il est également utilisé par certains auteurs, comme le penseur des Lumières Diderot, pour mettre au jour les différentes facettes du moi.

  Exemple : *Le Neveu de Rameau*, Diderot

2. Les textes à dimension polémique

- **Le pamphlet**. Sous-genre qui relève du discours épidictique (lequel établit la distinction entre le noble et le vil), il verse couramment dans le blâme, dénonçant avec violence les vices, faisant des portraits à charge et recourant aux figures de la dépréciation sur le mode de la satire.

  Exemple : *Napoléon le Petit*, Hugo

Héritée de l'Antiquité latine (Horace et Juvénal), la **satire** est un poème fondé sur l'attaque et la dérision.

Le portrait. Lié à l'esthétique de la conversation, il fait l'éloge ou le blâme d'une personne à travers une prose travaillée. Genre à part entière depuis l'Antiquité, réactualisé au XVIIe siècle par *Les Caractères* de La Bruyère, il se déploie également dans l'oraison funèbre et les Mémoires.

Exemple : *Les Caractères*, La Bruyère

La lettre ouverte. Publiée en vue de toucher un groupe déterminé de personnes, elle se prête à l'expression d'un débat et appelle parfois une réponse.

Exemple : « J'accuse », Zola

3. Les textes à ambition esthétique

Le manifeste littéraire. Il constitue une déclaration par laquelle une personne ou un groupe présente ses conceptions et ses objectifs, en rupture le plus souvent avec des positions établies.

Exemple : *Manifeste du surréalisme*, Breton

La correspondance d'écrivains. Destinée ou non à être publiée, elle offre un témoignage vivant, ancré dans la réalité et les idées de son temps, sur la conception de la littérature des épistoliers.

Exemple : les lettres de Flaubert à Louise Colet

4. Les textes moraux et religieux

La maxime. Pensée apparentée à la sentence, close sur elle-même, elle se signale par sa brièveté et son caractère incisif. On peut considérer qu'elle constitue le segment minimal d'une argumentation.

Exemple : *Maximes*, La Rochefoucauld

Le sermon. Discours écrit par un homme d'Église, il incite son auditoire au respect de la parole divine et de la religion.

Exemple : *Sermon sur la mort*, Bossuet

B Transversalité de l'argumentation

1. Au carrefour des genres : le cas de l'apologue

Apologos signifie en grec « récit détaillé, fable ». Étymologiquement synonyme du latin *fabula*, pris au sens de « récit », le mot désigne un « court récit sous une forme allégorique, et qui renferme un enseignement, une leçon de morale pratique » *(Grand Robert)*. L'apologue relève donc des genres narratif et argumentatif.

La fable. Ce court récit de fiction illustre une morale et met souvent en scène des animaux qui se comportent comme des humains. Lorsqu'elle est composée en vers, elle exploite les ressources de la poésie.

ZOOM

Un dessin de Grandville

▲ **Grandville, « Orgueil et bassesse »,** ***Les Métamorphoses du jour*** **(1828).**

▸ Grandville, illustrateur français proche du romancier Balzac, représente dans cette gravure des **caractères humains sous une apparence animale**, comme le fait la fable.

▸ Le **paon**, à gauche, qui se rengorge et fait la roue, jette un regard de mépris sur le **reptile** situé au milieu. Celui-ci rampe dans une attitude faite d'humilité voire d'avilissement face à celui qui occupe une position sociale plus élevée que la sienne. Sans doute le sollicite-t-il et accepte-t-il pour cela de se mettre dans une position dégradante. Quant au **dindon**, à droite, il s'enfle pour imiter le paon dont il n'est qu'un avatar, à moins que son embonpoint signale son appétit de laquais bien nourri.

▸ La vivacité du dessin, l'organisation de la composition, la virtuosité du coup de crayon qui superpose traits animaux et humains donnent une dimension argumentative évidente à la caricature ; cette dernière constitue une **critique sociale et morale de l'orgueil et de la bassesse**.

Le conte. Merveilleux ou philosophique, il raconte une histoire qui illustre un précepte de sagesse.

Le mythe. Récit des origines, il cherche à enseigner par la vertu de l'amplification.

L'utopie. Ce récit décrit une société idéale dont l'organisation est une critique indirecte de la société contemporaine de l'auteur.

L'**utopie** est parfois considérée comme un genre en soi.

2. Dans les genres narratif, dramatique et lyrique

Genre, l'argumentation se conçoit également comme un discours pour autant qu'elle investit les grandes catégories de la littérature.

Le roman. Qu'il se déclare « à thèse » ou non, on peut considérer que derrière la fiction du récit qu'il élabore, il est porteur d'un discours sur le monde réel. Aussi les paroles rapportées des personnages, leur portrait ou les commentaires du narrateur peuvent-ils revêtir une dimension argumentative.

Le théâtre. Le dialogue constitue un lieu possible d'affrontement de points de vue contraires ; le monologue, lorsqu'il se fait délibératif, peut offrir l'occasion d'une mise en balance d'arguments opposés.

La poésie. Engagée ou lyrique, elle voit le sujet de l'énonciation prendre position, répondre à des attaques, défendre le camp où il s'est rangé, dénoncer les torts, rendre justice.

RÉCAPITULONS

- Des textes non fictionnels aux fables narratives et dramatiques en passant par le poème, l'argumentation est omniprésente dans la littérature.
- Les textes à visée argumentative se caractérisent par la présence :
  – d'un sujet, qu'il se manifeste ouvertement, implicitement ou allégoriquement ;
  – d'un destinataire, dont on mobilise la capacité à raisonner autant qu'à s'émouvoir.

Étudier le circuit argumentatif d'un texte

LA DÉMARCHE

On peut vous demander d'étudier le circuit argumentatif d'un texte, c'est-à-dire de rendre compte de son fonctionnement, des étapes par lesquelles le locuteur prétend emporter l'adhésion.

- Commencez par repérer les **articulations** du texte.
- Dégagez ensuite la **thèse** qu'il défend.
- Identifiez et restituez enfin la **stratégie argumentative** mise en œuvre.

PROCÉDER PAS À PAS

I Repérer les articulations

- **Les liens logiques**. Relevez les connecteurs qui marquent des rapports logiques ; identifiez aussi la valeur éventuelle de la ponctuation (le deux-points, par exemple, révèle un rapport de cause).

- **Les adverbes de discours**. Prêtez attention aux formules annonçant une articulation (introduction d'un exemple, d'un résumé, d'une conclusion) de l'argumentation : *ainsi, notamment, en bref, finalement...*

II Dégager la thèse défendue

- **Si la thèse est explicite**. Situez précisément dans le passage l'endroit où elle apparaît en toutes lettres et reformulez-la avec vos propres mots de manière à montrer que vous l'avez bien comprise.

- **Si la thèse est implicite**. Il faut la déduire et en proposer une formulation.

III Identifier et restituer la stratégie

Par stratégie argumentative, on entend la manière dont procède une argumentation, l'angle d'attaque qu'elle se donne pour parvenir à ses fins.

- **La défense**. Cherchez les arguments qui plaident en faveur de la thèse identifiée.

- **La réfutation**. Examinez les contre-arguments mobilisés.

- **La concession**. Recensez les arguments du parti adverse qui ne sont admis que pour affirmer avec plus de force encore la position du locuteur.

- **La délibération**. Montrez que des arguments contraires sont mis en balance pour conduire à une prise de décision.

- **L'illustration**. Distinguez les exemples destinés à consolider un argument de ceux qui, valant pour argument, amènent à énoncer une loi générale.

Repérer et analyser les marques de l'ironie

LA DÉMARCHE

L'ironie, qui consiste à feindre de soutenir exagérément le contraire de ce que l'on veut dire, vise à dénoncer le caractère révoltant ou ridicule d'une position.

- Commencez par relever les **indices** de l'ironie.
- Dégagez ensuite les **formes** qu'elle emprunte.
- Interprétez les **effets** qu'elle produit sur l'argumentation.

PROCÉDER PAS À PAS

I Relever les indices de l'ironie

- **La typographie**. Repérez les marques typographiques qui soulignent un jugement pour mieux le dénoncer ou s'en démarquer.
- **La modalisation**. Recensez les adverbes de discours *(assurément, sans doute…)* qui soulignent exagérément le caractère de certitude de l'énoncé proposé.
- **L'incohérence du discours**. Examinez les énoncés ouvertement exagérés, manifestement contradictoires, irrecevables.

> « On ne peut se mettre dans l'idée que Dieu […] ait mis une âme, surtout une âme bonne, dans un corps tout noir. (Montesquieu, *De l'esprit des lois*)

- **Les figures de style**. Cherchez celles qui atténuent ou exagèrent le propos pour en révéler la dimension critique (antiphrase, paradoxe, litote, hyperbole).

II Dégager les formes de l'ironie

- **Une critique masquée**. Dévoilez la raillerie sous le sérieux.
- **Une inversion du sens**. Procédez au retournement des énoncés qui disent le contraire de ce qu'ils veulent en réalité faire comprendre.
- **Une citation**. Déterminez ce qui revient en propre au locuteur du texte et les énoncés extérieurs à l'égard desquels il prend ses distances.

III Interpréter les effets de l'ironie

- **La dénonciation**. Montrez que l'ironie accentue, grossit le caractère ridicule, absurde, révoltant d'un point de vue, d'une conception du monde, d'un comportement.
- **La complicité avec le lecteur**. Rattachez le recours à l'ironie à la confiance mise par le locuteur dans son destinataire, celui-ci devant partager avec celui-là des connaissances et des valeurs.

SE TESTER QUIZ

1 Quelle différence fait-on entre *convaincre* et *persuader* ?

☐ **a.** La conviction vise à rallier quelqu'un à sa thèse. La persuasion s'attache à le faire changer d'avis.

☐ **b.** La conviction fonde l'argumentation sur la raison, la persuasion sur l'affect.

☐ **c.** La conviction se fonde sur les passions, la persuasion sur la capacité à former un raisonnement logique.

2 « **Il faut que le poète traite son sujet selon le vraisemblable et le nécessaire ; Aristote le dit, et tous ses interprètes répètent les mêmes paroles » (Corneille).**
La seconde proposition comprend :

☐ **a.** Un argument d'autorité.

☐ **b.** Un argument d'expérience.

☐ **c.** Un argument *ad hominem*.

3 Qu'est-ce qu'étudier la subjectivité d'un texte argumentatif ?

☐ **a.** Identifier le sujet dont il traite et la manière dont il décline ce thème.

☐ **b.** Analyser l'implication du locuteur dans son propos.

☐ **c.** Dégager la partialité du point de vue exposé.

4 De quel(s) genre(s) littéraire(s) relève l'apologue ?

☐ **a.** Du genre argumentatif : la fable n'y est qu'un prétexte, une illustration d'un précepte.

☐ **b.** Du genre narratif : l'agrément de l'histoire contée l'emporte sur la leçon.

☐ **c.** Des deux : l'histoire et l'enseignement se soutiennent mutuellement.

S'ENTRAÎNER

5 a. Identifiez le genre dont relèvent les textes du corpus (documents 1, 2, 3, p. 157-160). **Comment les auteurs tirent-ils parti des ressources que chacun des genres leur offre ?**

b. Comment se manifeste la subjectivité du locuteur dans ces trois textes ?

OBJECTIF BAC

Commentaire

6 L'amour au cœur de l'argumentation

Document 1. La Rochefoucauld, *Maximes* (1665-1678)
Document 2. La Fontaine, « Les deux pigeons », *Fables* (1678-1679)
Document 3. Voltaire, article « Amour », *Dictionnaire philosophique* (1765)

Faites le commentaire de l'extrait de la fable de La Fontaine, « Les deux pigeons ».

POUR VOUS AIDER

- Le commentaire porte sur le second volet du texte, sa « moralité » ; cela ne doit pas cependant vous conduire à évacuer le premier, la « fable » elle-même.
- Demandez-vous pourquoi on ne vous soumet que le moment où traditionnellement le fabuliste tire l'enseignement du récit qu'il a fait. Vous remarquerez alors que, loin de s'élever à la généralité de la leçon, La Fontaine détourne la fonction didactique de l'apologue pour verser dans une confidence de nature autobiographique.
- Les ressources du lyrisme élégiaque sont cependant mobilisées à des fins persuasives. Dégagez la leçon implicite contenue dans les derniers vers.

DOCUMENT 1

« 68. Il est difficile de définir l'amour. Ce qu'on en peut dire est que dans l'âme c'est une passion de régner, dans les esprits c'est une sympathie[1], et dans le corps ce n'est qu'une envie cachée et délicate de posséder ce que l'on aime après beaucoup de mystères.

69. S'il y a un amour pur et exempt du mélange de nos autres passions, c'est celui qui est caché au fond du cœur, et que nous ignorons nous-mêmes.

70. Il n'y a point de déguisement qui puisse longtemps cacher l'amour où il est, ni le feindre où il n'est pas.

71. Il n'y a guère de gens qui ne soient honteux de s'être aimés quand ils ne s'aiment plus.

72. Si on juge de l'amour par la plupart de ses effets, il ressemble plus à la haine qu'à l'amitié.

73. On peut trouver des femmes qui n'ont jamais eu de galanterie[2] ; mais il est rare d'en trouver qui n'en aient jamais eu qu'une.

74. Il n'y a que d'une sorte d'amour, mais il y en a mille différentes copies.

75. L'amour aussi bien que le feu ne peut subsister sans un mouvement continuel ; et il cesse de vivre dès qu'il cesse d'espérer ou de craindre.

76. Il est du véritable amour comme de l'apparition des esprits : tout le monde en parle, mais peu de gens en ont vu.

77. L'amour prête son nom à un nombre infini de commerces qu'on lui attribue, et où il n'a non plus de part que le Doge à ce qui se fait à Venise[3].

La Rochefoucauld, *Maximes* (1665-1678).

1 **Une sympathie :** un accord. 2 **Galanterie :** aventure amoureuse. 3 L'aristocratie vénitienne laissait peu de place au pouvoir du doge de la cité.

DOCUMENT 2

Dans le long récit situé avant cet extrait, La Fontaine peint un couple de pigeons : liés par un « amour tendre », les deux volatiles ont fait l'expérience de la séparation ; l'un des deux, « imprudent voyageur », poussé par le désir de voir du pays, n'a connu que déconvenues ; leurs retrouvailles constituent un moment de bonheur. De ce récit animal, le fabuliste tire une leçon à l'attention des humains.

« Amants, heureux amants, voulez-vous voyager ?
Que ce soit aux rives prochaines ;
Soyez-vous l'un à l'autre un monde toujours beau,
Toujours divers, toujours nouveau ;
Tenez-vous lieu de tout, comptez pour rien le reste.
J'ai quelquefois aimé : je n'aurais pas alors
Contre le Louvre et ses trésors,
Contre le firmament et sa voûte céleste,
Changé les bois, changé les lieux
Honorés par les pas, éclairés par les yeux
De l'aimable et jeune bergère
Pour qui, sous le fils de Cythère[1],
Je servis, engagé par mes premiers serments.
Hélas ! quand reviendront de semblables moments ?
Faut-il que tant d'objets si doux et si charmants
Me laissent vivre au gré de mon âme inquiète ?
Ah ! si mon cœur osait encor se renflammer !
Ne sentirai-je plus de charme qui m'arrête ?
Ai-je passé le temps d'aimer ?

Jean de La Fontaine, « Les deux pigeons », *Fables* (1678-1679).

1 **Le fils de Cythère** : il s'agit de l'Amour, fils de Vénus, déesse protectrice de Cythère.

DOCUMENT 3

« **AMOUR**

Il y a tant de sortes d'amour, qu'on ne sait à qui s'adresser pour le définir. On nomme hardiment *amour* un caprice de quelques jours, une liaison sans attachement, un sentiment sans estime, des simagrées de sigisbé[1], une froide habitude, une fantaisie romanesque, un goût suivi d'un prompt dégoût : on donne ce nom à mille chimères.

Si quelques philosophes veulent examiner à fond cette matière peu philosophique, qu'ils méditent le banquet de Platon, dans lequel Socrate, amant honnête d'Alcibiade et d'Agathon, converse avec eux sur la métaphysique de l'amour.

Lucrèce en parle plus en physicien : Virgile suit les pas de Lucrèce ; *amor omnibus idem*[2].

C'est l'étoffe de la nature que l'imagination a brodée. Veux-tu avoir une idée de l'amour ? vois les moineaux de ton jardin ; vois tes pigeons ; contemple le taureau qu'on amène à ta génisse ; regarde ce fier cheval que deux de ses valets conduisent à la cavale paisible qui l'attend, et qui détourne sa queue pour le recevoir ; vois comme ses yeux étincellent ; entends ses hennissements ; contemple ces sauts, ces courbettes, ces oreilles dressées, cette bouche qui s'ouvre avec de petites convulsions, ces narines qui s'enflent, ce souffle enflammé qui en sort, ces crins qui se relèvent et qui flottent, ce mouvement impétueux dont il s'élance sur l'objet que la nature lui a destiné : mais n'en sois point jaloux, et songe aux avantages de l'espèce humaine ; ils compensent en amour tous ceux que la nature a donnés aux animaux, force, beauté, légèreté, rapidité. […]

Comme les hommes ont reçu le don de perfectionner tout ce que la nature leur accorde, ils ont perfectionné l'amour. La propreté, le soin de soi-même, en rendant la peau plus délicate, augmentent le plaisir du tact[3] ; et l'attention sur sa santé rend les organes de la volupté plus sensibles. Tous les autres sentiments entrent ensuite dans celui de l'amour, comme des métaux qui s'amalgament avec l'or : l'amitié, l'estime, viennent au secours ; les talents du corps et de l'esprit sont encore de nouvelles chaînes.

Nam facit upsa suis interdum fœmina factis,
Morigerisque modis, et mundo corpore cultu,
Ut facile insuescat secum vir degere vitam.

(Lucrèce, IV, 1274-76.)

On peut, sans être belle, être longtemps aimable.
L'attention, le goût, les soins, la propreté,

Un esprit naturel, un air toujours affable,
Donnent à la laideur les traits de la beauté.

L'amour-propre surtout resserre tous ces liens. On s'applaudit de son choix, et les illusions en foule sont les ornements de cet ouvrage dont la nature a posé les fondements.

Voltaire, article « Amour »,
Dictionnaire philosophique (1765).

1 **Un sigisbé** : chevalier servant 2 ***Amor omnibus idem*** : « L'amour est le même dans tous. »
3 **Tact** : toucher.

SE TESTER

1 Réponse **b.** **2** Réponse **a.** **3** Réponse **b.** **4** Réponse **c.**

S'ENTRAÎNER

5 **a.** Les trois textes du corpus affichent clairement leur appartenance au domaine de l'**argumentation** ; néanmoins, chacun relève d'une catégorie argumentative particulière et définie.

- Le document 1, comme l'indique le titre de l'œuvre *Maximes* de La Rochefoucauld, ressortit à la forme de la **maxime**, dont l'extrait donne une collection de dix. « Les deux pigeons », document 2, propose une leçon sous l'apparence d'une confidence intime du poète. Il s'agit là d'une **fable**, dont La Fontaine s'est fait le représentant à l'âge classique. L'article « Amour » du *Dictionnaire philosophique* de Voltaire, document 3, est assimilable à un **essai**. En effet, l'auteur livre une réflexion, nourrie de lectures, d'observations personnelles, sur l'amour.

> Ne vous contentez pa
> de rattacher les texte
> du corpus au genre
> de l'argumentation ;
> précisez la **catégori**
> **argumentative** dont
> relèvent : essai, disc
> article, préface, lettr

- Chaque auteur exploite les ressources que lui offre le sous-genre argumentatif auquel il s'adonne. Le **moraliste** table sur l'impersonnalité et la clôture des énoncés qu'il produit pour se soustraire à la contestation, sur l'efficacité d'une parole brève et incisive pour battre en brèche à coups successifs une représentation idéalisée de l'amour. Le **fabuliste** engage le lecteur par la grâce d'une parole intimiste à cultiver l'amour et l'amitié ; contre toute attente, la moralité verse dans une confession aux accents personnels et appelle les « amants » à jouir de la félicité amoureuse. Le **penseur des Lumières**, enfin, par un collage de citations et de références variées, de remarques procédant par touches successives, en apparence sans ordre, d'exemples empruntés aux sciences naturelles, développe une conception subjective de l'amour, considéré avant tout comme un phénomène physique. Ainsi le corpus présente trois approches génériques et critiques différentes autour d'un même thème.

b. La subjectivité du locuteur se manifeste à des degrés divers dans les extraits du corpus, quoiqu'elle ne soit absente d'aucun.

- Les maximes de **La Rochefoucauld** se donnent une **apparence objective**, ce à quoi contribuent en particulier l'emploi récurrent du pronom indéfini « on » et le présent gnomique. Mais la **subjectivité** s'y traduit par l'utilisation du tour impersonnel à valeur de modalisation (« Il est difficile »), l'établissement d'une hypothèse (« S'il y a un amour »), l'humour (maxime 77), mais également par l'agencement même des énoncés qui manifeste l'ordre dans lequel le morliste a choisi de traiter la matière de son argumentation.

Le **présent gnomique** est aussi appelé *présent de vérité générale.*

- Chez **La Fontaine**, le **jugement** du fabuliste s'épanouit pleinement dans l'âme de la fable. Le moi y est omniprésent sous la forme des pronoms et des déterminants possessifs de la première personne (« je », « me », « m' », « mes », « mon ») quand le lecteur attendait sans doute une moralité sur le modèle de la maxime.

- La **part subjective du texte voltairien** se manifeste par l'**implication forte** qu'il réclame du **destinataire**. Celui-ci est interpellé par une question rhétorique (« Veux-tu avoir une idée de l'amour ? »), désigné selon un registre familier par le pronom personnel de la deuxième personne du singulier ou l'indéfini, à valeur ironique ici (« on s'applaudit »). Ces apostrophes au lecteur ont de quoi surprendre dans un article de nature encyclopédique.

Les textes du corpus jouent ainsi des écarts avec la règle des genres choisis qui les portaient en principe à plus de neutralité et d'effacement.

6 *Les titres de partie ne doivent en aucun cas figurer sur votre copie.*

Dans une première partie, on s'attachera à montrer que l'âme de la fable se trouve en rupture avec la tradition. On s'intéressera ensuite à la confidence aux accents d'élégie qui prend la place habituelle de la morale. Enfin, on dégagera les vérités d'expérience contenues dans cette fin de fable singulière.

Pour La Fontaine, « l'apologue est composé de deux parties, dont on peut appeler l'une **le corps**, l'autre **l'âme**. Le corps est la fable ; l'âme, la moralité ». *Fable* désigne ici exclusivement le récit.

I. L'âme de la fable en rupture avec la tradition

1. Une moralité contournée

La seconde partie de la fable ne conduit à aucune moralité énoncée en bonne et due forme et dévie même la portée didactique du récit. C'est une confidence personnelle qui vient, contre toute attente, clore le récit.

2. Un impératif assigné à un destinataire désigné
Le fabuliste ne s'adresse pas à un lecteur indéfini. Il vise seulement les « heureux amants », auxquels il s'adresse à l'impératif.

3. Des variations sensibles
Ces vers laissent sourdre l'émotion d'un cœur épris et abandonné. C'est la confidence d'une âme blessée que le lecteur est invité à lire plutôt qu'un précepte moral.

II. Une confidence aux accents d'élégie

1. L'omniprésence du sujet lyrique

- *(Réinvestissez les acquis de la question 5b.)*

> Les questions préparatoires au trav[...] d'écriture constituen[t] généralement une sorte d'entraînement à ce dernier. Exploite[z] donc ce qu'elles vous ont permis de mettre au jour.

- Les déterminants possessifs se trouvent soulignés par des allitérations en « m », nombreuses aux vers 13, 17 et 18, qui entrent en résonance avec tous les termes relevant du champ lexical de l'amour : « amants », « aimé », « serments », « renflammer », « charmes ».

2. L'expression de la nostalgie
Dans son mouvement de confidence, le poète part du passé composé pour évoquer le souvenir des temps heureux (v. 6) et y revient dans la question finale : l'expression de la certitude se meut en mélancolie angoissée que les futurs employés à la forme interrogative aux vers 14 et 19 ne parviennent guère à conjurer.

3. Un lamento éloquent

> Un **lamento** est un ai[r] triste, une chanson f[...] sur le ton de la plaint[e].

- L'amour est chanté de manière éloquente, que ce soit par l'amplification des vers 6-13, le parallélisme (« honorés par », « éclairés par », « engagé par ») ou la synonymie (« Louvre », « ses trésors » ; « firmament », « voûte céleste »).
- Le lexique s'y fait précieux, qui recourt au code de la pastorale (« bergère » pour la femme aimée, l'amour désigné par la périphrase « sous le fils de Cythère ») et au lexique chevaleresque (« servir », « engagé »).
- Si la plainte amoureuse laisse entendre quelques soupirs (« Hélas ! » « Ah ! »), elle se déploie harmonieusement, soutenue par la régularité métrique, et s'interrompt sur un octosyllabe qui en resserre le rythme et en simplifie l'harmonie.

III. Des vérités d'expérience

1. La confidence faite leçon
C'est à la lumière de la confidence des vers 6 à 19 que s'éclairent les impératifs relevés ; ces derniers résonnent comme des conseils dictés par un homme que la douleur amoureuse a rendu lucide sur la nécessité de jouir du bonheur quand il est à portée de main.

2. L'espace du bonheur amoureux

L'espace intime de l'amour rend tout voyage inutile (« Tenez-vous lieu de tout »). Vaste comme « un monde », il se suffit à lui-même et comble les divers appétits de l'homme en mal de divertissement. Stable, comme l'indique la répétition de l'adverbe « toujours », il est un univers de plénitude et de quiétude.

3. La fuite du temps

La fable enseigne implicitement dans cette seconde partie qu'il est illusoire de penser pouvoir faire revivre le passé dans le présent (v. 14) ; l'avancée dans l'âge donne à l'interrogation ultime l'apparence d'une fausse question, comme un aveu désespéré que le lecteur doit méditer.

www.annabac.com

CHAPITRE 11 La question de l'homme dans l'argumentation, du XVIe siècle à nos jours

Animal doté de la double faculté de parler et de penser, l'homme se définit par sa capacité à s'analyser, se mettre en question, interroger le monde qui l'entoure. La littérature – textes argumentatifs mais aussi roman, poésie et théâtre – s'offre à lui comme un lieu où porter ses interrogations. Ainsi, réflexions d'ordre politique, religieux, social, éthique, esthétique, scientifique investissent le champ littéraire. Quelle réponse les textes, du XVIe siècle à nos jours, donnent-ils à la question de l'Homme ?

I Le XVIe siècle : l'homme au cœur de la réflexion

A La confiance mise en l'homme

- Formé à partir du mot *homme*, le terme *humanisme* insiste sur la **place centrale de l'individu** dans la pensée de la Renaissance. Mesure de toute chose, celui-ci devient un objet digne de toutes les ambitions et de toutes les études.

- Il convient d'**éduquer**, de **façonner**, de **perfectionner l'âme aussi bien que le corps** de l'homme, considérés comme conjoints. Nombreux sont les textes du premier humanisme qui y travaillent – des romans de Rabelais, qui fondent les bases d'une nouvelle approche de la nature humaine, faite de savoir mais plus encore de sagesse, aux réflexions de Thomas More dans *Utopie* qui s'interroge sur l'organisation sociale et politique idéale et les conditions du bonheur collectif.

> Les **romans de Rabe[lais]** rapportent les aventu[res] du géant Gargantua e[t] de son fils Pantagrue[l] dont la démesure permet de critiquer u[n] monde médiéval dev[enu] trop étroit.

- C'est aussi **un être à soumettre à l'observation et à la question**, à l'instar de Montaigne dans ses *Essais*, qui se prend lui-même comme matière de son livre en tant qu'il représente la condition humaine. Partant de son expérience, l'essayiste passe ainsi au crible de sa conscience et de son jugement les questions les plus diverses touchant l'individu ou le groupe social : qu'est-ce que l'amitié ? Faut-il respecter les coutumes ? Comment appréhender la mort ?...

B L'ébranlement des certitudes humaines

- La **foi affirmée en la nature humaine** se trouve mise à mal par les réalités sombres de l'époque qui sapent l'idéal forgé par les débuts de l'humanisme et découvrent un monde gouverné par la folie, à qui Érasme donne la parole dans *Éloge de la folie* : sous le masque de cette entité sont dénoncées les inconséquences humaines, les erreurs des sens et de l'esprit.

- La **découverte du continent américain** (1492) bouleverse la représentation européenne du monde et de l'homme. Les humanistes ouvrent une réflexion sur les différences entre les civilisations et incitent leurs contemporains à admettre le relativisme des cultures contre une conception de l'homme gouvernée par l'ethnocentrisme. Il s'agit, pour eux, de dégager l'essence universelle de l'humain.

L'**ethnocentrisme** désigne la tendance à faire du groupe social auquel on appartient la référence absolue pour juger les autres.

- Les **guerres de Religion**, qui opposent catholiques et protestants dans la seconde moitié du XVIe siècle, plongent les poètes engagés – comme le catholique Ronsard et le protestant Agrippa d'Aubigné – dans des interrogations multiples sur la nature de l'homme, son rapport à l'autre et à Dieu.

- Les troubles intérieurs et extérieurs conduisent à réfléchir aux **moyens d'assurer la stabilité du pouvoir**. La lecture du philosophe italien Machiavel (1469-1527) nourrit en partie cette réflexion et renouvelle la conception de la politique : la fin y justifie les moyens ; le souverain, œuvrant pour lui-même, doit allier en lui la force du lion et la ruse du renard.

II Le XVIIe siècle : le cœur humain mis à nu

A Une vision sombre de l'homme

- Le souvenir encore présent des guerres de Religion, la guerre de Trente Ans (1618-1648) puis la Fronde forgent au XVIIe siècle une **conception désenchantée de l'homme et tragique du monde**.

- La fragilité de l'homme, jouet de la fatalité et de ses passions, ne trouve à s'apaiser que dans la **confiance en Dieu**, conçu comme le seul **point d'attache possible**.

La **Fronde** (1648-1653) désigne le soulèvement d'une partie de la noblesse contre le pouvoir tenu par les ministres du roi pendant la minorité de Louis XIV.

- Face à la **précarité de l'existence humaine**, les attitudes varient sensiblement : si les **jésuites** revendiquent une conception positive de la foi et du salut accordé par Dieu, que l'homme devient libre d'accepter ou de refuser, les **jansénistes**, de leur côté, défendent la théorie de la prédestination, selon laquelle Dieu décide de la grâce de chacun par avance.

ZOOM

Les textes argumentatifs en dix œuvres clés

1580-1588	***Essais*** **de Montaigne** L'homme mis en question.
1668-1694	***Fables*** **de Jean de La Fontaine** Une critique des mœurs humaines.
1748	***De l'esprit des lois*** **de Montesquieu** La réflexion politique au service du genre humain.
1751-1772	***Encyclopédie*** **dirigée par d'Alembert et Diderot** Un tableau général des progrès de l'esprit humain.
1755	***Discours sur l'origine et les fondements de l'inégalité parmi les hommes*** **de Jean-Jacques Rousseau** De l'homme à l'état de nature à l'homme du contrat social.
1759	***Candide*** **de Voltaire** Contre la vaine métaphysique, la philosophie à visage humain.
1800	***De la littérature considérée dans ses rapports avec les institutions sociales*** **de Mme de Staël** La promotion de la sensibilité et de l'individualisme dans les lettres.
1899	***Prométhée mal enchaîné*** **d'André Gide** Une interrogation sur la légitimité du bonheur.
1942	***Le Mythe de Sisyphe*** **d'Albert Camus** Un essai sur l'absurde de notre condition.
1955	***Tristes tropiques*** **de Claude Lévi-Strauss** Le regard de l'ethnologue sur l'Autre.

B La critique des mœurs

Au XVIIe siècle, le classicisme s'intéresse aux **mœurs**, c'est-à-dire aux **relations sociales**, aux rapports des hommes entre eux : la littérature trouve une justification morale dans la possibilité de les corriger, ou du moins de les critiquer.

C'est d'abord le **théâtre comique** qui s'y emploie comme chez **Molière**, qui épingle les travers des hommes et des femmes tels qu'il les voit, interrogeant la société de son temps : quels risques court-on et fait-on courir à ses égaux en s'adonnant à la sincérité sans faille d'Alceste dans *Le Misanthrope* ? En quoi les faux dévots, tel Tartuffe, mettent-ils en danger la communauté humaine ? Comment définir la norme sociale au regard de la liberté de ton et de mœurs professée par Dom Juan ?

La Fontaine choisit la **fiction fabuleuse** pour **démasquer la fausseté des comportements** : la réflexion sur le pouvoir et sa capacité destructrice, la dénonciation des vices et des égoïsmes humains ne sont jamais loin sous le récit animalier ; mais, là aussi, c'est la vie de l'homme en société qui intéresse d'abord le fabuliste, plus que l'homme en tant que tel. C'est toujours la question de la coexistence des hommes, sous le signe de la cruauté et de la violence, qui se trouve posée dans les *Fables*.

> **La Fontaine** met explicitement en cause la société humaine : « ce n'est pas aux Hérons / Que je parle ; écoutez, humains, un autre conte ; / Vous verrez que chez vous j'ai puisé ces leçons. »

Les **moralistes** – **Pascal**, **La Rochefoucauld**, **La Bruyère** – mettent eux aussi en cause la fausseté des comportements humains et les mensonges dont les hommes se bercent. Si Pascal, dans ses *Pensées*, rappelle avec force à l'homme sa vanité, son néant, qu'il masque par le divertissement social, La Rochefoucauld, dans ses *Maximes*, démasque chez l'homme, derrière les vertus les plus éclatantes, un amour-propre bien plus inquiétant. Enfin, La Bruyère propose dans ses *Caractères* un portrait des « mœurs de ce siècle » : il dénonce les ridicules de ses contemporains et de certains de leurs usages.

C L'idéal de l'honnête homme

Contre la prétention des pédants et la vulgarité du commun, les écrivains classiques incarnent leur idéal humain dans la figure de **l'honnête homme**, capable de vivre harmonieusement dans une société où cohabitent des idéologies fort éloignées et plusieurs religions. Cet être cultivé, honorable et respectueux de la morale, est emblématique d'un temps et d'un milieu qui se méfient de l'arrogance et de la vanité, et qui soumettent les désirs individuels aux normes et règles de la société et de la civilité.

> La Rochefoucauld écrit dans une de ses maximes : « Le vrai **honnête homme** est celui qui ne se pique de rien. »

III Le XVIIIe siècle : l'homme sous le regard des philosophes

A L'homme éclairé par la raison et les sens

- Pour les philosophes des Lumières, l'homme se définit par sa **raison**, **seule lumière naturelle**, par opposition à la lumière de Dieu, théologique et surnaturelle. C'est elle qu'il convient de développer dans l'esprit humain pour venir à bout de l'intolérance et du fanatisme : le philosophe a pris « pour cri de guerre raison, tolérance, humanité » écrit Condorcet dans l'*Esquisse d'un tableau historique des progrès de l'esprit humain*.

- Pourtant, les Lumières consacrent également la **sensibilité humaine**, sensation ou sentiment. En philosophie, par exemple, Condillac invente le sensualisme, doctrine selon laquelle l'ensemble des idées humaines proviennent des sens ; cette nouvelle approche de l'homme se retrouve dans le matérialisme de Diderot ou d'Alembert.

> Le **matérialisme** est [une] doctrine philosophiqu[e] selon laquelle il n'exis[te] d'autre substance qu[e la] matière.

B La promotion militante de l'esprit humain

- L'***Encyclopédie***, vaste entreprise de diffusion et de vulgarisation du savoir, travaille à promouvoir l'esprit humain : immense tache éditoriale, qui court de 1751 à 1772, riche de dix-sept volumes d'articles rédigés par près de deux cents contributeurs, elle a l'ambition de faire la somme de toutes les connaissances humaines de l'époque et, par là, de favoriser le progrès humain, en rendant accessibles à tous les fondements d'un savoir rationnel et réfléchi sur le monde.

> On retrouve cette mê[me] volonté de **favoriser l[e] progrès humain** dan[s] l'essai de Rousseau intitulé *Émile ou De l'éducation*.

- **Ennemi du préjugé et de la superstition**, le penseur des Lumières se présente aussi comme un **guerrier** : ses textes relèvent d'une littérature de combat quand ils dénoncent, par exemple, la domination du clergé et l'absolutisme monarchique. Volontiers polémiques, ils s'attaquent à l'esclavage, aux privilèges de la noblesse, à la guerre, l'Inquisition : le conte philosophique de Voltaire intitulé *Candide* résume, à lui seul, tous ces combats.

C La question de l'homme dans tous ses états

Au plan religieux, les philosophes du XVIIIe siècle s'interrogent sur le **rapport de l'homme à Dieu et à l'Église**. Montesquieu et Voltaire adoptent le **déisme**, qui consiste à affirmer la croyance en un Dieu créateur du monde, mais à refuser toute institution et nécessité de prier ce Dieu. D'autres vont plus loin dans la remise en cause des croyances et professent un véritable **athéisme** : c'est en particulier le cas des matérialistes qui, autour du baron d'Holbach, de Diderot ou Sade, pensent que la matière se transforme et s'organise elle-même, sans intervention divine.

Au plan politique, les penseurs des Lumières se demandent **quel régime préférer**. Unanimes dans leur **condamnation de l'absolutisme**, ils ne défendent cependant pas tous le même type d'organisation humaine. Certains, comme Montesquieu, se prononcent en faveur de la **monarchie tempérée**. D'autres, comme Voltaire et Diderot, soutiennent le principe du **despotisme éclairé** : pour eux, la forme du gouvernement importe peu, du moment que c'est la raison qui gouverne. Enfin quelques-uns, Rousseau en tête avec *Du contrat social*, défendent l'idée d'une **démocratie**.

Une **monarchie** est dite **tempérée** quand le pouvoir du roi et des ministres s'y trouve limité par celui de la noblesse, des parlements et des assemblées provinciales.

Au plan social, la **question du progrès** se trouve au cœur des préoccupations : comment réduire les inégalités entre les hommes ? En quoi la science peut-elle contribuer au bien-être, voire participer au bonheur de l'humanité ? Autant d'interrogations qui agitent les consciences éclairées du XVIIIe siècle.

IV Le XIXe siècle : non pas l'homme, mais les hommes

A Le romantisme : la littérature guidant le peuple

Témoins des grands bouleversements historiques du tournant du XVIIIe siècle, les écrivains romantiques font de leurs œuvres la chambre d'écho des problèmes de leur époque et s'investissent dans les **combats politiques contemporains**.

Lamartine et Hugo revendiquent, pour les **poètes**, la fonction de **mages visionnaires** voués à guider le peuple. L'engagement et la critique sociale trouvent alors leur place dans le genre lyrique.

Le **roman romantique** s'ouvre lui aussi, à partir de 1840, aux influences humanitaires et sociales. *Les Mystères de Paris* d'Eugène Sue et plus nettement encore la saga monumentale des *Misérables* de Victor Hugo intègrent à l'univers de la fiction les données nouvelles de la réalité socio-historique de la première moitié du siècle.

Mage visionnaire, investi d'une mission civilisatrice, telle est la vision hugolienne de la fonction du poète : « Il rayonne ! il jette sa flamme / Sur l'éternelle vérité ! »

B Réalisme et naturalisme : la littérature comme science de l'homme

Le **positivisme** est une doctrine philosophique, fondée par Auguste Comte, qui se réclame de la seule connaissance de faits prouvés.

■ Dans la seconde moitié du XIXe siècle, la révolution industrielle, l'importance prise par le prolétariat, l'émergence de mouvements ouvriers et l'essor du positivisme engagent une **conception nouvelle de la littérature et de l'homme**.

■ Puisant ses thèmes dans l'observation du monde contemporain, social et historique, le **réalisme** s'efforce de rendre compte de l'homme saisi dans son milieu social et rattaché à un type répertorié. À ce titre, Balzac prétend faire avec la *Comédie humaine* l'inventaire de la société humaine de son temps ; il porte un regard sans concession sur l'homme mené par deux passions, l'argent et l'amour.

■ Le **naturalisme** applique à la littérature la méthode des sciences (observer, induire, vérifier). Pour Zola, le corps social se trouve régi par les lois de la sélection naturelle et de la lutte pour la vie. Ainsi, le genre romanesque s'ouvre à une vision matérialiste et mécaniste du monde et des comportements humains. Une telle approche du réel aboutit à une analyse lucide du fonctionnement socio-économique du Second Empire : affairisme et spéculation des milieux financiers, émergence d'une conscience de classe chez les ouvriers.

V Le XXe siècle : l'homme mis en question

Le XXe siècle est traversé de crises majeures qui ébranlent durablement l'histoire de l'humanité et sa représentation dans les lettres : des guerres mondiales à la décolonisation, en passant par l'épreuve des totalitarismes et l'expérience des camps d'extermination, tout concourt à éroder la confiance mise en l'homme dans les siècles passés, à remettre en cause le sens de l'existence humaine au profit d'une vision tragique voire absurde, qui s'épanouit notamment au théâtre.

A La naissance de l'écrivain engagé

Le militaire Alfred **Dreyfus**, né d'une famille juive alsacienne, fut accusé à tort (puis gracié et réhabilité) d'avoir livré des renseignements aux Allemands.

■ L'**affaire Dreyfus** a marqué au tournant du siècle une **grave crise idéologique** et engagé les écrivains à choisir leur camp : les dreyfusards – Zola en tête – prennent, au nom des valeurs humanistes de la gauche, la défense du capitaine Dreyfus, devenu la cible des penseurs antisémites.

■ Dans l'entre-deux-guerres, le **roman à thèse** voit le jour : roman réaliste, il raconte une histoire à valeur exemplaire qui est le vecteur de la démonstration de l'auteur. Aragon en donne une illustration avec *Les Beaux Quartiers*.

ZOOM

Zola et l'affaire Dreyfus

Cinq Centimes

JEUDI 13 JANVIER 1898

Directeur ERNEST VAUGHAN

L'AURORE

Littéraire, Artistique, Sociale

J'Accuse...!

LETTRE AU PRÉSIDENT DE LA RÉPUBLIQUE

Par ÉMILE ZOLA

LETTRE A M. FÉLIX FAURE

Président de la République

Monsieur le Président,

▶ Moment décisif dans l'histoire de la politique française et dans celle de la littérature, l'affaire Dreyfus voit l'écrivain Émile Zola s'impliquer directement dans la défense de celui que la pensée nationaliste de droite condamne par antisémitisme. Il publie, le 13 janvier **1898**, une lettre ouverte dans le journal *L'Aurore,* véritable plaidoyer qu'il intitule « **J'accuse** ».

▶ Au-delà de la défense du capitaine Dreyfus et de l'idée qu'Émile Zola se fait de la France, c'est une vision de l'homme qui est en jeu : en prenant la défense de celui qu'on accuse parce qu'il est juif, l'auteur s'expose volontairement et accomplit alors un acte qui « n'est qu'un moyen révolutionnaire pour hâter l'explosion de la vérité et de la justice ».

- Au cours du XXe siècle, l'écrivain se fait, selon le mot du philosophe existentialiste Jean-Paul Sartre, « **engagé** », au sens où il est **en situation** dans son époque et, comme tel, responsable de chaque parole et de chaque silence.

Pour la philosophie **existentialiste**, l'homm[e] n'est pas déterminé pa[r] son essence mais libr[e] et responsable de son existence.

B La crise de l'humanisme

- Les épisodes de la Shoah, d'Hiroshima, des purges staliniennes, qui posent la question du devenir de l'humanité, font entrer la littérature, engagée ou non, dans l'**ère du doute** : que vaut en effet l'acte d'écrire devant des millions de morts ?

- Dénoncer l'**absurde de la condition humaine** devient la préoccupation majeure des textes à dimension argumentative. C'est à quoi travaille notamment Albert Camus dans son œuvre : l'homme sans Dieu confronté aux non-sens meurtriers de l'histoire se trouve condamné à une mort qu'il ne peut vaincre. Mais il fait de l'épreuve même de l'absurdité une raison de vivre ; révolté contre tout ce qui entrave l'individu et la condition humaine, il trouve finalement son champ d'action dans une lutte concrète menée contre toutes les servitudes infligées aux humains par eux-mêmes.

- À l'opposé de la révolte, certains écrivains, comme Michel Tournier ou Le Clézio, élaborent des **mythes** qui contribuent à éclairer les vies humaines et à leur redonner sens.

RÉCAPITULONS

- Du XVIe siècle à nos jours, la question de l'homme n'a cessé d'être posée dans et par les textes et de recevoir de nouveaux éclairages.
- De la foi mise en l'individu par les premiers humanistes à l'absurde qui menace la condition humaine au XXe siècle, en passant par les réflexions sur les hommes conçus comme une collectivité, l'homme ne cesse d'interroger ses conduites, ses valeurs, le sens de son existence au travers de la littérature.
- La question de l'homme ne trouve jamais de réponse définitive mais se pose et s'essaie dans des formes littéraires diverses.

Dégager les enjeux anthropologiques d'un texte

LA DÉMARCHE

Les textes argumentatifs peuvent afficher une ambition anthropologique : ils se donnent alors pour objet l'homme, l'étudient sous un angle déterminé (politique, social, moral, culturel), renouvelant ainsi le regard porté sur l'humain.

- Commencez par **identifier le genre du texte**.
- **Déterminez** ensuite **son champ d'étude**.
- **Dégagez la vision de l'homme** qui s'y fait jour.

L'EXEMPLE COMMENTÉ

Lisez cet extrait de l'article « Réfugiés » de l'*Encyclopédie* (1752).

« Réfugiés *(Hist. mod. politiq.)* C'est ainsi que l'on nomme les protestants français que la révocation de l'édit de Nantes a forcés de sortir de France et de chercher un asile dans les pays étrangers, afin de se soustraire aux persécutions qu'un zèle aveugle et inconsidéré leur faisait éprouver dans leur patrie.

I Identifier le genre du texte

Le passage est extrait d'un article de l'*Encyclopédie* mais il est loin de proposer une définition objective du terme *réfugiés*. En effet, le mot se trouve entre guillemets et au pluriel ; et la formule initiale (« C'est ainsi que l'on nomme ») indique que le sens donné ne sera pas celui dénoté du dictionnaire mais celui connoté que l'histoire lui a conféré. Le passage peut donc être assimilé à un **essai**.

II Déterminer son champ d'étude

Le domaine d'application est spécifié par l'abréviation en italique qui apparaît entre parenthèses. Il s'agit de l'**histoire moderne et politique**. Cela est aussi confirmé par la référence à l'épisode historique de la révocation de l'édit de Nantes.

III Dégager sa vision de l'homme

La définition montre une **dimension critique** évidente. Les nombreux termes à connotations négatives (« forcés », « persécutions », « zèle aveugle et inconsidéré ») mettent l'accent sur une situation de contrainte, de violence et d'intolérance dont sont victimes les « réfugiés », c'est-à-dire les protestants obligés d'émigrer hors de France.

L'article plaide donc en faveur d'un **humanisme générateur d'harmonie entre les hommes**, contre une vision de l'homme guidée par l'intolérance et le fanatisme religieux.

Écrire une lettre ouverte

LA DÉMARCHE

Prise de parole publique, la lettre ouverte affiche néanmoins un destinataire unique à qui un locuteur expose ses convictions idéologiques. Dans le cadre de l'écriture d'invention, on peut vous demander de produire un tel type de texte au carrefour de l'épistolaire et de l'argumentatif.

PROCÉDER PAS À PAS

I Identifier le locuteur et le destinataire

- **Le locuteur**. Dotez-le d'une identité, d'un statut et d'un *ethos*, qui influencent directement l'argumentation à développer.
- **Le destinataire nommé**. Déterminez sa position sociale, ce qui engage la manière de vous adresser à lui et de vous exprimer.
- **Le lectorat**. Délimitez son profil sociologique, les valeurs morales et esthétiques auxquelles il adhère et sur lesquelles va s'appuyer votre argumentaire.

II Développer une stratégie argumentative

- **Traduire une émotion**. Demandez-vous s'il s'agit d'exprimer un sentiment de révolte, d'indignation ou de compassion.
- **Communiquer une opinion**. Travaillez-en la formulation, qui doit retenir l'attention des destinataires (par exemple, sous forme de paradoxe).
- **Répandre des idées nouvelles**. Dégagez ce qu'elles ont de novateur et songez aux moyens d'y sensibiliser vos lecteurs.

III Choisir un registre

- **Le registre polémique**. Utilisez l'interjection, l'apostrophe, la question rhétorique pour interpeller votre destinataire. Mobilisez un lexique volontairement dépréciatif pour susciter le débat, l'anaphore pour insister.
- **Le registre satirique**. Tablez sur l'injure pour faire outrage, l'ironie pour vous moquer, la caricature pour exhiber les ridicules.

IV Respecter les codes de l'écriture épistolaire

- **L'en-tête**. Précisez le lieu, la date de rédaction. Choisissez l'appellatif approprié.
- **L'entrée en matière**. Trouvez l'accroche qui donne au destinataire l'envie de poursuivre.
- **La souscription**. Après avoir pris congé selon une formule adéquate, n'oubliez pas de signer votre lettre du nom de son auteur fictif.

SE TESTER QUIZ

1 Qu'est-ce que l'humanisme au XVIe siècle ?

☐ **a.** Un courant pacifiste qui veut réunir catholiques et protestants.

☐ **b.** Une approche de l'homme conçu non plus comme créature divine mais seulement terrestre.

☐ **c.** Un mouvement de pensée qui met l'homme au cœur de ses préoccupations et de ses réflexions.

2 Qu'appelle-t-on *les moralistes* en littérature ?

☐ **a.** Les défenseurs de la morale.

☐ **b.** Les observateurs des mœurs.

☐ **c.** Les écrivains de textes contenant une moralité.

3 Que fait un écrivain engagé ?

☐ **a.** Il dévoile ses opinions politiques dans ses textes.

☐ **b.** Il refuse la fiction au profit de genres en prise directe avec la réalité.

☐ **c.** Il est en situation dans son époque et y renvoie directement ou implicitement dans ses œuvres.

4 Qu'est-ce que l'absurde ?

☐ **a.** Le sentiment éprouvé face au non-sens de la condition humaine.

☐ **b.** Un anti-humanisme.

☐ **c.** Un mouvement de révolte contre les épisodes meurtriers du XVIe siècle.

OBJECTIF BAC

Écriture d'invention

5 L'amour au cœur de l'argumentation

Document 1. La Rochefoucauld, *Maximes* (1665-1678)
Document 2. La Fontaine, « Les deux pigeons », *Fables* (1678-1679)
Document 3. Voltaire, article « Amour », *Dictionnaire philosophique* (1765)

Voir ces trois documents p. 157-160.

Rédigez une fable sur l'amour dont la moralité sera constituée par une des maximes de La Rochefoucauld. Comme La Fontaine, vous mettrez en scène des animaux, que vous pourrez choisir parmi ceux évoqués par Voltaire.

POUR VOUS AIDER

- Votre texte doit prendre la forme d'une fable à la manière de La Fontaine. Néanmoins, on attend de vous un partage plus classique que celui des « Deux pigeons » avec un récit d'une part, une moralité d'autre part.
- Il faut choisir la moralité au sein de la collection de maximes de La Rochefoucauld du corpus. Privilégiez un énoncé court dont la forme sentencieuse apparaît nettement et qui vous inspire quant au récit de la fable à produire.
- Puisez, comme le libellé vous y invite, dans la peinture des comportements animaliers décrits par Voltaire, le cheval en particulier. Vous pouvez également exploiter l'énumération des « sortes d'amour » en cherchant à les incarner.

SE TESTER

1 Réponse c. **2** Réponse b. **3** Réponse c. **4** Réponse a.

OBJECTIF BAC

5 ▮ Le sujet vous impose une **forme précise d'écrit** : il s'agit d'une **fable qui comprendra un récit et une moralité** empruntée à une maxime de La Rochefoucauld. La place de cette dernière est laissée à votre libre appréciation. Elle doit se trouver à un endroit stratégique de votre texte, à l'ouverture ou en conclusion.

> Les contraintes de métrique et de prosodie du fabuliste classique ne s'exercent pas sur votre fable.

▮ La **maxime** que vous allez emprunter à La Rochefoucauld en guise de moralité doit afficher clairement une **fonction didactique** et une **portée généralisante**, propres au genre de l'apologue. Préférez les maximes 69 à 72, dont la formulation apparaît plus ramassée, édifiante et universelle.

▮ Le récit va prendre à la fois **valeur d'exemple et d'argument de la maxime retenue**. Il est demandé de mettre en scène des animaux, ce qui suppose de choisir un bestiaire approprié à l'argumentaire demandé. Voltaire fait mention dans son texte de plusieurs animaux : les moineaux sont touchants de fragilité et évoquent un certain romantisme, le taureau est réputé pour sa détermination peu réfléchie, le cheval pour sa fougue et sa noblesse. À vous d'exploiter, au gré des besoins du récit et de l'argumentation, ces caractéristiques.

▮ Le corps de votre fable, autrement dit sa **partie narrative**, réclame une **construction rigoureuse** : esquisse du cadre spatio-temporel (par exemple, un cadre bucolique propice à l'éclosion du sentiment amoureux), situation initiale, péripéties, situation finale. La narration pourra se combiner avec des passages au discours direct mais également au style indirect libre et inclure, éventuellement, des interventions du fabuliste sous la forme de commentaires directs, teintés d'ironie.

> Le récit suppose un **travail préparatoire au brouillon** : recherche d'un schéma narratif cohérent et approprié à la moralité, esquisse des personnages, modalités de discours.

▮ La maîtrise des connaissances relatives à l'argumentation indirecte et à ses visées (instruire et plaire) garantira une bonne exploitation de la consigne.

www.annabac.com

CHAPITRE

12 Renaissance et humanisme (série L)

On lie communément les termes *Renaissance* et *humanisme*. Tous deux renvoient à un mouvement culturel marqué par la volonté de faire renaître les valeurs et les formes de l'Antiquité, et qui se répand en Europe aux XVe et XVIe siècles. Cependant, l'humanisme ne saurait se réduire à un retour aux humanités, à une tentative de régénération des arts et des lettres. Ce fut aussi un courant rassemblant des penseurs qui faisaient de l'homme le centre de leurs réflexions ; à ce titre, il s'est étendu à d'autres périodes et systèmes philosophiques.

I Le contexte

A Le contexte historique

1. Les guerres

- **La conquête du Nouveau Monde**. La découverte de l'Amérique en 1492 aboutit à la remise en cause des savoirs acquis (géographie des continents, représentation de l'espèce humaine…).

- Les **guerres d'Italie** (1494-1559) mettent en contact la France avec la civilisation florissante issue du quattrocento.

> Le terme italien **Quattrocento** désigne le mouvement culturel et intellectuel né à Florence au XVe siècle, lequel renoua avec l'Antiquité et posa l'homme comme mesure de toute chose. Il servit de modèle à la Renaissance française.

- Les **guerres de religion** débutent en 1562, lorsqu'une cinquantaine de protestants sont tués sur ordre du duc de Guise, représentant du parti catholique. Le paroxysme est atteint dans la nuit du 23 au 24 août 1572 avec le massacre de la Saint-Barthélemy, dans lequel 30 000 protestants périssent. Henri IV y met fin en 1598 avec l'édit de Nantes qui assure aux protestants la sécurité et la liberté de conscience et de culte.

2. Le politique

- **La figure royale**. Le souverain apparaît comme le gage de l'unité du royaume.

- **La séparation du religieux et du politique**. En laissant s'exprimer la diversité confessionnelle, Henri IV met fin au principe de foi unique.

3. La religion

- **L'influence allemande de Luther** (1483-1546). Il pose les bases de la Réforme en affirmant, contre le dogme catholique, que l'homme ne prend aucune part dans son salut.

- **L'œuvre française de Calvin** (1509-1564). Dans son *Institution de la religion chrétienne*, il met en avant la toute-puissance de Dieu, dont l'homme peut seulement espérer la grâce.

B Le contexte culturel

1. Les grands chantiers européens

- En **Italie** où elle s'enracine, la Renaissance se caractérise par une **soif de savoirs** de la part d'artistes polyvalents, à la fois architectes, peintres, sculpteurs, auteurs de traités, à l'instar de Léonard de Vinci.

- En **France**, François Ier répand l'esprit du quattrocento dans le domaine de l'**architecture** (châteaux de la Loire...). En matière de **mœurs**, acquis à la vie raffinée de la cour italienne, il demande la traduction du *Parfait Courtisan* de Castiglione, véritable manuel de l'homme du monde.

> Roi de France de 1515 à 1547, **François Ier** acquit dans les guerres d'Italie un goût certain pour l'art renaissant dont il encouragea la diffusion en France en invitant notamment Léonard de Vinci.

2. La diffusion institutionnelle du savoir

- L'**imprimerie**, inventée par Gutenberg en 1438, soutenue par l'État, permet une diffusion plus large des idées.

- L'**ordonnance de Villers-Cotterêts** (1539) impose l'usage du français et non plus du latin dans les actes notariaux et judiciaires.

- La **création de collèges** encourage l'enseignement du latin, du grec et de l'hébreu.

II Les grands principes de l'humanisme renaissant

A La place centrale de l'homme

1. À la redécouverte de l'humain

- La **découverte de peuples nouveaux** sur le continent américain ouvre simultanément un vaste champ de réflexion sur la nature humaine.

- **Réalité physique soumise aux lois de la nature**, l'homme est conçu comme un monde en soi, un **microcosme** à l'image du grand monde ou **macrocosme**. Cette analogie entre l'être et l'univers fournit aux scientifiques un principe d'analyse.

2. Un changement de perspective

- Les **œuvres artistiques** montrent que le regard sur l'humain s'est modifié : en peinture, l'autoportrait se constitue en genre propre ; en littérature, le moi s'observe au gré des variations infinies qu'il subit.
- Au **plan religieux**, la promotion de l'individu rencontre l'évangélisme, courant de la pensée chrétienne qui prône une relation singulière de l'homme à Dieu.

B L'importance accordée à la connaissance

1. Les sciences

Les **grandes découvertes** dessinent une carte agrandie du monde. Les **travaux des astronomes**, parmi lesquels ceux de l'Italien Galilée (1564-1642), révolutionnent la représentation du cosmos. Les limites du savoir se trouvent ainsi repoussées par l'action conjointe des explorateurs et des physiciens, qui en soulignent la **relativité**.

Galilée a confirmé le système copernicien selon lequel la Terre n'occupe pas le centre de l'Univers. Condamné à ce titre p l'Inquisition, le physic abjura en s'écriant : « pourtant, elle tourne !

2. Un rapport nouveau au savoir

- **La référence à la culture antique**. Redevables aux Anciens dont ils restaurent les textes dans leur pureté, les humanistes cherchent à mieux connaître et comprendre l'Antiquité pour, à terme, se constituer une culture propre.
- La **rénovation des savoirs** s'incarne dans les grandes figures de l'érudition, tel Érasme de Rotterdam, féru de pédagogie et conseiller de l'empereur Charles Quint.
- Les **collèges, lieux privilégiés de la diffusion collective des connaissances**, se développent parallèlement au préceptorat qui prend en charge l'instruction des Grands.

C La référence à l'Antiquité

1. Le legs antique

- La **culture gréco-latine** s'offre aux lettrés comme une source où puiser à la fois des modèles d'inspiration et des formes dans lesquelles couler leurs aspirations nouvelles.
- Les **citations d'auteurs de la littérature grecque et latine** abondent sous la plume des humanistes, qui manifestent ainsi leur admiration et leur dette à l'égard des Anciens.
- Les **genres de la littérature antique** sont réactivés : ode et hymne en poésie, tragédie au théâtre.

ZOOM

La figure humaniste du savant

▲ Antonello da Messina, *Saint Jérome dans son cabinet de travail* (1475).

▶ Cette huile sur toile réalisée en plein quattrocento met en scène la figure humaniste du **savant lettré** (saint Jérôme est l'auteur de la Vulgate, traduction en latin de la Bible).

▶ Représenté **au centre du tableau**, il n'apparaît nullement distrait par le spectacle du monde extérieur figuré à l'arrière-plan. Concentré sur sa lecture, il prend place sur une **estrade**, symbole de sa hauteur de vue et de son élévation spirituelle.

▶ Représentés au **premier plan**, le **paon**, image de vanité, et la **perdrix**, incarnation du démon, sont comme mis à l'écart de la scène principale : ils suggèrent que le travail de l'intellectuel permet de tenir ces tentations à distance.

2. Vers un renouveau des formes

L'**émergence d'une littérature en français** accompagne ce retour aux sources : il s'agit de doter la France d'une langue culturelle autonome. Dans son ouvrage ***Défense et illustration de la langue française***, Du Bellay redonne au français ses lettres de noblesse, digne selon lui de fonder une littérature.

III Les genres

A La poésie, grand genre renaissant

1. Les grands rhétoriqueurs

- La **réactivation des formes en usage au Moyen Âge (ballade et rondeau)** leur permet d'imposer leur art de rimer au début du XVIe siècle. Poètes de cour, ils en célèbrent les amours et les hauts faits. Virtuoses du langage, ils se livrent à divers jeux avec la matière poétique, dans lesquels leurs détracteurs ne voient qu'un divertissement gratuit.

- **Clément Marot** (1496-1544) se fait leur héritier direct dans ses épîtres et épigrammes ; il donne cependant un tour plus personnel à ses vers.

> Une **épître** désigne une lettre en vers.
> Une **épigramme** est un court poème satirique.

2. L'école de Lyon

- Elle doit son nom à la ville, où foisonnent à la Renaissance les **cercles poétiques**.

- **Louise Labé** (1524-1566) et **Maurice Scève** (1501-1560) en sont les deux principaux représentants : la première exploite les ressources du lyrisme empreint de sensualité ; le second propose une vision sublimée de l'amour.

3. La Pléiade

- Ce **groupe de sept poètes**, en référence au nombre d'étoiles de la constellation du même nom, se donne pour mission de promouvoir une **poésie en français** ; il se nourrit aux sources gréco-latines et met à l'honneur le sonnet.

- **Du Bellay** (1491-1543) et **Ronsard** (1524-1585), entre autres, définissent une **nouvelle conception de la poésie** : loin d'être seulement au service des grands, elle fait accéder le poète à l'éternité.

4. La poésie engagée

Les **guerres de Religion** lui donnent son acte de naissance. **Ronsard** se fait le champion du parti catholique. **Agrippa d'Aubigné** (1552-1630), du côté protestant, livre avec *Les Tragiques* une peinture pathétique et violente du royaume divisé.

B Le genre narratif, entre brièveté et prolixité

1. La nouvelle

■ Elle synthétise en elle la **triple influence de l'Antiquité, du Moyen Âge et de la Renaissance italienne**. Genre en prose, elle se présente comme un court récit réaliste qui vise à l'édification des lecteurs.

■ **Marguerite de Navarre** en offre le modèle avec l'***Heptaméron*** : enchâssée dans une histoire cadre, chaque nouvelle du recueil est suivie d'une discussion à visée interprétative entre le narrateur et ses auditeurs.

2. L'œuvre romanesque de Rabelais

Rabelais (1494-1553) donne vie à deux géants éponymes, ***Pantagruel*** (1532) et ***Gargantua*** (1534). En mettant l'accent sur leur formation, l'auteur expose les **principes et valeurs de l'humanisme**. Derrière le comique et le grotesque des situations, le lecteur est invité à s'initier à une forme de sagesse.

C Le théâtre, entre continuité et rupture

■ Le **théâtre religieux** persiste à la Renaissance sous les formes médiévales du mystère et du miracle. Le genre de la moralité se charge de dispenser l'enseignement des valeurs chrétiennes.

■ Le **théâtre comique** se diversifie à la Renaissance, même si persistent la sotie, drame didactique et burlesque, et la farce. Parallèlement se développe une comédie où se combinent les apports de la dramaturgie antique et de la *commedia dell'arte* (comédie italienne dans laquelle seul le canevas était fixé par avance, laissant ainsi la possibilité aux acteurs d'improviser sur scène).

■ Le **théâtre tragique** emprunte sa forme à l'Antiquité et ses sujets à la Bible.

D Les *Essais* de Montaigne, à la frontière des genres

1. Une œuvre en suspens

■ La **publication des *Essais*** en trois livres s'étale de 1580 à 1595, l'auteur procédant au fil des ans à des ajouts successifs.

■ Mettant à l'épreuve ses jugements, l'essayiste met à mal les certitudes : l'optimisme confiant des débuts de l'humanisme, malmené par la barbarie coloniale et les guerres de Religion, a laissé la place chez lui au **doute sceptique**.

> Les ***Essais*** de Montaigne donnent naissance à un genre littéraire : sans commencement ni fin, ils sont parcourus de multiples digressions et retours du texte sur lui-même, et mêlent les différents registres.

2. Une œuvre singulière

Ouvrage hybride, les *Essais* mêlent des éléments proprement autobiographiques et des réflexions diverses. Œuvre proprement inouïe dans le siècle, elle fait entendre un moi qui se prend comme matière de ses écrits.

IV Les thèmes

A La perfectibilité de la nature humaine

1. La confiance en l'homme

- La **foi dans la capacité de l'homme à progresser** s'affirme nettement en littérature : les auteurs font de leurs textes une tribune où défendre les idéaux de l'humanisme, de l'esprit de tolérance au devoir de clémence politique en passant par le dépassement des particularismes *via* des utopies.

Modèle imaginaire de cité parfaite, l'**utopie** contient toujours une visée critique de la société de son auteur Thomas More invente mot et le modèle avec *Utopie* en 1516.

- **Un esprit sain dans un corps sain**. Les humanistes prônent le développement intellectuel mais aussi corporel. Rabelais plaide ainsi pour une éducation au grand air encourageant l'exercice physique.

C'est la traduction de l'adage antique *Mens sana in corpore sano*, que suivent les humanistes.

2. L'éducation

- **La pédagogie et la culture**. C'est à elles que revient la tâche de hisser par degrés l'humanité. Il s'agit de former un homme « mêlé » selon l'expression de Montaigne, c'est-à-dire accompli, ouvert, cultivé. L'**idéal de l'honnête homme** se forge alors : savant sans être cuistre, poli sans être trop policé.
- L'**enseignement des humanités**, entre autres, doit permettre cet épanouissement loin de toute étude rébarbative.

B L'idéal de pureté

1. Le retour aux sources

- **Dans les lettres**, il s'affirme dans le rapport aux textes de l'Antiquité gréco-latine : les écrivains de la Renaissance se réfèrent aux originaux.
- **Au plan religieux**, les évangélistes cherchent à restituer la parole biblique dans son authenticité ; de là procèdent les multiples traductions du Livre sacré.
- Les **tenants de la Réforme** affirment encore plus avant cet idéal de pureté : ils condamnent les mœurs du clergé romain au nom d'une morale chrétienne épurée.

2. Les mythes

▪ La **littérature amoureuse** fait sienne la volonté de tirer vers davantage de spiritualité les penchants du cœur humain, rejoignant par là la **représentation mythique de l'amour conçue par Platon**.

▪ La **découverte du nouveau monde** et, avec lui, celle de peuples non pervertis par les usages de la civilisation, conduit à la **construction du mythe du « bon sauvage »**.

Platon conçoit l'amour comme une quête de l'unité perdue, qui aboutit à la contemplation de la Beauté absolue.

C La nature

1. Un modèle à suivre

▪ Commune à tous les hommes, considérée comme leur mère à tous, la nature s'offre comme une **matrice sur laquelle régler les comportements humains**.

▪ L'**exemple des peuples dits sauvages** enseigne aux Européens les ressources inexplorées que la nature recèle, mais aussi la nécessité de se rapprocher d'elle.

2. Un règne à observer

▪ La nature apparaît comme un **champ d'investigation et d'expérimentation scientifiques**.

▪ Le domaine naturel se donne aussi comme un **lieu d'épanouissement du corps et de l'esprit** qui trouve en lui un guide spirituel à respecter.

RÉCAPITULONS

▪ Si les limites du mouvement humaniste apparaissent étendues, sinon floues, celles de son inscription dans l'espace s'accordent bien avec les frontières de l'Europe.

▪ Grâce à la circulation des idées et des formes, on retrouve ainsi, d'un pays à l'autre, le même effort pour diffuser la culture antique, mettre les grands textes à la portée de tous et consacrer à l'individu une place de choix.

▪ C'est sans doute cette fondation d'une communauté esthétique et éthique transcendant la diversité des États qui explique la dimension universelle acquise par l'humanisme.

Repérer et analyser les références à l'Antiquité dans un texte humaniste

LA DÉMARCHE

Les humanistes citent, imitent et commentent les textes antiques pour manifester leur dette à l'égard de leurs aînés et donner essor à leur propre réflexion. Dans un texte humaniste, vous devez donc repérer les références gréco-latines afin d'en mesurer le sens et la portée.

- Commencez par **lister les références**. Attention, certaines d'entre elles sont implicites et doivent être retrouvées par le lecteur, à partir des indications du paratexte ou grâce à ses connaissances personnelles.
- Dans un second temps, **analysez** ces références et **interprétez**-les : que signifient-elles ? Qu'apportent-elles au propos de l'auteur ?

L'EXEMPLE COMMENTÉ

Lisez ce sonnet de Ronsard, qui reprend le thème du *Carpe diem* (« Cueille le jour présent ») apparaissant chez Horace.

références à l'Antiquité

« Quand vous serez bien vieille, au soir, à la chandelle,
Assise auprès du feu, dévidant et filant[1],
Direz, chantant mes vers, en vous émerveillant :
« Ronsard me célébrait du temps que j'étais belle ! »

Lors vous n'aurez servante oyant telle nouvelle,
Déjà sous le labeur à demi sommeillant,
Qui au bruit de Ronsard ne s'aille réveillant,
Bénissant votre nom de louange immortelle.

Je serai sous la terre et fantôme sans os,
Par les ombres myrteux je prendrai mon repos ;
Vous serez au foyer une vieille accroupie,
Regrettant mon amour et votre fier dédain.
Vivez, si m'en croyez, n'attendez à demain :
Cueillez dès aujourd'hui les roses de la vie.

Pierre de Ronsard, *Sonnets pour Hélène* (1578).

1 Allusion à l'activité de l'une des Parques, vieilles femmes décidant de la destinée des hommes chez les Grecs.

I Identifier les références

Les mentions en toutes lettres. « Les ombres myrteux » renvoient au myrte, arbre consacré à Vénus et symbole de gloire dans l'Antiquité.

Les repères donnés en notes. La figure d'Hélène, dont le prénom même fait allusion à Homère, prend dès l'ouverture les traits d'une fileuse. La note nous invite à voir dans cette activité une référence à l'une des Parques, vieilles femmes qui, chez les Grecs, décidaient des destinées humaines. Il s'agirait de Clotho, qui tient la quenouille et file la destinée au moment de la naissance.

L'aide du paratexte. La consigne place le texte dans l'héritage du poète latin Horace. La devise « cueillir le jour », qui apparaît dans ses *Odes*, se retrouve en effet comme traduite dans le vers de chute de ce poème. Elle exprime la nécessité de profiter du moment présent en raison de la brièveté de l'existence.

La constitution d'une culture personnelle. La pratique d'un dictionnaire de la mythologie vous permet de mettre au jour la représentation symbolique de la mort qui hante ce poème. Les vers 9 et 10 sont ainsi peuplés de termes qui relèvent de son champ lexical : « sous la terre », « fantôme », « ombres myrteux » et « repos ».

II Analyser et interpréter les références antiques

Une représentation symbolique de la mort. La référence aux Parques et aux fils qu'elles tissent, ainsi que la densité des termes référant à la mort soulignent l'inéluctabilité de la fin de la vie. Celle-ci obéit à une représentation mythologique, qui voit le poète se reposer à l'ombre des myrtes, consacrés à Vénus et symboles de gloire dans l'Antiquité, en un séjour quiet. C'est dans cette perspective qu'il faut comprendre l'exploitation du sens symbolique des mots. « Au soir », mis en relief par sa place en début du second hémistiche au vers 1 et placé entre virgules, doit s'interpréter au-delà de l'opposition avec le jour : c'est le soir de la vie.

Le renouvellement d'un thème antique. Dans la chute de son sonnet où le complément du nom « vie » explicite la métaphore des roses, Ronsard reprend donc à son compte un thème antique répertorié ; néanmoins, il en infléchit le sens originel, teintant son propos d'humour, puisqu'il s'agit bien par ce poème de convaincre la dame d'accorder ses faveurs.

SE TESTER QUIZ

1 Qu'est-ce que la Réforme ?

☐ **a.** Le mouvement littéraire et culturel qui voit le jour à la Renaissance.

☐ **b.** La décision politique qui prend acte de la diversité confessionnelle française et met fin au principe de foi unique dans le royaume.

☐ **c.** La doctrine religieuse fondée par Luther, selon laquelle, contre le dogme catholique, l'homme ne prend aucune part à son salut.

2 Quel événement marque l'année 1492 ?

☐ **a.** L'invention de l'imprimerie par Gutenberg.

☐ **b.** La découverte de l'Amérique par Christophe Colomb.

☐ **c.** L'entrée de la France dans les guerres de Religion.

3 Quel(s) genre(s) littéraire(s) montre(nt) la dette humaniste envers l'Antiquité ?

☐ **a.** La tragédie.

☐ **b.** Le sonnet.

☐ **c.** La ballade et le rondeau.

4 Comment la nature est-elle envisagée par la Renaissance ?

☐ **a.** Comme une divinité à révérer.

☐ **b.** Comme un faire-valoir de la civilisation.

☐ **c.** Comme un champ d'observation à même d'orienter l'action humaine.

S'ENTRAÎNER

5 Lisez le texte ci-contre puis répondez aux questions.

a. Quels progrès et valeurs de l'humanisme ce texte met-il en avant ?

b. En quel sens cette lettre manifeste-t-elle la confiance de Gargantua dans la nature humaine ?

On entend par **valeur** les principes guidant l'humanisme ; par **progrès**, aussi bien les améliorations qui ont encouragé l'épanouissement de l'esprit humaniste que les évolutions auxquelles l'humanis a lui-même donné lie

Le géant Gargantua écrit à son fils Pantagruel une lettre dans laquelle il décrit le programme d'éducation idéal qu'il forme pour lui.

« Maintenant toutes les disciplines sont rétablies, et l'étude des langues instituée : le grec, sans lequel c'est une honte qu'on se prétende savant, l'hébreu, le chaldéen et le latin ; l'imprimerie, qui fournit des livres si élégants et si corrects, est en usage, elle qui a été inventée de mon vivant par une inspiration divine, alors qu'au contraire l'artillerie l'a été par une suggestion diabolique. Le monde entier est plein de gens savants, de précepteurs très doctes, de bibliothèques très importantes, au point que, me semble-t-il, ni au temps de Platon, ni en celui de Cicéron, ni en celui de Papinien, on ne pouvait étudier si commodément que maintenant, et désormais on ne devra plus se montrer en public ni en société, si l'on n'a pas été bien affiné dans l'atelier de Minerve. [...]

C'est pourquoi, mon fils, je t'engage à employer ta jeunesse à bien progresser en savoir et en vertu. Tu es à Paris, tu as ton précepteur Epistémon : l'homme par un enseignement direct et de vive voix, la ville par de louables exemples, ont pouvoir de te former.

J'entends et je veux que tu apprennes parfaitement les langues : premièrement le grec, comme le veut Quintilien ; deuxièmement le latin ; puis l'hébreu pour les Saintes Lettres, le chaldéen et l'arabe pour la même raison ; et que tu formes ton style sur celui de Platon pour le grec, sur celui de Cicéron pour le latin. [...] Des arts libéraux : géométrie, arithmétique et musique, je t'en ai donné le goût lorsque tu étais encore jeune, à cinq ou six ans ; achève le cycle ; en astronomie, apprends toutes les règles [...].

Du droit civil, je veux que tu saches par cœur les beaux textes et que tu me les mettes en parallèle avec la philosophie.

Et quant à la connaissance de l'histoire naturelle, je veux que tu t'y adonnes avec zèle [...].

Puis relis soigneusement les livres des médecins grecs, arabes et latins, sans mépriser les Talmudistes et les Cabalistes et, par de fréquentes dissections, acquiers une connaissance parfaite de cet autre monde qu'est l'homme. Et pendant quelques heures du jour, va voir les saintes Lettres : d'abord, en grec, le Nouveau testament et les Épîtres des apôtres puis, en hébreu, l'Ancien Testament. [...]

D'Utopie, ce dix-septième jour du mois de mars, ton père, Gargantua.

Rabelais, « Pantagruel », *Œuvres complètes* (éd. Guy Demerson),
© Éd. du Seuil, 1973 et 1995.

OBJECTIF BAC

Entraînement à l'épreuve orale

6 En quoi le texte suivant relève-t-il de l'humanisme ?

POUR VOUS AIDER

- Évitez de livrer un inventaire des caractéristiques de l'humanisme.
- Vous pouvez d'abord retenir les traits formels et les thèmes qui rattachent l'extrait au mouvement humaniste pour ensuite apporter une réponse nuancée à la question posée. L'humanisme embrasse en effet des tendances contrastées, voire contradictoires, que ce texte met en évidence : quels doutes viennent contrebalancer l'esprit de confiance mis en l'homme ?

Dans le chapitre intitulé « Des Cannibales », Montaigne prend pour objet de réflexion les Indiens du Brésil, dont les usages apparaissent « barbares » aux Européens.

« Or je trouve [...] qu'il n'y a rien de barbare et de sauvage en cette nation, à ce qu'on m'en a rapporté, sinon que chacun appelle barbarie ce qui n'est pas de son usage ; comme de vrai, il semble que nous n'avons autre mire[1] de la vérité et de la raison que l'exemple et l'idée des opinions et usances du pays où nous sommes. Là est toujours la parfaite religion, la parfaite police, parfait et accompli usage de toutes choses. Ils sont sauvages, de même que nous appelons sauvages les fruits que nature, de soi et de son progrès ordinaire, a produits : là où, à la vérité, ce sont ceux que nous avons altérés par notre artifice, et détournés de l'ordre commun, que nous devrions appeler plutôt sauvages. En ceux-là sont vives et vigoureuses les vraies et plus utiles et naturelles vertus et propriétés, lesquelles nous avons abâtardies en ceux-ci, et les avons seulement accommodées au plaisir de notre goût corrompu. Et si pourtant[2], la saveur même et délicatesse se trouve à notre goût excellente, à l'envi des nôtres, en divers fruits de ces contrées-là sans culture. Ce n'est pas raison que l'art gagne le point d'honneur sur notre grande et puissante mère Nature. Nous avons tant rechargé la beauté et richesse de ses ouvrages par nos inventions, que nous l'avons du tout étouffée. Si est-ce que[3], partout où sa pureté reluit, elle fait une merveilleuse honte à nos vaines et frivoles entreprises,

Et veniunt ederae sponte sua melius,
Surgit et in solis formosior arbutus antris,
Et volucres nulla dulcius arte canunt[4].

Tous nos efforts ne peuvent seulement arriver à représenter le nid du moindre oiselet, sa contexture, sa beauté et l'utilité de son usage, non pas la tissure de la chétive araignée. Toutes choses, dit Platon, sont produites par la nature, ou par la fortune, ou par l'art ; les plus grandes et plus belles, par l'une ou l'autre des deux premières ; les moindres par la dernière.

Montaigne, *Essais* (1580-1588-1595), livre I, chap. 31 (extrait), orthographe modernisée, © Gallimard, 1962.

1 **Mire** : moyen d'apercevoir. 2 **Et si pourtant** : et malgré tout. 3 **Si est-ce que** : pourtant. 4 « Le lierre vient mieux quand il vient de lui-même, / L'arbouse croît plus belle aux antres solitaires, / Et les oiseaux sans l'art n'en ont qu'un chant plus doux. » Properce (*Élégies*, II, 10-12).

SE TESTER

1 Réponse **c.** **2** Réponse **b.** **3** Réponse **a.** **4** Réponse **c.**

S'ENTRAÎNER

5 **a.** ▪ Le texte prend acte de la **restauration des humanités**, héritées des civilisations antiques, et fait état de la révérence de l'époque humaniste à l'égard de leurs auteurs, dont la **lecture directe** est recommandée.

▪ La mention de l'imprimerie, la référence à un idéal de concorde, l'insistance sur la féminisation et la démocratisation des études mettent en avant les avancées de la Renaissance et rejoignent encore les préoccupations de l'humanisme.

▪ Enfin, la place faite à la matière concrète, à la nature et à sa compréhension, révèle l'intériorisation de normes nouvelles propres à la pensée humaniste, pour qui l'homme est tout autant un être de culture qu'une entité naturelle.

b. ▪ La lettre de Gargantua à son fils manifeste une **véritable confiance de sa part dans la nature humaine**. Elle place le jeune Pantagruel devant un vaste champ de connaissances. Le père enjoint à son fils de s'adonner à l'étude des matières les plus diverses. L'emploi récurrent de l'injonction (impératifs, répétition de la formule « je veux ») montre que le père ne doute pas de la capacité de son enfant à s'instruire.

> **Appuyez votre démonstration** sur les marques lexicales, grammaticales et stylistiques : la confiance que Gargantua met dans la nature humaine se manifeste aussi sur le plan formel.

De plus, en vantant les mérites de l'imprimerie et en se réjouissant de la désuétude dans laquelle est tombée l'artillerie, il exprime sa confiance dans l'**idéal pacifique** forgé par la Renaissance.

OBJECTIF BAC

6 *Voici un exemple de plan que vous pourriez développer à l'oral pour répondre à la question.*

Pour qualifier l'humanisme tel qu'il s'exprime à travers ce texte, on analysera en premier lieu les nombreuses références antiques comprises dans le texte, puis on s'attachera à montrer qu'il met l'homme au cœur de la réflexion qu'il institue pour, enfin, étudier le renouvellement de la pensée humaniste.

I. De multiples emprunts à l'Antiquité gréco-romaine

1. Le recours à l'étymologie. « Barbare » (au sens des Grecs), « sauvage » (référence à l'étymologie latine : *silva*, « la forêt »), « nature » (allégorie maternelle et catachrèse déjà présentes chez les philosophes antiques).

La **catachrèse** est une métaphore lexicalisée (passée dans le langage courant) : « mère Nature ».

2. Les citations grecques et latines. Properce, Platon.

3. La référence aux philosophies antiques. Stoïcisme, épicurisme, syncrétisme (opposition entre plaisirs naturels nécessaires et plaisirs artificiels superflus).

Un **syncrétisme** est un mélange cohérent de doctrines.

II. Une réflexion attentive à l'humain

1. Un titre à valeur programmatique. « Des Cannibales ».

2. Une pensée ancrée dans le siècle et à portée universelle. Réflexions sur la colonisation et sur les rapports entre nature et culture (supériorité donnée à la première avec la caution de Platon : la perfection de l'infiniment petit dans la nature prouve la misère radicale de l'artifice humain).

3. Une foi affirmée en l'homme. Confiance dans le témoignage humain (« à ce qu'on m'en a rapporté » : référence au compagnon de Villegagnon, un voyageur parti en expédition pour l'Amérique du Sud) et les « vertus » des sauvages (ignorance des artifices corrupteurs de la civilisation).

III. Des thèmes nouveaux

1. La nature conçue comme un guide spirituel. Tout ce qui relève de la technique apparaît inférieur à « notre grande et puissante mère Nature », formulations dont tous les termes emphatiques réfèrent implicitement à Lucrèce et rabaissent la prétention humaine à rivaliser par la technique et l'art avec la perfection de la nature.

2. **Le refus d'une norme** (religieuse, sociale, culturelle, littéraire) **et la promotion du relativisme**.

3. **Humilité et prudence**. La répétition ironique de « parfaite » invalide la certitude, exprimée dans le discours indirect libre, que la colonisation se justifie au nom de la seule religion possible.

Conclusion

L'extrait porte bien la marque de l'humanisme : à travers une série de références à l'Antiquité, Montaigne élabore une réflexion sur l'homme considéré à la fois sous l'angle de la civilisation et de la « sauvagerie ». Cependant, ce texte assure aussi la promotion de thèmes étrangers au premier humanisme : le culte de la nature et le refus d'une pensée normée. C'est donc à un humanisme ouvert, prudent et conscient de ses limites que l'essayiste invite.

Ce **relativisme** des coutumes défendu par l'essayiste a nourri toute une tradition qui aboutit, au XVIIe siècle, à Pascal : « Vérité en deçà des Pyrénées, erreur au-delà », et jusqu'au siècle des Lumières dans son intérêt pour les sauvages.

www.annabac.com

CHAPITRE

13 Les réécritures (série L)

Le terme *réécriture* caractérise le rapport qui unit un texte à un autre dont il est issu ; désigner un texte comme une réécriture, c'est donc expliciter le fait que, pour l'*écrire*, l'auteur s'est directement inspiré d'autres textes qu'il a *réécrits*. Mais toute écriture, dans la mesure où elle ne saurait être entièrement nouvelle, n'est-elle pas par essence réécriture ? L'écriture littéraire se situe donc entre originalité et réécriture, deux pôles contradictoires mais impliqués l'un par l'autre.

I Les visées de la réécriture

Lorsqu'on se trouve face à un texte qui délibérément en réécrit un autre, on peut se demander quelles raisons ont poussé l'auteur à se fonder sur l'œuvre d'un autre pour produire la sienne. **Pourquoi réécrit-on un texte ?** Que cherche-t-on à faire, lorsqu'on écrit à partir d'un texte préexistant ?

A La réécriture comme hommage ou critique

- La réécriture peut d'abord chercher, de manière évidente, à rendre hommage à son modèle : en s'inspirant du texte source (le texte qu'il réécrit), l'auteur montre l'**admiration** qu'il lui voue et l'**estime** dans laquelle il tient son auteur.

  Ainsi, l'*Ulysse* de Joyce est d'abord un hommage rendu à l'*Odyssée* d'Homère.

- À l'inverse, dans les réécritures comiques, lorsque l'auteur cherche à tourner en dérision le style ou les thèmes de l'œuvre qu'il réécrit, par exemple par l'intermédiaire du pastiche ou de la parodie, sa réécriture relève de l'**attaque polémique**.

  Ainsi, l'*Homère travesti* de Marivaux (1717) fut qualifié de « forfait littéraire » par l'encyclopédiste d'Alembert, signe que cette parodie mettait à mal l'autorité de l'*Iliade* en la transposant en « vers burlesques ».

Écrit par l'Irlandais James Joyce, ***Ulyss*** (1922) est un roman qui raconte la journée ordinaire de deux personnages déambulant dans Dublin, Leopold Bloo (double d'Ulysse) et Stephen Dedalus (double de Télémaq

B La réécriture comme interprétation

Plus largement, et de manière plus diffuse, la réécriture relève aussi d'une démarche herméneutique, par laquelle son auteur construit et exprime son **interprétation du texte source**. Puisque le principe même de la réécriture est d'être produite à partir d'un texte source, on peut considérer qu'elle est toujours aussi un **discours sur ce texte source**, et donc qu'elle cherche à construire le sens de ce dernier, en même temps que le sien propre. L'*Ulysse* de Joyce apparaît donc aussi comme une interprétation de l'*Odyssée*.

> L'**herméneutique** est l'art d'interpréter les textes et les symboles. Elle tire son nom du dieu grec Hermès, qui était le messager et l'interprète des dieux.

Ainsi, les textes **les plus riches et les plus mystérieux** sont aussi **les plus souvent réécrits** : l'œuvre de la poétesse grecque Sappho ne nous est parvenue que sous forme de fragments incomplets, et bon nombre de poètes, jusqu'aux plus contemporains, se la sont appropriée pour en donner leur version, autrement dit leur interprétation.

C La réécriture comme création

Malgré tout, et au risque du paradoxe, il ne faut pas limiter l'ambition de la réécriture au simple fait qu'elle soit une **écriture seconde**, fondée sur une autre écriture déjà advenue : la réécriture s'appuie sur une autre œuvre, certes, mais **pour en créer une nouvelle**.

En ce sens, elle est aussi créatrice, et n'apparaît pas comme le perpétuel ressassement auquel on voudrait parfois la limiter. L'*Ulysse* de Joyce est clairement une **œuvre à part entière**, distincte de l'*Odyssée*.

II Les différents types de réécriture

On peut réécrire une œuvre de différentes façons : certains font une **rapide allusion** à un passage très bref du texte source, d'autres au contraire le réécrivent **totalement** ; parfois on en **reproduit** un passage tel qu'il a été écrit, parfois, à l'inverse, on le **transforme** au point que le texte source est à peine décelable dans sa réécriture.

Il faut donc dresser une typologie des **différentes formes de réécriture**, en les classant selon les deux grandes catégories de l'intertextualité et de l'hypertextualité.

> Dans *Palimpsestes* (1982), Gérard Genette inclut l'**intertextualité** et l'**hypertextualité** dans la notion plus large de transtextualité, désignant tout ce qui met un texte « en relation, manifeste ou secrète, avec d'autres textes ».

ZOOM

Les principaux mythes et leurs réécritures

	Première version écrite	Réécritures
Ulysse	Homère, *Odyssée*, VIIIe siècle av. J.-C.	▶ Virgile, *Énéide*, 29-19 av. J.-C. ▶ Benoît de Sainte-Maure, *Roman de Troie*, vers 1165 ▶ Dante, *L'Enfer*, XIVe siècle ▶ Scarron, *Virgile travesti*, 1652 ▶ Fénelon, *Les Aventures de Télémaque*, 1699 ▶ Marivaux, *Homère travesti*, 1717 ▶ Joyce, *Ulysse*, 1922 ▶ Giono, *Naissance de l'Odyssée*, 1937 ▶ Angelopoulos, *Le Regard d'Ulysse* (film), 1995 ▶ Joel et Ethan Coen, *O Brother, Where Art Thou?* (film), 2000
Faust	Johann Spiess, *Histoire de Johann Fausten*, 1587	▶ Marlowe, *La Tragique Histoire du docteur Faust*, 1588 ▶ Lessing, *Faust*, 1780 ▶ Goethe, *Faust* I (1808) et *Faust* II (1832) ▶ Berlioz, *La Damnation de Faust* (opéra), 1846 ▶ Gounod, *Faust* (opéra), 1859 ▶ Murnau, *Faust* (film), 1926 ▶ Mann, *Docteur Faustus*, 1947 ▶ Clair, *La Beauté du diable* (film), 1949 ▶ De Palma, *Phantom of the Paradise* (film), 1974 ▶ Joel et Ethan Coen, *Barton Fink* (film), 1991
Dom Juan	Tirso de Molina, *Le Trompeur de Séville et le Convive de pierre*, 1625	▶ Molière, *Dom Juan ou le Festin de pierre*, 1665 ▶ Mozart et Da Ponte, *Don Giovanni* (opéra), 1787 ▶ Lord Byron, *Don Juan, satire épique*, 1819-1824 ▶ Baudelaire, « Don Juan aux Enfers », *Les Fleurs du Mal*, 1857 ▶ Jarmush, *Broken Flowers* (film), 2005
Robinson Crusoé	Daniel Defoe, *Robinson Crusoé*, 1719	▶ Wyss, *Robinson Suisse*, 1812 ▶ Verne, *L'Île mystérieuse*, 1875 ▶ Giraudoux, *Suzanne et le Pacifique*, 1921 ▶ Buñuel, *Robinson Crusoé* (film), 1954 ▶ Tournier, *Vendredi ou les Limbes du Pacifique*, 1967

A L'intertextualité

On appelle **intertextualité** (ou **coprésence**) la présence dans un texte d'un ou de plusieurs autres textes. Cette présence peut être **explicite et directe** (dans le cas de la citation) ou **implicite et indirecte** (dans le cas de l'allusion), mais le lien intertextuel se définit dans tous les cas par l'**inclusion du texte source dans sa réécriture**.

1. Citation, référence et allusion

- Les cas les plus évidents d'intertextualité sont ceux dans lesquels la réécriture consiste en l'**évocation directe d'un autre texte**.

- Ce renvoi au texte source peut être **explicite** : c'est le cas de la **citation** (un passage du texte source est reproduit sans aucune transformation, comme souvent dans les *Essais* de Montaigne) et de la **référence** (mention du nom de l'auteur et du titre de son œuvre, sans citation).

- Mais le plus souvent, le renvoi est **implicite**, empruntant les voies de l'**allusion** : la réécriture évoque le texte source sans le citer ni indiquer son titre ou le nom de son auteur.

2. Interprétation et traduction

- À la marge de l'intertextualité se trouvent deux **réécritures scientifiques** du texte source : l'**interprétation** (comme dans le commentaire) a pour vocation de le commenter et d'en dégager le sens, et la **traduction** permet de le transposer dans une langue qui n'est pas la sienne.

  Ainsi, le roman de William Faulkner intitulé *The Sound and the Fury* (1929) est à l'origine de nombreuses réécritures scientifiques, comme *Le Bruit et la Fureur* (la **traduction** française de Maurice-Edgar Coindreau en 1938) ou « La temporalité chez Faulkner », article de 1939 dans lequel Jean-Paul Sartre propose une **interprétation** du roman.

- On peut considérer qu'il s'agit dans les deux cas d'un *lien intertextuel*, puisque ces deux réécritures contiennent tout ou partie du texte source.

3. Le plagiat : limites de l'intertextualité

Enfin, le cas limite du lien intertextuel est le **plagiat** ou la **contrefaçon**, puisque dans les deux cas on inclut le texte source dans sa réécriture au point de le recopier, sans presque le transformer. Le plagiat est donc à la fois la réécriture parfaite et la disparition même de la réécriture.

Le **plagiat** est une pratique frauduleuse punie par la loi, puisque la réécriture dissimule son statut de réécriture et se fait passer pour un texte original.

B L'hypertextualité

À l'inverse de l'intertextualité, l'**hypertextualité** se définit par l'**absence du texte source dans la réécriture** : cette dernière se fonde certes sur le texte source, mais s'en éloigne pour créer un objet partiellement indépendant. Alors que le lien intertextuel était un rapport d'inclusion, le lien hypertextuel est un rapport de **dérivation du texte source dans sa réécriture**.

1. Amplifier, résumer

- Le premier type de réécriture hypertextuelle consiste dans la modification du texte source par amplification ou, au contraire, par réduction : l'auteur de la réécriture peut en effet choisir de **développer tel épisode du texte source** pour lui donner une importance qu'il n'avait pas, comme il peut décider d'**amputer le texte source de quelques épisodes**, qu'il aura jugés sans intérêt ou sans valeur.

  Ainsi, la descente aux Enfers n'est qu'un bref épisode de l'*Odyssée* d'Homère ; elle est plus développée dans la réécriture qu'en propose l'*Énéide* de Virgile, et devient le sujet central de *La Divine Comédie* de Dante.

- Qu'il s'agisse d'amplifier ou de résumer, l'auteur de la réécriture s'inspire du texte source pour créer un **nouveau texte** qui ne se confond pas avec lui, même s'il en est dérivé.

2. Imiter

- Un autre type de réécriture hypertextuelle réside dans l'imitation : l'auteur réécrit le texte source en **mimant son style** (exemple des pastiches de Reboux et Muller), en **caricaturant son registre et ses procédés**, voire en **poursuivant l'histoire** là où elle s'est arrêtée dans le texte source.

- Dans tous les cas, il y a hypertextualité dans la mesure où l'imitation crée un **objet dérivé**, mais **indépendant du modèle original**.

Entre 1908 et 1913, Paul **Reboux** et Charl[es] **Muller** écrivirent *À la manière de...*, recueil [de] pastiches et de charg[es] tournant en dérision le style d'écrivains célèbres.

3. Transformer

- Enfin, la réécriture hypertextuelle peut prendre la forme d'une transformation : au lieu de se rapprocher du texte source en l'imitant, la réécriture s'en éloigne en le transformant, en **changeant radicalement son style, son genre, son registre**...

  Quand Joyce réécrit Homère, il opère une profonde transformation du texte source : l'épopée devient un roman, le héros (Ulysse) un personnage banal (Bloom), l'Antiquité mythique un décor réaliste de ville contemporaine.

- La dérivation atteint alors son degré maximal, car la transformation insiste sur les **différences** qui distinguent la réécriture et le texte source.

III Réécritures hypertextuelles sérieuses

Certaines réécritures poursuivent un but sérieux et ne cherchent pas à faire rire le lecteur aux dépens du texte source ; **respectueux de l'autorité du modèle** que l'on réécrit, on peut alors s'en inspirer pour le développer et le poursuivre, ou pour l'adapter en le transposant dans des catégories différentes de celles qui étaient les siennes à l'origine.

A Forgeries et continuations

- On appelle **forgerie** un texte qui en imite un autre, non pas pour en souligner les défauts, mais en hommage à sa grandeur.
- La **continuation** est un type particulier de forgerie, dans lequel l'auteur poursuit l'œuvre qu'il imite en remplissant les ellipses du récit ou en reprenant l'histoire au point où elle s'est achevée dans le texte source.

C'est le cas de Marivaux dans le *Télémaque travesti*, qui comble certaines lacunes narratives de l'*Odyssée*.

Il est alors évident que la continuation **dépend du succès et de l'autorité du modèle** : donner une suite à un texte n'a d'intérêt à priori que si l'on reconnaît sa valeur.

B Transposition

Par transposition, on entend **toute transformation sérieuse** du texte source : il ne s'agit plus ici de le continuer pour lui inventer une suite, mais de le réécrire **en changeant son genre** (une tragédie réécrite en roman), **son époque** ou **son lieu** (une intrigue de l'Antiquité grecque transposée dans la France contemporaine)…

La **transposition** est un exercice de l'écriture d'invention : il faut alors réécrire un texte du corpus en modifiant son genre, son registre, son contexte spatio-temporel…

C Réécriture de soi

- Enfin, on peut considérer comme un **cas limite de la réécriture sérieuse** les réécritures de soi-même, ou plutôt de ses propres œuvres. Le travail de la critique génétique montre que les écrivains produisent de **nombreux brouillons** avant de publier une version (à priori) définitive de leur texte : c'est donc qu'ils réécrivent eux-mêmes leur propre texte, en proposant d'infimes et nombreuses variations à chaque nouvel état du texte.

La **génétique** littéraire étudie la genèse des œuvres, c'est-à-dire les différentes étapes qui précèdent la publication de l'œuvre.

- Il arrive même qu'un auteur reprenne l'un de ses textes déjà publiés : Corneille publie une première version du *Cid* en 1637, puis la reprend et la réécrit en 1660, au point que la première version se donne comme une tragi-comédie, alors que la seconde s'annonce comme une tragédie. Ainsi, dans quelques cas exemplaires, la réécriture de soi peut même devenir **transposition de genre**.

Corneille changea notamment la dernié scène du ***Cid*** pour ter compte des attaques portées contre le personnage de Chimè dont l'amour pour le meurtrier de son père heurtait la bienséanc

IV Réécritures hypertextuelles comiques

Certains auteurs ne réécrivent pas un texte pour lui rendre hommage ou pour s'inspirer de son autorité, mais au contraire pour tourner cette dernière en **dérision**, ou plus largement pour provoquer le rire du lecteur par une transposition **comique** et inattendue.

A Le pastiche et la charge

- Le pastiche est une **forme d'imitation qui porte sur le style** du texte source : par jeu, l'auteur mime les procédés d'expression caractéristiques d'autres auteurs. Il peut même, comme Proust dans ses *Pastiches et Mélanges* (1919), raconter plusieurs fois la même histoire en adoptant à chaque nouvelle réécriture le style d'un grand auteur, dont il indique le nom.

- Le pastiche demande de très **fines connaissances stylistiques**, de la part de l'écrivain (qui doit être capable de repérer et d'analyser ce qui fait l'essence du style d'un de ses prédécesseurs) et de celle du lecteur (qui doit, pour apprécier le jeu, reconnaître le modèle ou, tout au moins, juger de la fidélité stylistique au modèle de la réécriture).

- Lorsque le pastiche se double d'une dimension **satirique** et qu'il imite le style d'un écrivain pour le tourner en dérision et en **souligner les ridicules**, on parle d'une **charge**.

B La parodie et le travestissement

- Lorsque l'auteur provoque le rire de son lecteur en **transformant** et non en imitant le texte source, on parle de **parodie** : il s'agit d'un type de réécriture par lequel l'auteur modifie le texte original en jouant sur des effets de discordance.

- La **parodie burlesque** consiste à évoquer des thèmes élevés en un style bas (comme Scarron dans le *Virgile travesti*) : la réécriture burlesque s'empare donc d'un genre noble et le dégrade.

La **parodie héroï-comique** (aussi appelée burlesque ascendant, par opposition au burlesque descendant dont on vient de voir le fonctionnement) consiste à évoquer des thèmes bas en un style particulièrement élevé, par exemple en utilisant le genre de l'épopée ou de la tragédie pour raconter une histoire grotesque ou anodine.

C'est le cas du film *O brother, Where Art Thou ?* (2000) des frères Coen, qui parodie l'*Odyssée* d'Homère à travers les aventures de trois forçats évadés à l'époque de la Grande Dépression.

Lorsque la parodie a une visée strictement satirique et que son but est de tourner en dérision le texte source, on parle de **travestissement**.

RÉCAPITULONS

Les réécritures intertextuelles

	Réécriture explicite	Réécriture implicite
Texte source présent	citation, traduction	plagiat
Texte source absent	référence, interprétation	allusion

Les réécritures hypertextuelles

	Sérieuse	Comique	Satirique
Imitation et amplification	forgerie, continuation	pastiche	charge
Transformation	transposition	parodie	travestissement

Repérer une réécriture et en analyser les effets

LA DÉMARCHE

- Il faut d'abord **repérer la réécriture** en identifiant le texte source et en explicitant les liens qui unissent le texte source à sa réécriture.
- Vous devez ensuite **préciser le type de réécriture** qui est mis en jeu : est-ce une réécriture intertextuelle ou hypertextuelle ? sérieuse ou comique ?
- Enfin, vous pouvez tenter de **déterminer les visées de cette réécriture** en expliquant pourquoi l'auteur réécrit un texte antérieur.

L'EXEMPLE COMMENTÉ

Dans *La Faute de l'abbé Mouret*, Zola raconte l'histoire de Serge Mouret, prêtre partagé entre sa vocation religieuse et son amour pour une femme, Albine. Il se réfugie avec elle dans la propriété abandonnée du Paradou.

« Un pas lourd, derrière la montagne, faisait rouler les cailloux. C'était comme l'approche lente d'un grognement de colère. Albine ne s'était pas trompée, quelqu'un était là, troublant la paix des taillis d'une haleine jalouse. Alors, tous deux voulurent se cacher derrière une broussaille, pris d'un redoublement de honte. Mais déjà, debout au seuil de la brèche, Frère Archangias les voyait. Le Frère resta un instant, les poings fermés, sans parler. Il regardait le couple, Albine réfugiée au cou de Serge, avec un dégoût d'homme rencontrant une ordure au bord d'un fossé.

« Je m'en doutais, mâcha-t-il entre ses dents. On avait dû le cacher là. »

Il fit quelques pas, il cria :

« Je vous vois, je sais que vous êtes nus… C'est une abomination. Êtes-vous une bête, pour courir les bois avec cette femelle ? Elle vous a mené loin, dites ! elle vous a traîné dans la pourriture, et vous voilà tout couvert de poils comme un bouc… Arrachez donc une branche pour la lui casser sur les reins ! […] C'est cette gueuse qui vous a tenté, n'est-ce pas ? Ne voyez-vous pas la queue du serpent se tordre parmi les mèches de ses cheveux ? Elle a des épaules dont la vue seule donne un vomissement… Lâchez-la, ne la touchez plus, car elle est le commencement de l'enfer… Au nom de Dieu, sortez de ce jardin ! »

Émile Zola, *La Faute de l'abbé Mouret* (1875).

I Repérer la réécriture

Les indices religieux nous mettent sur la voie : Zola réécrit ici un **épisode biblique**, plus précisément l'épisode de la **Genèse** qui raconte la chute du paradis. On peut ainsi relever de nombreuses similitudes entre les deux textes :

« Or ils entendirent la voix du Seigneur Dieu qui se promenait dans le jardin au souffle du jour. L'homme et la femme se cachèrent devant le Seigneur Dieu au milieu des arbres du jardin. Le Seigneur Dieu appela l'homme et lui dit : « Où es-tu ? » Il répondit : « J'ai entendu ta voix dans le paradis, j'ai eu peur, car j'étais nu, et je me suis caché. » « Qui t'a révélé, dit-il, que tu étais nu ? Est-ce que tu as mangé de l'arbre dont je t'avais prescrit de ne pas manger ? L'homme répondit : « La femme que tu as mise auprès de moi, c'est elle qui m'a donné du fruit de l'arbre, et j'en ai mangé. » Le Seigneur Dieu dit à la femme : « Qu'as-tu fait là ! » La femme répondit : « Le serpent m'a trompée et j'ai mangé. » [...] Le Seigneur Dieu dit : « Voici que l'homme est devenu comme l'un de nous par la connaissance du bonheur et du malheur. Maintenant qu'il ne tende pas la main pour prendre aussi de l'arbre de vie, en manger et vivre à jamais ! »
Le Seigneur Dieu l'expulsa du jardin d'Éden pour cultiver le sol d'où il avait été pris.

Genèse, III, 8-23, trad. œcuménique de la Bible,

La comparaison du texte source et de sa réécriture ne laisse aucun doute : Zola multiplie les **allusions au texte de la Genèse**, et ce dès le titre de l'œuvre (la « faute » commise par l'abbé Mouret ressemble au péché originel). Le lieu dans lequel Serge et Albine se réfugient a un nom prémonitoire : le « Paradou » évoque clairement le paradis de la Genèse.

II Préciser le type de réécriture

Il s'agit ici d'une **réécriture hypertextuelle sérieuse** : on ne trouve aucune trace de registre comique ou satirique. Puisque Zola transforme le texte source en le plaçant dans un autre contexte (la France du XIXe siècle, et non plus le temps mythique d'avant l'Histoire), on peut qualifier cette réécriture de **transposition**.

III Déterminer les visées de cette réécriture

Zola tente de **produire un mythe de son temps** pour, à travers lui, **critiquer les excès de la morale religieuse** et l'impossible privation à laquelle les prêtres tels que Serge doivent se soumettre.

SE TESTER QUIZ

1 Qu'est-ce que l'intertextualité ?

- ☐ **a.** Faire figurer un texte préexistant dans un nouveau texte.
- ☐ **b.** Produire un texte en mélangeant deux textes préexistants.
- ☐ **c.** Interrompre un texte pour en commencer un nouveau.

2 Qu'est-ce qu'un pastiche ?

- ☐ **a.** Un texte qui transpose un texte préexistant dans un autre contexte.
- ☐ **b.** Un texte qui imite le style d'un texte préexistant.
- ☐ **c.** Un texte qui contrefait un texte préexistant.

3 Quelles sont les intentions du travestissement ?

- ☐ **a.** Interpréter le modèle qu'il transforme.
- ☐ **b.** Rendre hommage au modèle qu'il transforme.
- ☐ **c.** Se moquer du modèle qu'il transforme.

4 En quoi consiste la parodie burlesque ?

- ☐ **a.** Elle évoque des thèmes élevés en un style bas.
- ☐ **b.** Elle évoque des thèmes bas dans un style bas.
- ☐ **c.** Elle évoque des thèmes bas en un style élevé.

S'ENTRAÎNER

5 Déterminez le type de réécriture mis en jeu dans ce texte en justifiant votre réponse par une analyse précise des rapports qu'il entretient avec ce que vous pensez être son texte source.

Dans le premier chapitre de Candide, *Voltaire raconte comment le jeune Candide est chassé du château de Thunder-ten-tronckh, véritable « paradis terrestre ».*

« [Cunégonde] rencontra Candide en revenant au château, et rougit ; Candide rougit aussi ; elle lui dit bonjour d'une voix entrecoupée, et Candide lui parla sans savoir ce qu'il disait. Le lendemain après le dîner, comme on sortait de table, Cunégonde et Candide se trouvèrent derrière un paravent ; Cunégonde laissa tomber son mouchoir, Candide le ramassa, elle lui prit innocemment la main, le jeune homme baisa innocemment la main de la jeune demoiselle avec une vivacité, une sensibilité, une grâce toute particulière ; leurs bouches se rencontrèrent, leurs yeux s'enflammèrent, leurs genoux tremblèrent, leurs mains s'égarèrent. Monsieur le baron de Thunder-ten-tronckh passa auprès du paravent, et voyant cette cause et cet effet, chassa Candide du château à grands coups de pied dans le derrière ; Cunégonde s'évanouit ; elle fut souffletée par Mme la baronne dès qu'elle fut revenue à elle-même ; et tout fut consterné dans le plus beau et le plus agréable des châteaux possibles.

Voltaire, *Candide* (1759).

OBJECTIF BAC

Entraînement à l'épreuve orale

6 Quels rapports « Le Poète et la Cigale » de Tristan Corbière entretient-il avec son texte source, « La Cigale et la Fourmi » de Jean de La Fontaine ?

POUR VOUS AIDER

- La difficulté du texte est liée à son statut de réécriture et au fait que Corbière ne cesse de jouer (avec le texte de La Fontaine, avec son propre texte, avec la tradition littéraire plus généralement). Il faut commencer par établir une liste de points communs et de différences entre le texte source (la fable de La Fontaine) et sa réécriture (le poème de Corbière qu'il faut commenter).
- À partir de là, l'enjeu est de déterminer le type de réécriture dont ce texte relève. Vous pouvez vous appuyer sur le document complémentaire pour répondre, mais n'oubliez pas que votre exposé porte d'abord et avant tout sur le poème de Corbière.
- Vous ne pouvez pas vous contenter d'identifier la réécriture et de faire ensuite la liste des similitudes entre la réécriture et son texte source : votre exposé doit obéir à un plan cohérent qui problématise la question posée.

« *À Marcelle*

Le Poète et la Cigale

Un poète ayant rimé,
IMPRIMÉ
Vit sa Muse dépourvue
De marraine, et presque nue :
Pas le plus petit morceau
De vers… ou de vermisseau.
Il alla crier famine
Chez une blonde voisine,
La priant de lui prêter
Son petit nom pour rimer.
(C'était une rime en elle)
– Oh ! je vous paîrai, Marcelle,
Avant l'août, foi d'animal !
Intérêt et principal. –
La voisine est très prêteuse,
C'est son plus joli défaut :
– Quoi : c'est tout ce qu'il vous faut ?
Votre Muse est bien heureuse…
Nuit et jour, à tout venant,
Rimez mon nom… Qu'il vous plaise !
Et moi j'en serai fort aise.
Voyons : chantez maintenant.

Tristan Corbière, *Les Amours jaunes* (1873).

DOCUMENT COMPLÉMENTAIRE

« **La Cigale et la Fourmi**

La Cigale ayant chanté
Tout l'été,
Se trouva fort dépourvue
Quand la bise fut venue :
Pas un seul petit morceau
De mouche ou de vermisseau.
Elle alla crier famine
Chez la Fourmi sa voisine,
La priant de lui prêter
Quelque grain pour subsister
Jusqu'à la saison nouvelle.
« Je vous paierai, lui dit-elle,
Avant l'Août, foi d'animal,
Intérêt et principal. »
La Fourmi n'est pas prêteuse :
C'est là son moindre défaut.
« Que faisiez-vous au temps chaud ?
Dit-elle à cette emprunteuse.
– Nuit et jour à tout venant
Je chantais, ne vous déplaise.
– Vous chantiez ? J'en suis fort aise :
Eh bien ! dansez maintenant. »

Jean de La Fontaine, *Fables* (1668).

SE TESTER

1 Réponse **a.** **2** Réponse **b.** **3** Réponse **c.** **4** Réponse **a.**

S'ENTRAÎNER

5 ■ L'extrait de *Candide* est (comme le texte de Zola dans la fiche méthode p. 202-203) une **réécriture du célèbre épisode biblique de la Genèse** qui voit Adam chassé du paradis. Le personnage éponyme joue le rôle d'Adam, alors que Cunégonde joue celui d'Ève ; ces deux personnages semblent en effet découvrir la sexualité et le plaisir physique, comme le laisse entendre l'énumération « leurs bouches se rencontrèrent, leurs yeux s'enflammèrent, leurs genoux tremblèrent, leurs mains s'égarèrent ». La chute de Candide et le fait qu'il soit chassé du « plus beau et [du] plus agréable des châteaux possibles », c'est-à-dire d'une sorte de paradis, ne laissent plus de doute sur le fait que le premier chapitre de ce conte se donne comme une réécriture de la Genèse. Le nom du baron, qui est le double de Dieu puisque c'est lui qui chasse Candide du jardin d'Éden, en est un indice supplémentaire : les sonorités dures de son nom illustrent la colère divine, et le *thunder* (« tonnerre », en anglais) fait penser au foudre de Jupiter.

Les textes de Voltaire et de **Zola** ont le mêm[e] texte source (la Genès[e]) mais en tirent des eff[ets] opposés. C'est bien le signe que la réécriture crée une œuvre nouve[lle].

■ La réécriture voltairienne est clairement **comique**, comme le montre par exemple l'expression « à grands coups de pied dans le derrière ». Il s'agit pour Voltaire de proposer une relecture **parodique** de la Genèse, qui emprunte les voies du **burlesque** (un sujet noble et sacré est traité sur un mode trivial). Mais ce n'est pas seulement un moyen de mettre à distance l'héritage religieux et de **critiquer** la croyance de l'Église en des mythes aussi irréalistes que celui d'Adam et Ève : l'intérêt est aussi de **tourner en ridicule** le prétendu paradis dans lequel Candide se trouve. Comparé au véritable jardin d'Éden, le château du baron n'est qu'une pâle imitation, qu'une réécriture ratée !

OBJECTIF BAC

6 *Voici un exemple de plan que vous pourriez développer à l'oral pour répondre à la question.*

Dès son titre, « Le Poète et la Cigale » de Tristan Corbière se donne comme une réécriture de la célèbre fable de La Fontaine, « La Cigale et la Fourmi ». Pour autant, le régime sous lequel s'opère cette réécriture ne va pas de soi : nous devons donc déterminer avec plus de précision les rapports qu'entretient le poème de Corbière avec son texte source.

I. Une imitation explicite du texte source

1. **Une version très proche de celle de La Fontaine.** Certains vers (13, 14 et 19) sont même directement repris au modèle.

2. **Une structure métrique identique.** Travail de la versification presque identique de la fable au poème. Vers de même longueur (heptasyllabes), même hétérométrie (v. 2 trisyllabique), rimes identiques.

> L'**hétérométrie** désigne le fait d'utiliser des vers de longueurs différentes dans un même poème ; c'est souvent le cas des fables de La Fontaine.

3. **Une situation narrative comparable.** Même point de départ du récit, même si ce dernier évolue différemment (alors que la fourmi ne voulait rien prêter à la cigale, « Marcelle » accepte au contraire de donner son nom au poète pour qu'il s'en inspire, aux vers 15 à 20).

II. Une transposition générique

1. **Des personnages individualisés.** Le traitement des personnages est différent de la fable à sa réécriture. Non seulement les personnages ne sont pas des animaux (malgré ce qu'annonçait le titre), mais ils n'ont pas vraiment la dimension allégorique et symbolique caractéristique de l'apologue en général et de la fable en particulier.

2. **L'absence de morale.** Il n'y avait pas de morale explicite dans la version de La Fontaine, mais elle était aisément formulable par le lecteur. Ici, aucune véritable morale ne se dégage, d'abord parce que la « voisine » a accepté de prêter son nom.

3. **Un genre différent.** En réalité, ce texte n'a pas la visée didactique d'une fable, il ne délivre aucune leçon. Dès lors, la réécriture se fait sous l'angle de la transposition : du genre de la fable, on passe à celui, plus large, du poème.

III. Une parodie burlesque

1. **Un plagiat ?** La proximité de la réécriture et de son modèle pourrait faire penser qu'il s'agit d'un plagiat ; mais cette réécriture est si évidente et si explicite dans le titre lui-même (avec le mot « cigale ») qu'il ne peut s'agir d'une contrefaçon. En réalité, Corbière joue avec ce texte célèbre, s'amuse à le dégrader, à le détourner de son sens et de son but originels. On est donc face à une parodie.

2. **La logique burlesque.** Cette parodie est plus précisément burlesque, dans la mesure où elle dégrade un genre noble en exploitant des situations basses et familières. Jeux de mots et registre familier en sont le signe.

3. Finalement, si Corbière s'empare de cette célèbre fable de La Fontaine, c'est pour en faire une œuvre nouvelle. Il ne s'agit plus d'édifier le lecteur, mais de le faire sourire en évoquant la vie de bohème du poète, sur un ton de dérision caractéristique du recueil des *Amours jaunes*.

> La **bohème** est une façon de vivre en marge de la société bourgeoise ; elle est caractéristique de l'état d'esprit et de la poésie de Corbière.

Les exercices du bac

www.annabac.com

CHAPITRE

14 La question sur corpus

Au nombre d'une ou de deux, les questions sur corpus exigent un parcours attentif de l'ensemble des documents qui sont proposés. Préalables nécessaires aux sujets d'écriture qui les suivent, elles requièrent une heure de traitement, lecture comprise. Un corpus est traditionnellement composé de plusieurs documents, textes et iconographies. Il propose parfois un seul long document : la méthode reste la même.

I Typologie des questions

Situer un/des texte(s) dans son/leur contexte. Il faut s'appuyer sur le paratexte de chaque extrait – lequel fournit de précieux renseignements sur la nature du texte (nom de l'auteur, titre, date de publication, notes, chapeau…) – ainsi que sur vos connaissances d'histoire littéraire acquises en première et seconde.

Le **chapeau** est la courte introduction qui précède et situe un extrait.

Rattacher un corpus à un objet d'étude. Les indices sont à chercher dans les genres dont les textes sont issus, les registres qu'ils mobilisent et les thèmes qu'ils déploient.

Analyser l'énonciation. La réponse doit préciser qui parle, à qui, où, quand et étudier la modalisation.

Identifier le genre et/ou le registre. La forme d'un texte constitue un bon indice de genre. L'étude des figures de rhétorique et des registres en garantit la juste détermination.

Repérer le principe d'unité. Les textes peuvent être d'auteurs, de genres, d'époques ou de registres fort différents. Il est alors nécessaire de dégager la cohérence du corpus, qui peut s'articuler autour d'un thème, d'une forme littéraire, d'un problème d'écriture, d'une stratégie d'argumentation. Une première lecture de l'ensemble des documents doit vous permettre de découvrir ce qui a présidé à leur regroupement ; le repérage des champs lexicaux peut vous conforter dans votre impression première.

Étudier le circuit argumentatif d'un texte. Il faut identifier la thèse, les arguments et les exemples en s'appuyant sur les connecteurs logiques. Reformuler les grandes articulations de l'argumentaire est recommandé.

Comparer les stratégies argumentatives. Il s'agit de déterminer si un texte relève de la conviction, de la persuasion ou de la délibération. Dans le cadre d'une argumentation indirecte, il convient d'expliciter la comparaison déployée.

Analyser un portrait. Il faut identifier le type de portrait (prosopographie, éthopée) et évaluer l'effet produit par cette représentation.

> La **prosopographie** es[t] la description physiq[ue] d'un personnage. L'**éthopée** est son portrait moral. Les de[ux] se combinent souven[t] dans un texte.

II Méthode de réponse

A Le travail préparatoire

Repérage au crayon sur les textes. Pointez les éléments à exploiter pour produire la démonstration demandée. En marge, identifiez les procédés mis en œuvre et notez éventuellement les effets produits.

Relevé au brouillon de tous les éléments repérés. Classez-les en fonction de leur importance au regard de la réponse à donner.

> Prenez soin de noter l[es] **références aux ligne[s]** des extraits concerné[s]

Établissement d'un tableau comparatif. Pour confronter plusieurs textes, faites un tableau soulignant la singularité de chacun (nature, genre, époque, visée) et leurs points de contacts (thèmes, registres, procédés...).

B La rédaction au propre

L'**introduction** reprend l'intitulé de la question en en définissant les mots clés. Elle présente aussi la nature des différents textes du corpus ainsi que le principe qui a présidé à leur regroupement.

Le **développement** doit être étayé à chaque nouvelle étape par un exemple intégré à la rédaction. Il s'attache à regrouper les documents recourant aux mêmes procédés et à souligner les écarts et variations d'un texte à l'autre.

> Présentez vos **exemp[les]** précédés d'un deux-poi[nts] ou fondus dans le prop[os,] des crochets signalan[t] les modifications.

La **conclusion** récapitule brièvement les grands moments de la démonstration et répond fermement à la question de départ. Cette dernière doit avoir permis de mettre en lumière un aspect particulier du corpus, en rapport avec l'objet d'étude.

ZOOM

Le lexique de l'analyse

▶ La qualité de votre réponse à la question sur corpus dépend autant de vos capacités d'analyse que de votre **manière de rédiger**.

▶ Cela implique la **maîtrise d'un lexique spécifique** dont ce tableau vous donne un aperçu synthétique.

L'écrivain...	▶ **raconte**, rapporte, relate, retrace, évoque, ménage une attente, passe sous silence... ▶ **décrit**, dépeint, dessine, ébauche, campe un personnage / un décor, qualifie... ▶ **juge**, exprime, approuve / désapprouve, déclare, dénonce, critique, fait l'éloge / le blâme, ironise... ▶ **argumente**, démontre, déclare, expose, affirme, se démarque de, fait une concession, définit... ▶ **écrit**, emploie, utilise, a recours à, fait un parallèle, développe, insiste, met en avant, suggère...
Le lecteur...	▶ **aime**, apprécie, admire, comprend, découvre, explore, s'interroge, se demande, est convaincu, s'étonne... ▶ **s'identifie**, se projette, partage, compatit... ▶ **adhère**, est convaincu / persuadé / ému... ▶ **ressent**, éprouve... ▶ **réagit**, est choqué...
Le texte	▶ **Le thème** répertorié, nouveau... ▶ **Le registre** tragique, comique, dramatique... ▶ **Les notations** spatio-temporelles, psychologiques... ▶ **Les sensations** olfactives, tactiles, fugitives... ▶ **Les sentiments** violents, contradictoires... ▶ **La portée** morale, universelle, symbolique... ▶ **L'écriture** dépouillée, blanche, foisonnante... ▶ **Le style** original, incisif, familier, heurté, piquant, elliptique...
Le corpus...	établit un lien, rapproche / rassemble / confronte des textes...
Les textes...	se démarquent, se signalent par, se singularisent / manifestent des similitudes, présentent des analogies...

La **réponse** doit tenir sur une à deux pages et être aérée dans sa présentation. Il faut varier les expressions employées dans l'analyse. Il convient de sélectionner les exemples les plus significatifs et de proscrire les citations trop longues.

Aérez votre rédaction en formant des alinéa (en allant à la ligne).

RÉCAPITULONS

- La question sur corpus exige une observation minutieuse des textes rassemblés sur lesquels vous devez vous appuyer pour bâtir la réponse.
- Elle vous impose de mobiliser les connaissances relatives à l'objet d'étude dans lequel s'inscrit le corpus proposé ainsi que des capacités d'analyse et de synthèse.
- Votre réponse doit viser l'efficacité : clarté de l'agencement des idées, convocation de citations choisies, fermeté de l'expression.

Lire et analyser un corpus

LA DÉMARCHE

- Commencez par **lire attentivement le corpus.**
- **Dégagez** ensuite ce qui fonde **son unité.**
- **Reformulez** enfin **la problématique** à laquelle il répond.

PROCÉDER PAS À PAS

I Lire attentivement le corpus

- **La première lecture.** Vierge de toute intention, elle doit identifier chaque texte en termes d'histoire littéraire, de genres, de thèmes dominants.

- **L'observation du paratexte.** Les titres d'œuvres, dates, notes, notices introductives fournissent de précieuses indications sur la nature des textes.

- **L'exploitation du document iconographique éventuel.** Il convient d'abord d'en identifier la nature (tableau, photographie, dessin...) puis d'élucider ce qui le relie aux textes, comment il les illustre et les éclaire. Par exemple, la présence d'une caricature peut faire écho au registre polémique ou satirique du texte en regard.

II Dégager l'unité du corpus

- **L'identification de l'objet d'étude illustré par le corpus.**
Ils sont au nombre de quatre pour les séries ES, S et technologiques :
- *Le personnage de roman, du XVIIe siècle à nos jours ;*
- *Le texte théâtral et sa représentation, du XVIIe siècle à nos jours ;*
- *Écriture poétique et quête du sens, du Moyen Âge à nos jours ;*
- *La question de l'homme dans les genres de l'argumentation, du XVIe siècle à nos jours ;*
et de six pour les premières littéraires, avec deux objets d'étude supplémentaires :
- *Vers un espace culturel européen : Renaissance et humanisme ;*
- *Les réécritures, du XVIIe siècle jusqu'à nos jours.*

- **À la croisée des objets d'étude.** Le corpus peut être représentatif de deux objets d'étude à la fois ; à vous de voir alors comment ils se combinent.

III Reformuler la problématique du corpus

- **Le titre du corpus.** Il figure traditionnellement en tête des documents regroupés et vous oriente vers un questionnement bien circonscrit.

- **La question à chercher.** Demandez-vous à quelle interrogation répond l'ensemble des documents en tenant compte de leur ordre d'apparition dans le corpus.

Répondre aux questions sur corpus

LA DÉMARCHE

Les questions sur corpus visent à s'assurer des capacités d'analyse et de compréhension des candidats et leur préparent le terrain pour les questions d'écriture. Elles peuvent être de plusieurs types.

- Les questions sur **la nature des documents** rassemblés dans le corpus.
- Les questions sur **la forme des textes.**
- Les questions sur **le sens des textes.**

PROCÉDER PAS À PAS

I Les questions portant sur la nature des textes

- **Le genre littéraire**. Les documents peuvent relever du même genre ou de genres différents. Dans les deux cas, vous devez en repérer les caractéristiques précises. Dans le premier cas, il conviendra de remarquer les éventuelles évolutions subies par le genre selon les auteurs et au gré de l'histoire littéraire.

- **Le registre littéraire**. Il s'agit de déterminer le(s) registre(s) des textes en vous appuyant sur les émotions suscitées et les procédés mobilisés puis de les confronter pour faire valoir les convergences et les différences.

II Les questions portant sur la forme des textes

- **L'énonciation**. Dans les textes relevant du discours, étudiez notamment les pronoms personnels, la valeur des temps verbaux, les déictiques, les modalisateurs. Dans ceux relevant du récit, examinez, par exemple, les commentaires à mettre au compte du narrateur.

- **Les figures de style**. L'identification ne suffit évidemment pas. Il convient de les interpréter et d'identifier à quelle fin elles sont utilisées, ce qui peut varier d'un texte à l'autre.

III Les questions sur le sens des textes

- **Le thème/La thèse**. Il s'agit d'identifier l'idée générale qui sous-tend les documents pour montrer comment elle se décline dans chacun d'eux, quelle inflexion elle subit dans tel ou tel, en insistant sur les écarts et les similitudes.

- **Le personnage**. Si le corpus en présente plusieurs, confrontez-les en dégageant d'abord leurs caractéristiques propres, puis en mettant en avant les associations possibles et les jeux d'opposition. Si le corpus n'en propose qu'un, caractérisez-le et montrez ses évolutions.

S'ENTRAÎNER

1 Retracez le circuit argumentatif du document 1 (p. 220).

2 Identifiez le genre et le(s) registre(s) du document 3 (p. 222).

OBJECTIF BAC

Question sur le corpus

3 L'abolition de la peine de mort, au nom d'une certaine conception de l'homme

Document 1. Montesquieu, « De la puissance des peines », *De l'esprit des lois* (1748)
Document 2. Voltaire, *Commentaire sur l'ouvrage Des délits et des peines* (1766)
Document 3. Victor Hugo, « L'Échafaud », *La Légende des siècles* (1859-1883)
Document 4. Robert Badinter, *Discours à l'Assemblée nationale* (17 septembre 1981)

Faites la synthèse des arguments contre la peine de mort qui apparaissent dans le corpus. Quelle stratégie argumentative vous paraît la plus efficace ?

POUR VOUS AIDER

- Commencez par recenser dans chaque texte les arguments contre la peine de mort. Établissez-en la liste exhaustive au brouillon avec les références aux différents documents. Pensez à réinvestir les acquis de la réponse à la question 1.
- Classez ensuite les arguments ainsi répertoriés selon un principe logique qui ne suit pas obligatoirement l'ordre des textes. La rédaction de votre réponse en sera facilitée et gagnera en cohérence.
- L'efficacité de la stratégie argumentative se mesure à votre degré d'adhésion à la lecture mais aussi à votre capacité à la démontrer : appuyez-vous sur votre réponse à la question 2. Fiez-vous à votre propre sentiment de lecteur mais n'oubliez pas de le justifier dûment.

DOCUMENT 1

« L'expérience a fait remarquer que, dans les pays où les peines sont douces, l'esprit du citoyen en est frappé, comme il l'est d'ailleurs par les grandes.

Quelque inconvénient se fait-il sentir dans un État : un gouvernement violent veut soudain le corriger ; et, au lieu de songer à faire exécuter les anciennes lois, on établit une peine cruelle qui arrête le mal sur-le-champ. Mais on use le ressort du gouvernement : l'imagination se fait à cette grande peine, comme elle s'était faite à la moindre ; et comme on diminue la crainte pour celle-ci, l'on est bientôt forcé d'établir l'autre dans tous les cas. Les vols sur les grands chemins étaient communs dans quelques États ; on voulut les arrêter ; on inventa le supplice de la roue, qui les suspendit pendant quelque temps. Depuis ce temps on a volé comme auparavant sur les grands chemins.

De nos jours la désertion fut très fréquente ; on établit la peine de mort contre les déserteurs, et la désertion n'est pas diminuée. La raison en est bien naturelle : un soldat, accoutumé tous les jours à exposer sa vie, en méprise ou se flatte d'en mépriser le danger. Il est tous les jours accoutumé à craindre la honte : il fallait donc laisser une peine qui faisait porter une flétrissure pendant la vie. On a prétendu augmenter la peine, et on l'a réellement diminuée.

Il ne faut point mener les hommes par des voies extrêmes ; on doit être ménager[1] des moyens que la nature nous donne pour les conduire. Qu'on examine la cause de tous les relâchements, on verra qu'elle vient de l'impunité des crimes, et non pas de la modération des peines.

Suivons la nature, qui a donné aux hommes la honte comme leur fléau, et que la plus grande partie de la peine soit l'infamie de la souffrir.

Montesquieu, « De la puissance des peines », *De l'esprit des lois* (1748).

1 **Ménager** : économe.

DOCUMENT 2

« J'étais plein de la lecture du petit livre *Des délits et des peines*[1], qui est en morale ce que sont en médecine le peu de remèdes dont nos maux pourraient être soulagés. Je me flattais que cet ouvrage adoucirait ce qui reste de barbare dans la jurisprudence[2] de tant de nations ; j'espérais quelque réforme dans le genre humain, lorsqu'on m'apprit que l'on venait de pendre, dans une province, une fille de dix-huit ans, belle et bien faite, qui avait des talents utiles, et qui était d'une très honnête famille.

Elle était coupable de s'être laissé faire un enfant ; elle l'était encore davantage d'avoir abandonné son fruit[3]. Cette fille infortunée, fuyant la maison paternelle, est surprise des douleurs de l'enfantement ; elle est délivrée seule et sans secours auprès d'une fontaine. La honte, qui est dans le sexe[4] une passion violente, lui donna assez de force pour revenir à la maison de son père, et pour y cacher son état. Elle laisse son enfant exposé ; on le retrouve mort le lendemain ; la mère est découverte, condamnée à la potence, et exécutée.

La première faute de cette fille, ou doit être renfermée dans le secret de sa famille, ou ne mérite que la protection des lois, parce que c'est au séducteur à réparer le mal qu'il a fait, parce que la faiblesse a droit à l'indulgence, parce que tout parle en faveur d'une fille dont la grossesse cachée la met souvent en danger de mort ; que cette grossesse connue flétrit sa réputation et que la difficulté d'élever son enfant est encore un grand malheur de plus.

La seconde faute est plus criminelle : elle abandonne le fruit de sa faiblesse, et l'expose à périr.

Mais parce qu'un enfant est mort, faut-il absolument faire mourir la mère ? Elle ne l'avait pas tué ; elle se flattait que quelque passant prendrait pitié de cette créature innocente ; elle pouvait même être dans le dessein d'aller retrouver son enfant, et de lui faire donner les secours nécessaires. Ce sentiment est si naturel qu'on doit le présumer dans le cœur d'une mère. La loi est positive contre la fille dans la province dont je parle ; mais cette loi n'est-elle pas injuste, inhumaine et pernicieuse ? Injuste, parce qu'elle n'a pas distingué entre celle qui tue son enfant et celle qui l'abandonne ; inhumaine, en ce qu'elle fait périr cruellement une infortunée à qui on ne peut reprocher que sa faiblesse et son empressement à cacher son malheur ; pernicieuse, en ce qu'elle ravit à la société une citoyenne qui devait donner des sujets à l'État, dans une province où l'on se plaint de la dépopulation.

La charité n'a point encore établi dans ce pays des maisons secourables où les enfants exposés soient nourris. Là où la charité manque, la loi est toujours cruelle. Il valait bien mieux prévenir ces malheurs, qui sont assez ordinaires, que de se borner à les punir. La véritable jurisprudence est d'empêcher les délits, et non de donner la mort à un sexe faible, quand il est évident que sa faute n'a pas été accompagnée de malice, et qu'elle a coûté à son cœur.

Assurez, autant que vous le pourrez, une ressource à quiconque sera tenté de mal faire, et vous aurez moins à punir.

Voltaire, *Commentaire sur l'ouvrage Des délits et des peines* (1766).

1 ***Des délits et des peines*** : ouvrage de l'Italien Beccaria, paru en 1764.
2 **Jurisprudence** : ensemble des principes et décisions de justice. 3 **Son fruit** : son enfant.
4 **Le sexe** : le sexe féminin.

DOCUMENT 3

« C'était fini. Splendide, étincelant, superbe,
Luisant sur la cité comme la faux sur l'herbe,
Large acier dont le jour faisait une clarté,
Ayant je ne sais quoi dans sa tranquillité
De l'éblouissement du triangle mystique,
Pareil à la lueur au fond d'un temple antique,
Le fatal couperet relevé triomphait.
Il n'avait rien gardé de ce qu'il avait fait
Qu'une petite tache imperceptible et rouge.

Le bourreau s'en était retourné dans son bouge ;
Et la peine de mort, remmenant ses valets,
Juges, prêtres, était rentrée en son palais,
Avec son tombereau terrible dont la roue,
Silencieuse, laisse un sillon dans la boue,
Qui se remplit de sang sitôt qu'elle a passé.

La foule disait : bien ! car l'homme est insensé,
Et ceux qui suivent tout, et dont c'est la manière,
Suivent ce même char et même cette ornière.

J'étais là. Je pensais. Le couchant empourprait
Le grave Hôtel de Ville aux luttes toujours prêt,
Entre Hier qu'il médite et Demain dont il rêve.
L'échafaud achevait, resté seul sur la Grève,
La journée en voyant expirer le soleil.

Le crépuscule vint, aux fantômes pareil.
Et j'étais toujours là, je regardais la hache,
La nuit, la ville immense et la petite tache.

À mesure qu'au fond du firmament obscur
L'obscurité croissait comme un effrayant mur,
L'échafaud, bloc hideux de charpentes funèbres,
S'emplissait de noirceur et devenait ténèbres ;
Les horloges sonnaient, non l'heure, mais le glas ;
Et toujours, sur l'acier, quoique le coutelas
Ne fût plus qu'une forme épouvantable et sombre,
La rougeur de la tache apparaissait dans l'ombre.

Victor Hugo, Extrait de « L'Échafaud », *La Légende des siècles* (1859-1883).

DOCUMENT 4

« Il s'agit bien, en définitive, dans l'abolition, d'un choix fondamental, d'une certaine conception de l'homme et de la justice. Ceux qui veulent une justice qui tue, ceux-là sont animés par une double conviction : qu'il existe des hommes totalement coupables, c'est-à-dire des hommes totalement responsables de leurs actes, et qu'il peut y avoir une justice sûre de son infaillibilité au point de dire que celui-là peut vivre et que celui-là doit mourir.

À cet âge de ma vie, l'une et l'autre affirmations me paraissent également erronées. Aussi terribles, aussi odieux que soient leurs actes, il n'est point d'homme en cette terre dont la culpabilité soit totale et dont il faille pour toujours désespérer totalement. Aussi prudente que soit la justice, aussi mesurés et angoissés que soient les femmes et les hommes qui jugent, la justice demeure humaine, donc faillible.

Et je ne parle pas seulement de l'erreur judiciaire absolue, quand, après une exécution, il se révèle, comme cela peut encore arriver, que le condamné à mort était innocent et qu'une société entière – c'est-à-dire nous tous –, au nom de laquelle le verdict a été rendu, devient ainsi collectivement coupable puisque sa justice rend possible l'injustice suprême. Je parle aussi de l'incertitude et de la contradiction des décisions rendues qui font que les mêmes accusés, condamnés à mort une première fois, dont la condamnation est cassée pour vice de forme, sont de nouveau jugés et, bien qu'il s'agisse des mêmes faits, échappent, cette fois-ci, à la mort, comme si, en justice, la vie d'un homme se jouait au hasard d'une erreur de plume d'un greffier. Ou bien tels condamnés, pour des crimes moindres, seront exécutés, alors que d'autres, plus coupables, sauveront leur tête à la faveur de la passion de l'audience, du climat ou de l'emportement de tel ou tel.

Cette sorte de loterie judiciaire, quelle que soit la peine qu'on éprouve à prononcer ce mot quand il y va de la vie d'une femme ou d'un homme, est intolérable.

Robert Badinter, *Discours à l'Assemblée nationale* (17 septembre 1981).

S'ENTRAÎNER

1 Au chapitre 12 de son traité *De l'esprit des lois*, intitulé « De la puissance des peines », Montesquieu cherche à convaincre ses lecteurs de l'inefficacité de la peine de mort pour faire reculer la criminalité. L'auteur table sur la raison de son destinataire afin d'emporter son adhésion à la thèse qu'il défend. Pour cela, il met en œuvre un **raisonnement logique dont on peut suivre les grandes étapes**.

Suivant un principe inductif, il se réfère à une **double expérience** : l'une « fait remarquer » que les peines qualifiées de « douces » ne frappent pas moins l'esprit des citoyens que les « grandes » ; l'autre que les États privilégient l'établissement de peines plus « cruelles » que celles prévues par les « anciennes lois », quand il s'agit de sanctionner avec force un crime.

Ce second constat aboutit à l'énoncé d'un **contre-argument**, introduit par la conjonction de coordination à valeur adversative « mais » : « on use le ressort du gouvernement », c'est-à-dire que l'on affaiblit l'autorité du pouvoir parce que « l'imagination se fait à cette grande peine », autrement dit la société, habituée à se représenter le châtiment et le rendant familier à son esprit, ne le craint plus.

> Un **contre-argument** un argument que l'on mobilise pour s'oppos à la thèse dont on conteste le bien-fond

S'ensuivent **deux exemples** qui assoient et confirment cette première affirmation : l'un est emprunté à la rubrique judiciaire, l'autre à la cour martiale. Néanmoins, la seconde illustration affiche un statut particulier dans la mesure où elle permet à l'argumentation de progresser (on parle alors d'exemple argumentatif) : la honte qui entache le déserteur apparaît comme une condamnation bien plus lourde que celle qui consiste à lui ôter la vie.

> Un **exemple argumentatif** est un exemple qui a valeur d'argument et se substitue à lui.

Aussi Montesquieu **conclut par la formulation de sa thèse** : « la cause de tous les relâchements » ne vient pas de « la modération des peines » mais davantage de « l'impunité des crimes ». En effet, les criminels potentiels s'habituent à l'idée de mourir s'ils passent à l'acte ; ils ne craignent plus les peines moindres et l'État est obligé d'appliquer la peine maximale pour toutes les infractions.

En se fondant sur des exemples concrets, l'essayiste démontre, selon une démarche progressive, la **nécessité d'abolir la peine de mort et d'établir une échelle de sanctions**.

2 Le document 3 est extrait de *La Légende des siècles* de Victor Hugo, ouvrage conçu comme une vaste fresque de l'histoire de l'humanité évoquée sur un mode épique. Néanmoins, il n'appartient pas au genre romanesque, auquel l'épopée a servi de modèle. Le texte se présente sous forme de strophes et est composé d'alexandrins de rimes suivies. C'est donc un **poème** qui a pour sujet l'échafaud – ce qu'indique son titre.

▪ Plusieurs registres se combinent dans le texte. Le **registre épique**, tout d'abord, se signale par l'amplification contenue dans les termes « Splendide, étincelant, superbe » et la personnification du « fatal couperet », chargé d'incarner une valeur collective que le sujet lyrique s'attache à renverser. Le **registre réaliste** se retrouve dans la mention du personnel attaché à l'exécution – « le bourreau », « juges, prêtres » – et de la foule avide de spectacle. Pourtant, la subjectivité qui gouverne l'énonciation et préside au déploiement de la vision semble faire verser le poème dans le **registre fantastique** : l'obscurité, par la vertu d'une comparaison, devient « effrayant mur », la « rougeur de la tache » persiste « dans l'ombre », de sorte que le lecteur peut hésiter entre une explication rationnelle du phénomène et une forme de surnaturel. L'échafaud, objet et forme poétique, inquiète par sa hideur monstrueuse, son inhumanité.

▪ L'exploitation des images et des sonorités propres à la poésie et le mélange des registres participent ainsi directement d'une **stratégie de persuasion**.

OBJECTIF BAC

3 La question sur corpus impose de mener de front **deux approche des textes** : il s'agit simultanément de **faire le bilan des arguments** convoqués par les auteurs contre la peine de mort et de **s'interroger sur l'efficacité de la stratégie argumentative** qu'ils mettent en œuvre.

[Nous proposons ici un corrigé de la première approche.]

> Une **courte introduction** permet de reprendre en partie la question et d'annoncer le développement.

▪ Les quatre auteurs réunis dans le corpus démontrent **l'invalidité voire l'illégitimité de la peine de mort** pour la justice et l'humanité, mentionnant les préjudices et les risques compris dans son exécution et soulignant la barbarie que représente un tel châtiment.

> Le **rapprochement de deux textes** présentant un point commun **amorce la synthèse**.

▪ Les arguments qui plaident en faveur de son abolition apparaissent très nettement sous la plume de Montesquieu et de Robert Badinter qui ont choisi, tous deux, une **stratégie de conviction** tablant sur la raison de leur destinataire.

▪ **Pour l'auteur de *L'Esprit des lois***, l'établissement de peines cruelles a pour effet d'« use[r] le ressort du gouvernement » parce que « l'imagination se fait à cette grande peine » ; aussi, pour lui, « la cause de tous les relâchements » ne vient pas de « la modération des peines » mais bien de « l'impunité des crimes ». En effet, les criminels en puissance s'accoutument à l'idée de perdre la vie s'ils passent à l'acte, de sorte qu'ils ne craignent plus les peines « douces » et que l'État se voit contraint de sanctionner toutes les infractions par la peine maximale. **De son côté, le garde des Sceaux** démontre, dans son discours devant l'Assemblée nationale, que la « culpabilité totale » n'existe pas plus que l'infaillibilité absolue, ce qui introduit une part d'arbitraire incompatible et intolérable avec l'idée même de justice.

■ À ces arguments de nature rationnelle, **Voltaire** en ajoute un emprunté à la **démographie** : l'exécution d'hommes fait courir le danger de la dépopulation. Il apporte également une **illustration** au raisonnement de Robert Badinter puisque la jeune fille dont il est question dans son *Commentaire* n'apparaît pas totalement coupable, selon les supputations de l'auteur : « elle se flattait que quelque passant prendrait pitié de cette créature innocente ; elle pouvait même être dans le dessein d'aller retrouver son enfant, et de lui donner les secours nécessaires ».

La convergence de deux textes permet d'introduire un nouv auteur et de nourrir la synthèse.

■ Voltaire rencontre encore Montesquieu lorsqu'il **fait mention de la honte** qui habite le meurtrier après son crime et le poursuit toute sa vie, lui infligeant une sanction bien supérieure à la peine de mort – laquelle, en supprimant le meurtrier, supprime la conscience de sa faute. Il en va de la mère coupable d'abandon comme du déserteur : la nature leur inflige déjà l'opprobre, si bien que la société humaine, « c'est-à-dire nous tous » (Robert Badinter), n'a pas à le faire.

■ Néanmoins, le réquisitoire voltairien contre la peine de mort se démarque des textes de Montesquieu et de Robert Badinter en ce qu'il travaille à la **persuasion du lecteur**, se rapprochant alors de la stratégie hugolienne. Voltaire en appelle à la **compassion du lecteur** pour une femme honnête et bien née ; **Hugo**, lui, table sur la noirceur de son poème pour faire impression sur son destinataire. La mobilisation du **registre fantastique** y contribue largement : l'obscurité, par la vertu d'une comparaison, devient « effrayant mur », « la rougeur de la tache » persiste « dans l'ombre », de sorte que l'on peut hésiter entre une explication rationnelle du phénomène et une forme de surnaturel. L'échafaud fait « tache », honte à notre humanité ; le poème accuse la part de ténèbres en l'homme.

On le voit, les **arguments** ayant trait à la **raison** comme aux **passions humaines** abondent dans ce corpus.

[Il reste alors à déterminer la stratégie argumentative qui vous paraît la plus à même d'emporter l'adhésion et, surtout, à justifier votre position.]

www.annabac.com

CHAPITRE

15 Le commentaire littéraire

Le commentaire consiste à interpréter un texte en identifiant ses enjeux et l'intérêt qu'il présente sur le plan littéraire. Ce n'est pas un exercice facile, notamment parce que le texte qu'il faut commenter n'a pas été étudié pendant l'année. Néanmoins, avec de l'entraînement, de la culture et une bonne connaissance des objets d'étude, c'est aussi un exercice profitable, rentable à l'examen, voire agréable et enrichissant.

I Le travail préparatoire

A Les premières lectures

- La **découverte du texte** est une phase cruciale dans l'optique de son commentaire : même si vous l'avez déjà abordé à travers les questions sur corpus, vous devez essayer de vous mettre dans la peau du lecteur « normal », qui lit le texte pour son plaisir, et non pour l'interpréter. L'intérêt est de saisir l'**effet que provoque le texte sur son lecteur**, pour commencer à comprendre ses enjeux.

Pour garder à l'esprit l'**effet** que le texte a provoqué en vous lorsque vous l'avez découvert, notez votre première impression.

- Pour cela, vous devez **lire le texte plusieurs fois**, très attentivement. Pendant les deux premières lectures, ne notez rien ; annotez seulement à la troisième lecture, dans la marge. À partir de ces premières remarques, **définissez votre projet de lecture** en essayant d'identifier l'**intérêt littéraire du texte**. Demandez-vous par exemple pourquoi on vous a demandé de commenter ce texte-là. Vos réflexions constitueront un **premier état de la problématique** que vous formulerez dans l'introduction.

- Avant d'entrer dans les détails du texte, **construisez sa carte d'identité** : elle vous évitera de faire des contresens fâcheux, mais pourra aussi vous donner des **pistes de réflexion** pour guider votre analyse linéaire.

ZOOM

La carte d'identité d'un texte

Quel que soit le texte que l'on commente, on peut répondre à une série de questions simples qui permettent de cerner ses enjeux. Nous prenons ici pour exemple l'extrait du *Père Goriot* proposé p. 62 (document 1).

Carte d'identité du portrait de Poiret	
Objet d'étude	Il est généralement indiqué par le sujet. Il s'agit ici du **roman et ses personnages**, ce que confirme le fait que le texte fasse le portrait d'un personnage de roman.
Genre	Le **roman**. Autrement dit, il s'agit d'un texte fictif : le personnage de Poiret est inventé par l'auteur, même si ce dernier s'est certainement inspiré de personnes réelles pour le créer.
Mouvement littéraire	La date de publication du *Père Goriot* (1834) l'inscrit dans la **génération romantique**. Cependant, la recherche de la vraisemblance et l'intérêt pour la société de son temps classent Balzac parmi les précurseurs du **réalisme**.
Thème	À travers le personnage de Poiret, Balzac fait le portrait de la catégorie sociale de l'employé. Poiret est donc un **personnage type**.
Registre	Le registre est essentiellement **satirique** : Balzac tourne son personnage en dérision, multiplie les connotations péjoratives pour le décrire. Il emploie même le mot révélateur *caricature* dans ce portrait.
Structure	Les premières lignes font le **portrait physique** de Poiret (silhouette, accessoires, vêtements, visage), suivi d'un **portrait moral** qui se mue rapidement en **portrait social**, sous forme interrogative.
Questions générales	▶ **Qui parle ?** C'est ici la question du **narrateur**, puisque nous sommes dans un roman : c'est un narrateur extérieur à l'histoire. Il fait le portrait de Poiret en focalisation externe. ▶ **Où ?** C'est la question du **lieu** de l'action : nous sommes à Paris (« Jardin des Plantes », « boulevard Italien »), cadre par excellence du roman réaliste et de l'investigation sociale. ▶ **Quand ?** C'est la question du **moment** de l'action : il n'est pas vraiment précisé ici, mais on suppose qu'il est contemporain de l'époque où le roman fut publié, dans les premières décennies du XIXe siècle.

B L'analyse linéaire

Il faut maintenant entrer dans les détails : on explore le texte, **phrase par phrase**, en notant au brouillon tout ce que l'on peut dire sur chaque phrase. C'est dans cette phase que se joue l'explication proprement dite et que se construit un véritable **parcours de lecture**.

Cependant, vous ne devez pas demeurer à l'échelle de la phrase : il faut aussi repérer les **rapports qui se tissent entre toutes les phrases**. Champs lexicaux, métaphores filées, répétitions... ordonnent le texte et indiquent bien souvent sa thématique. Soyez donc attentif aux **effets de structure** et aux **permanences** qui se font jour, d'une phrase à l'autre.

Au fur et à mesure de votre analyse linéaire, **notez les procédés que vous repérez** et **interprétez-les** : relever telle ou telle figure de style ne sert que si on lui donne une signification précise, adaptée au sens du texte.

> Le commentaire littéraire n'est pas une simple analyse stylistique : il faut dégager le **sens** profond du texte.

Principaux procédés

- Le lexique et ses connotations
- Les effets de syntaxe (dont la syntaxe expressive : questions rhétoriques, exclamations...)
- La valeur des temps et des modes
- Les figures de style
- Les registres

II La construction du plan

A La synthèse de l'analyse linéaire

Une fois l'analyse linéaire achevée, vous devez regrouper sur une feuille séparée les informations recueillies pour dresser une **liste des principales caractéristiques du texte** dégagées par l'explication. C'est une sorte de résumé de tout le travail préparatoire, qui permet de **synthétiser les analyses** ponctuelles.

B La définition des axes de lecture

Ce travail de synthèse facilite considérablement la définition des **axes de lecture** : au nombre de deux ou trois, ces **pistes d'interprétation** apportent chacune un éclairage particulier sur l'extrait à commenter. C'est leur combinaison qui dévoile, de façon progressive, la signification profonde du texte. Ces deux ou trois axes de lecture constitueront les **deux ou trois grandes parties du commentaire**.

L'exercice du commentaire diffère quelque peu des séries générales aux **séries technologiques**. Alors que les séries générales sont livrées à elles-mêmes dans l'analyse du texte, le sujet des séries technologiques précise des axes de lecture. Cela ne modifie pas vraiment la méthode à suivre : vous êtes simplement guidé dans votre interprétation du texte.

> Pour les **séries technologiques**, la présence d'axes de lecture dans le sujet ne dispense pas de l'analyse linéaire et de la construction d'une problématique pour construire un commentaire détaillé et convaincant, on ne peut se contenter de développer ces axes.

C La formulation de la problématique

À partir du parcours de lecture dessiné par les axes que vous avez définis, vous pouvez à présent formuler la **problématique**. C'est la question à laquelle votre commentaire va répondre, le **problème que vous vous proposez de résoudre**. En effet, interpréter un texte, ce n'est pas seulement le décrire, c'est avant tout se demander **pourquoi il est écrit de cette façon**, et donc quels sont le sens et les fonctions de ses caractéristiques principales.

D L'élaboration du plan

Vous devez ensuite donner un **titre pertinent et attractif** à chacun de vos axes de lecture, qui vont constituer la base de votre **plan**. Pour développer ces grandes parties, il suffit de reprendre la synthèse de l'analyse linéaire et de **classer les différentes caractéristiques** dégagées dans la partie qui leur correspond. Reste alors à organiser chaque grande partie de façon cohérente, puis à déterminer l'ordre de ces grandes parties elles-mêmes : on va généralement du plus simple au plus complexe.

> Faites figurer, dans votre **plan** détaillé, les exemples que vous analyserez dans votre commentaire : cela permet de ne pas les oublier au moment de rédaction et de vérifi qu'on n'interprète pa toujours les mêmes passages.

Il y a **deux dangers à éviter** dans la construction du plan.
- **Il ne faut pas faire un plan qui distingue le fond** (les thèmes, les sujets du texte, ce qu'il cherche à démontrer...) **et la forme** (le style, les procédés d'expression, les registres...), car l'un ne va pas sans l'autre.
- **Le plan ne doit pas suivre l'ordre du texte** : chaque partie du commentaire doit porter sur l'ensemble du texte.

III L'introduction et la conclusion

A L'introduction

- L'introduction est un exercice difficile, qui fournit des indications précieuses au correcteur. Il faut donc **la rédiger intégralement au brouillon**.
- Elle est formée d'**un seul paragraphe** composé de cinq points.

1 **L'amorce**	Elle débute sur une idée qui accroche le lecteur : un thème littéraire repris par le texte, le courant où il s'inscrit… Il n'y a pas de règle, mais il faut éviter d'introduire l'extrait trop platement.
2 **Le thème du texte**	Il précise le sujet explicite du texte à commenter : la rencontre amoureuse, le portrait romanesque…
3 **La structure du texte**	Elle doit être donnée de façon claire, en fonction du thème précédemment dégagé.
4 **La problématique**	Elle dirige votre explication. C'est le problème que vous allez essayer de résoudre à propos du texte. Elle peut avoir la forme d'une question.
5 **L'annonce du plan**	Elle doit être formulée très clairement. Ne la développez pas trop : n'indiquez que le contenu des grandes parties.

B La conclusion

- La conclusion est une sorte de **bilan** : elle doit donc **répondre clairement à la problématique** posée en introduction et pour cela récapituler rapidement les étapes du commentaire.
- Il n'est **pas obligatoire de faire un élargissement** de la problématique, ce qu'on appelle couramment une **ouverture** : celle-ci ne vaut que si elle a un rapport avec le commentaire qui vient d'être fait, ce qui est trop rarement le cas.

Faites la **conclusion** au brouillon avant de commencer à rédiger le commentaire : vous risquez de la rater si vous la rédigez dans l'urgence de la fin d'épreuve.

IV La rédaction au propre

A Principes de rédaction

- Il vous reste maintenant à **rédiger le commentaire, directement sur la copie**. Commencez par recopier l'introduction déjà faite au brouillon, puis rédigez le développement **en suivant le plan établi**. Citez le texte dès que cela est nécessaire (au moins une fois par paragraphe), en l'intégrant à vos propres phrases, toujours entre guillemets. Finissez en recopiant la conclusion déjà faite au brouillon.

- Les **paragraphes** du commentaire doivent toujours être rédigés sur le même modèle.

1 On énonce clairement l'**idée principale** du paragraphe.
2 On justifie cette idée par des **arguments** qui la développent et des **exemples** qui prouvent sa véracité.
3 On **conclut le paragraphe en ouvrant vers l'idée suivante**.

- Prévoyez au moins dix minutes pour vous **relire** : le niveau d'orthographe, de grammaire et de syntaxe de votre copie fait partie intégrante de son évaluation.

B Principes de mise en page

Il faut soigner la mise en page de sa copie pour guider le correcteur.

- L'**introduction** est formée d'un seul paragraphe, à la suite duquel on saute deux lignes.
- Chaque **grande partie** commence par une brève introduction rappelant son enjeu et annonçant ses différentes sous-parties. On va ensuite à la ligne pour commencer la première **sous-partie**, puis à nouveau à la ligne pour la sous-partie suivante. Chaque grande partie est donc composée de plusieurs paragraphes entre lesquels on ne saute pas de ligne.
- Entre la première et la deuxième grande partie, comme entre la deuxième et la troisième grande partie, il faut sauter une ligne.

> Marquez les **paragraphes** par un alinéa de trois ou quatre carreaux : ce retrait introduit une respiration dans votr[e] copie et rythme votr[e] démonstration.

- Enfin, on saute deux lignes avant la **conclusion**. Comme l'introduction, celle-ci est formée d'un seul paragraphe.

RÉCAPITULONS

- Après avoir dressé la carte d'identité du texte à commenter, on fait son analyse linéaire au brouillon.
- La synthèse de l'explication linéaire et la définition des axes de lecture permettent d'amorcer la construction du plan.
- Une fois le plan détaillé, il faut encore rédiger l'introduction et la conclusion au brouillon, avant de passer au propre pour rédiger le reste du commentaire.

Déterminer les axes de lecture

LA DÉMARCHE

- À partir de la carte d'identité du texte, vous pouvez déjà **repérer certains de ses principaux enjeux.**
- Après avoir effectué l'analyse linéaire, vous pouvez **dégager les deux ou trois grands axes** qui traversent toute votre lecture du texte.
- Il vous reste à **donner un titre efficace à ces axes de lecture.**

L'EXEMPLE COMMENTÉ

Nous reprenons ici l'exemple du portrait de Poiret dans *Le Père Goriot* de Balzac (document 1, p. 62).

- La carte d'identité du texte (voir p. 228) a permis de repérer quelques-uns de ses **enjeux majeurs.**

– C'est un portrait réaliste à travers lequel Balzac représente certains aspects de la société de son temps : Poiret est un **personnage type.**
– Ce portrait s'articule en **trois temps distincts** (portrait physique, puis moral, enfin social).
– L'usage de la **focalisation externe** fait l'originalité de ce portrait, qui prend l'apparence d'une **investigation sociale.**
– Le registre est essentiellement **satirique**, Balzac tournant en dérision la catégorie qu'incarne son personnage.

- Une analyse linéaire précise permet de vérifier ces hypothèses de lecture. Par exemple, les multiples **connotations péjoratives** confirment la dimension satirique : pas un élément du portrait ne semble positif. Poiret est même **déshumanisé par les images** qui le caractérisent, de la comparaison avec « une espèce de mécanique » à l'image redondante de l'ombre (« comme une ombre grise », « cette ombre chinoise »), en passant par l'animalisation du « cou de dindon ». Les **nombreuses questions** de la seconde moitié du texte, liées aux hésitations de la focalisation interne, inscrivent Poiret dans le paysage social en lui attribuant divers rôles d'« employé » dans des **fonctions peu valorisantes**, car toutes liées à la **mort** ou à la **maladie.**

- Nous pouvons ainsi déterminer **trois axes** pour le commentaire de ce texte.

1. Entre « mécanique » et « ombre » : un personnage insaisissable en questions.
2. Le portrait réaliste, de l'individu au type.
3. Une satire sociale de l'employé.

Introduire une citation

LA DÉMARCHE

- Il faut d'abord **choisir une citation qui illustre votre propos** et aille dans le sens de ce que vous voulez démontrer.
- Vous devez ensuite **introduire la citation** en la signalant par des guillemets, des verbes introducteurs de parole ou d'opinion…
- Pour **insérer la citation dans votre discours**, vous pouvez procéder par juxtaposition, par subordination, ou encore en intégrant les éléments cités dans vos propres phrases. Les modifications que vous opérez pour respecter la syntaxe de vos phrases doivent être indiquées par des crochets.
- Enfin, n'oubliez pas d'**analyser la citation**.

L'EXEMPLE COMMENTÉ

Voici un paragraphe tiré d'un commentaire du portrait de Poiret dans *Le Père Goriot* de Balzac (document 1, p. 62).

« Le portrait de monsieur Poiret est construit sur des connotations uniquement péjoratives : « [sa] tête [est] couverte d'une vieille casquette flasque », l'« ivoire » de sa « canne » est « jauni », « les pans […] de sa redingote » sont « flétris », son « gilet blanc » est « sale », « son jabot » est fait « de grosse mousseline recroquevillée »… Tous ses vêtements signalent sa médiocrité, sa vieillesse, son caractère usé. Comme souvent dans les portraits romanesques, l'apparence physique du personnage est conforme à son identité morale et psychique, tout entière résumée dans le verbe « ratatiner » que Balzac emploie pour le dévaloriser. Le narrateur affirme lui-même que « sa face bulbeuse […], dessinée en caricature, aurait paru hors du vrai » : c'est reconnaître explicitement la dimension satirique du portrait qui, à travers monsieur Poiret, propose une caricature de l'employé préposé aux basses besognes.

- Les citations sont systématiquement isolées de leur commentaire par des guillemets ; les modifications rendues nécessaires par leur insertion dans le commentaire apparaissent entre crochets.
- Certaines de ces citations sont reproduites intégralement, par juxtaposition ; d'autres sont introduites par un verbe de parole suivi d'une subordination ; d'autres enfin sont totalement intégrées aux phrases du commentaire.
- Chaque citation est suivie d'une analyse rapide de sa signification.

S'ENTRAÎNER

1 Construisez la carte d'identité du texte suivant.

Matamore incarne dans L'Illusion comique *de Corneille le personnage du soldat fanfaron, qui se rêve invincible mais se révèle lâche et craintif. À l'acte III, il se cache de peur d'être attaqué par les valets de Géronte, père de la femme qu'il prétend épouser.*

« MATAMORE

Les voilà, sauvons-nous ! Non, je ne vois personne.
Avançons hardiment. Tout le corps me frissonne.
Je les entends, fuyons. Le vent faisait ce bruit.
Marchons sous la faveur des ombres de la nuit.
Vieux rêveur[1], malgré toi j'attends ici ma reine.
Ces diables de valets me mettent bien en peine.
De deux mille ans et plus, je ne tremblai si fort.
C'est trop me hasarder ; s'ils sortent, je suis mort ;
Car j'aime mieux mourir que leur donner bataille,
Et profaner mon bras contre cette canaille.
Que le courage expose à d'étranges dangers !
Toutefois, en tout cas, je suis des plus légers ;
S'il ne faut que courir, leur attente est dupée :
J'ai le pied pour le moins aussi bon que l'épée.
Tout de bon, je les vois : c'est fait, il faut mourir :
J'ai le corps tout glacé, je ne saurais courir.
Destin, qu'à ma valeur tu te montres contraire !…
C'est ma reine elle-même, avec mon secrétaire !
Tout mon corps se déglace : écoutons leurs discours,
Et voyons son adresse à traiter mes amours.

Pierre Corneille, *L'Illusion comique* (1639).

1 Il s'agit de Géronte.

2 Définissez des axes de lecture et une problématique pour le commentaire du texte suivant.

Micromégas, *conte philosophique de Voltaire, raconte le voyage du personnage éponyme de planète en planète. Cet habitant de l'étoile Sirius rencontre le Secrétaire de l'Académie de Saturne avec qui il engage la conversation.*

« Combien de temps vivez-vous ? dit le Sirien. – Ah ! bien peu, répliqua le petit homme de Saturne. – C'est tout comme chez nous, dit le Sirien : nous nous plaignons toujours du peu. Il faut que ce soit une loi universelle de la nature. – Hélas ! nous ne vivons, dit le Saturnien, que cinq cents grandes révolutions du Soleil. (Cela revient à quinze mille ans ou environ, à compter à notre manière.) Vous voyez bien que c'est mourir presque au moment que l'on est né ; notre existence est un point, notre durée un instant, notre globe un atome. À peine a-t-on commencé à s'instruire un peu que la mort arrive avant qu'on ait de l'expérience. Pour moi, je n'ose faire aucuns projets ; je me trouve comme une goutte d'eau dans un océan immense. Je suis honteux, surtout devant vous, de la figure ridicule que je fais dans ce monde. »

Voltaire, *Micromégas* (1752).

3 Rédigez l'introduction du commentaire de « Tant de choses », le poème de Guy Goffette commenté p. 143-145.

OBJECTIF BAC

Commentaire

4 Faites le commentaire de cet extrait de *Bel-Ami* de Maupassant.

Bel-Ami *est un roman de formation narrant l'ascension sociale de Georges Duroy. Ce dernier vient de faire la rencontre de Forestier, ancien camarade devenu journaliste, qui l'invite à dîner en compagnie de son patron. Georges monte l'escalier qui le conduit chez Forestier, où aura lieu ce dîner crucial pour son avenir…*

« Mais voilà qu'en s'apercevant brusquement dans la glace, il ne s'était pas même reconnu ; il s'était pris pour un autre, pour un homme du monde, qu'il avait trouvé fort bien, fort chic, au premier coup d'œil.

Et maintenant, en se regardant avec soin, il reconnaissait que, vraiment, l'ensemble était satisfaisant.

Alors il s'étudia comme font les acteurs pour apprendre leurs rôles. Il se sourit, se tendit la main, fit des gestes, exprima des sentiments : l'étonnement, le plaisir, l'approbation ; et il chercha les degrés du sourire et les intentions de l'œil pour se montrer galant auprès des dames, leur faire comprendre qu'on les admire et qu'on les désire.

Une porte s'ouvrit dans l'escalier. Il eut peur d'être surpris et il se mit à monter fort vite et avec la crainte d'avoir été vu, minaudant ainsi, par quelque invité de son ami.

En arrivant au second étage, il aperçut une autre glace et il ralentit sa marche pour se regarder passer. Sa tournure lui parut vraiment élégante. Il marchait bien. Et une confiance immodérée en lui-même emplit son âme. Certes, il réussirait avec cette figure-là et son désir d'arriver, et la résolution qu'il se connaissait et l'indépendance de son esprit. Il avait envie de courir, de sauter en gravissant le dernier étage. Il s'arrêta devant la troisième glace, frisa sa moustache d'un mouvement qui lui était familier, ôta son chapeau pour rajuster sa chevelure, et murmura à mi-voix, comme il faisait souvent : « Voilà une excellente invention. » Puis, tendant la main vers le timbre, il sonna.

Guy de Maupassant, *Bel-Ami* (1885).

POUR VOUS AIDER

- Georges Duroy est en train de s'inventer un personnage : ce constat ouvre de riches pistes d'analyse, que vous pouvez exploiter à différents niveaux.
- La structure du texte offre une entrée fructueuse pour l'interprétation : la montée des escaliers et les différents paliers ont une dimension symbolique évidente, qu'il ne faut pas négliger.
- Et que dire des différentes glaces qui ponctuent cette ascension ? Du point de vue symbolique, elles sont elles aussi d'une grande richesse.

S'ENTRAÎNER

1 Carte d'identité de l'extrait de *L'Illusion comique* de Corneille.

Objet d'étude	Cet extrait fait vraisemblablement partie d'un corpus portant sur l'objet d'étude ***Le texte théâtral et sa représentation***.
Genre	Le théâtre. Plus précisément, la comédie.
Mouvement littéraire	La date de publication de *L'Illusion comique* (1639) l'inscrit dans l'esthétique **baroque**. La présence dans le titre du thème de l'illusion confirme l'identification du mouvement.
Thème	Il s'agit du **monologue d'un soldat fanfaron**, dont les hésitations trahissent la vraie personnalité.
Registre	Le registre est évidemment **comique** : – **comique de caractère** du soldat peureux ; – **comique de mots** dans les contradictions et les revirements (« J'ai le corps tout glacé » / « Tout mon corps se déglace ») ; – **comique de situation** qui voit un soldat prétendument valeureux préférer mourir plutôt que d'affronter des valets ; – **comique de gestes** enfin dans la mise en scène que l'on pourrait faire de ce monologue.
Structure	▶ v. **1-3** : peur de Matamore, revirements systématiques. ▶ v. **4-11** : Matamore tente de justifier sa couardise en affirmant qu'il ne peut s'abaisser à combattre des valets. ▶ v. **12-14** : il envisage de s'enfuir en courant. ▶ v. **15-17** : pourtant, lorsque quelqu'un paraît, il se résout à mourir, la peur l'empêchant de prendre ses jambes à son cou. ▶ v. **18-20** : apercevant son valet Clindor et Isabelle, la femme qu'ils aiment tous deux, il se cache pour les écouter.
Questions générales	▶ **Qui parle ?** Matamore, personnage qui incarne le type comique du soldat fanfaron. ▶ **Où ?** Le lieu n'est pas clairement indiqué ; on imagine qu'il est à l'extérieur, puisque Matamore entend le « bruit » du « vent » et qu'il s'attend à ce que des valets « sortent ». ▶ **Quand ?** Le moment n'est pas vraiment précisé ; on sait juste que la scène se déroule « la nuit ».

2 *Le commentaire de cet extrait de* Micromégas *pourrait développer les axes de lecture suivants.*

I. Les invraisemblances du conte

II. Les vertus du dialogue et de la rencontre des peuples

III. Un thème proprement philosophique : le relativisme des valeurs et des perceptions

La problématique du commentaire pourrait donc être celle-ci : **comment Voltaire met-il les ressources du conte au profit d'une réflexion philosophique sur la relativité du temps ?**

Pour le **relativisme,** les valeurs dépendent des circonstances : elles sont donc relatives et non absolues.

3 *Introduction rédigée du commentaire de « Tant de choses » de Guy Goffette*

[amorce] La poésie lyrique se fonde sur un certain nombre de thèmes traditionnels qui sont apparus dès l'Antiquité et qu'elle a réinvestis tout au long de son histoire ; même les poètes lyriques les plus contemporains exploitent ces thèmes universels, tout en renouvelant leur expression par un travail original des formes et des procédés. Parmi eux, Guy Goffette revisite dans son recueil *Le Pêcheur d'eau* (paru en 1995) certains clichés lyriques, pour les raviver et leur rendre une forme d'actualité. [thème du texte] C'est ainsi que le poème intitulé « Tant de choses » reprend le thème traditionnel de la fuite du temps : [structure du texte] la première phrase du poème, du vers 1 au vers 7, fait la liste des objets que le temps a dégradés, alors que la deuxième phrase, du vers 7 au vers 13, formule des reproches adressés à un *tu* mystérieux ; le dernier vers, dans un effet proche du vers de chute, clôt le poème sur une image spectaculaire. [problématique] L'originalité de ce poème réside en partie dans le fait qu'il traite ce thème traditionnel de la fuite du temps de manière prosaïque : dans quelle mesure ce prosaïsme renouvelle-t-il le genre lyrique de l'élégie ? [annonce de la première partie] « Tant de choses » joue ainsi sur les éléments traditionnels de l'écriture lyrique, [annonce de la deuxième partie] et se fonde sur un dialogue entre le sujet lyrique et son destinataire, [annonce de la troisième partie] ce qui permet à l'auteur de proposer une nouvelle forme d'élégie.

Ces précisions notées entre crochets ne doivent pas apparaître dans votre copie : elles ne sont données ici que pour guider votre lecture.

OBJECTIF BAC

4 *Voici un exemple de plan que vous pourriez développer à l'écrit pour rédiger votre commentaire.*

I. L'observation

1. Le regard

- Le miroir : présence insistante des « glaces ».
- Le champ lexical de la vue.
- L'admiration (Georges se mire pour s'admirer).

2. Soi-même comme un autre

- La surprise initiale : comme si ce n'était pas lui (l. 1-2).

- La dissociation de l'intériorité et de l'extériorité (Georges et son apparence sont deux réalités distinctes).

3. Une appropriation progressive de lui-même par le regard

- La familiarité finale (« familier »).
- Le lent rapprochement de l'apparence et de la réalité : Georges s'approprie peu à peu sa nouvelle apparence.

II. L'introspection

1. Une re-connaissance de soi

- Le stade du miroir.
- La plongée au plus profond de soi : les pensées du personnage (paroles rapportées aux discours direct et indirect libre).
- Le modèle du roman de formation (apprendre à se connaître).

2. Une assurance progressive

- Les connotations positives (jugements de valeur).
- La confiance en soi (hyperbate des lignes 17 et 18 : « et »).
- Une joie enfantine (l. 18-19).

3. Un Narcisse moderne

- Le miroir, symbole du narcissisme.
- L'absence de spectateur : l'amour de soi-même (l. 6-7 et 11-13).

La psychanalyse désigne par ***stade du miroir*** le moment où l'enfant se reconnaît dans son miroir, où il s'identifie à sa propre image.

L'**hyperbate** est une figure de construction qui consiste à ajouter un mot ou un groupe de mots à une phrase qui semblait finie.

III. L'invention

1. Un acteur

- Le personnage joué, un rôle social.
- Un acteur virtuose : la variété du jeu (3e paragraphe).
- Vers l'entrée en scène : des coulisses au lever du rideau (symbole de la sonnette, qui marque l'entrée en scène).

2. Entre conscience et inconscience

- La certitude de jouer, de feindre.
- Quand l'acteur se prend au jeu : peu à peu, Georges oublie que ce n'est qu'un rôle.
- Les frontières perméables de la réalité et de la fiction.

3. La fabrique du personnage

- Le personnage artificiel, la fabrication d'un stéréotype.
- Une critique du roman de formation (symbolique ironique de la montée des étages).

www.annabac.com

CHAPITRE

16 La dissertation

La dissertation est un exercice réputé difficile, au point que les candidats ont tendance à l'éviter à l'examen. Pourtant, quand on a travaillé régulièrement tout au long de l'année et qu'on maîtrise les différents objets d'étude, la dissertation permet une réflexion personnelle et se révèle particulièrement intéressante avec un peu d'entraînement. Certes, elle demande de la rigueur et de la précision ainsi qu'une certaine culture littéraire pour étayer l'argumentation par des exemples précis ; mais les efforts consentis sont souvent payants le jour de l'examen.

I L'élaboration de la problématique

A La forme du sujet

Un sujet de dissertation peut être formulé de différentes manières : il importe d'en identifier la forme pour bien comprendre ce que l'on vous demande.

1. Le sujet interrogatif

■ Le sujet peut prendre l'apparence d'une **question**, généralement suivie d'une consigne vous demandant de développer votre argumentation en vous appuyant sur les textes du corpus et sur les lectures que vous avez faites pendant l'année.

■ Cette question peut s'adresser directement à vous pour **solliciter votre opinion**.

La pièce de théâtre est-elle un texte comme les autres ?

■ Elle peut aussi **confronter deux points de vue, deux possibilités**, en vous demandant de prendre parti.

Selon vous, la pièce de théâtre est-elle un texte à lire ou un spectacle à voir ?

Soyez attentif à la forme de la **consigne**. *Expliquez et commentez*, *Discutez*, *Pensez-vous que...*, *Montrez que...* : ces consignes n'ont pas tout à fait le même sens et n'engagent pas la même réflexion. Attention au hors-sujet !

2. Le sujet affirmatif

N'exprimez votre **position** personnelle qu'après réflexion, en conclusion. La dissertation est avant tout un exercice scolai vous ne serez pas jug sur votre opinion, mai sur la façon dont vous défendez.

Le sujet peut aussi prendre l'apparence d'une **affirmation** sur laquelle il vous est demandé de réagir. Vous devez alors **discuter le point de vue exprimé** : à vous de déterminer la position qui vous semble la plus juste. Néanmoins, si l'on vous demande de réfléchir à partir de cette affirmation, c'est que **les propos qu'elle tient ne sont pas dénués de sens ni d'intérêt** ; si tout vous semble faux, c'est peut-être que vous n'avez pas tout compris.

Cette affirmation peut être **formulée directement** par les concepteurs du sujet.

Il vaut mieux voir une pièce de théâtre que la lire. Partagez-vous cette opinion ?

Elle peut aussi être **formulée par un auteur identifié** et reproduite dans le sujet sous la forme d'une **citation**.

Dans la préface de L'Amour médecin *(1665), Molière affirme « que les comédies ne sont faites que pour être jouées ». Partagez-vous son point de vue ?*

B L'analyse du sujet

Une fois que vous avez identifié la forme du sujet, vous devez en faire l'analyse. Commencez par **identifier les mots clés**, ceux sur lesquels se construit la réflexion. Ils serviront de fondement à tout votre travail.

Vous devez ensuite **reformuler le sujet**, c'est-à-dire le réécrire avec vos propres mots. L'enjeu est d'**expliciter la thèse exprimée ou sous-entendue par le sujet** : c'est elle que vous serez amené à discuter dans votre dissertation.

Cette phase d'analyse est essentielle : la reformulation doit vous permettre de **vérifier votre compréhension du sujet**. Surtout, elle est un bon moyen d'**éviter le contresens** (lorsque le sujet est mal compris, voire compris à l'envers) **et le hors-sujet** (lorsque les limites du sujet sont mal définies).

C La formulation de la problématique

Il ne faut pas confondr la **problématique** et le **sujet** (même si celui- est une question) : la problématique explici la question, elle dégag les enjeux du sujet et ouvre la discussion.

Lorsque le sujet est explicité et reformulé, essayez de trouver **ce qui pose problème, ce qui ne va pas de soi** dans la thèse qu'il défend. Demandez-vous **pourquoi la question se pose**, autrement dit **quel est l'intérêt de ce sujet**. Quels sont ses présupposés, ses sous-entendus ? Comment les discuter ? C'est cette **mise en perspective du sujet** qui vous permettra de formuler une **problématique**.

II La construction du plan

A La recherche des idées

▪ Pour trouver des idées, **interrogez les mots clés** que vous avez identifiés à l'étape précédente et **replacez-les dans un contexte plus large**, en apportant d'autres réponses que celles données par la citation, ou en développant ces réponses. C'est un **travail nécessairement désordonné** : l'organisation vient ensuite, lors de la construction du plan.

▪ Appuyez-vous aussi sur le **corpus** pour enrichir votre réflexion : les textes proposés ont un rapport direct avec votre problématique. La **question sur corpus**, souvent conçue comme un travail préparatoire pour la dissertation, a aussi pu vous mettre sur une piste. Si la citation qui sert de fondement au sujet est **empruntée à l'un des textes du corpus**, relisez ce dernier : il pourra vous donner des idées essentielles pour le traitement du sujet.

▪ Puisez enfin des idées dans vos **connaissances sur l'objet d'étude** : il y a des chances que vous ayez rencontré la problématique pendant l'année, lorsque vous avez étudié cet objet d'étude. Mais **ne transformez pas la dissertation en question de cours** ! Ne sélectionnez dans votre cours et vos connaissances que ce qui permet de traiter le sujet...

B La recherche des exemples

▪ La recherche d'exemples s'effectue **en même temps que la recherche d'idées** : vous devez trouver un exemple pour chaque idée avancée. Par *exemple*, on n'entend pas ici la simple mention d'une œuvre et de son auteur, mais l'exploitation d'un **passage précis**, fondée sur l'**analyse de détails signifiants**.

▪ Le sujet est généralement suivi de la consigne suivante : *Vous développerez votre argumentation en vous appuyant sur les textes du corpus, ainsi que sur ceux étudiés en classe et sur vos lectures personnelles.* Cette consigne suggère donc trois pistes pour trouver des exemples :
– les **textes du corpus**, que vous devez absolument exploiter ;
– les **lectures faites pendant l'année**, qu'il s'agisse d'œuvres complètes, de groupements de textes, voire de lectures cursives ou de documents complémentaires (pensez donc à les relire pour préparer l'écrit) ;
– d'éventuelles **lectures personnelles** que vous auriez effectuées, sur le conseil de vos enseignants ou en piochant dans des manuels (mettez l'année à profit pour enrichir votre culture sur les différents objets d'étude du programme).

> Ne sélectionnez pas, dans vos **lectures personnelles**, des œuvres trop mineures, à la valeur littéraire limitée : cela donnerait l'impression que vous n'avez pas de culture littéraire.

C L'élaboration du plan

Vous devez ensuite **organiser les idées** que vous avez trouvées. Pour y parvenir, vous pouvez vous appuyer sur un certain nombre de **plans types**. Il faut cependant manier ces plans avec précaution : **le plan doit s'adapter au sujet, et non l'inverse** ! Évitez donc de plaquer un plan préfabriqué sur le sujet : le plus souvent, **le plan que vous adopterez découlera logiquement de votre analyse du sujet**.

III L'introduction et la conclusion

A L'introduction

- L'introduction est un exercice difficile, qui fournit des indications précieuses au correcteur. Il faut donc **la rédiger intégralement au brouillon**.
- Elle est formée d'**un seul paragraphe** composé de cinq points.

1 L'amorce	Elle peut s'ouvrir sur le contexte littéraire dans lequel s'insère le sujet, sur un aperçu très large de la problématique, sur un thème littéraire…
2 La citation du sujet	Elle reprend intégralement la citation, d'une seule traite si elle est brève, en la décomposant si elle est plus longue.
3 La reformulation et l'analyse du sujet	Elles reprennent et mettent en valeur les mots clés. Cette phase essentielle montre si le sujet est compris.
4 La problématique	Elle dirige votre démonstration. C'est le problème que posait implicitement le sujet et que vous allez essayer de résoudre. Elle peut avoir la forme d'une question.
5 L'annonce du plan	Elle indique le titre des grandes parties liées logiquement. Elle privilégie la clarté plutôt que l'élégance.

B La conclusion

- La conclusion est une sorte de **bilan** : elle doit **répondre clairement à la problématique** posée en introduction, et pour cela récapituler rapidement les différentes étapes de la démonstration.
- Il n'est **pas obligatoire de faire un élargissement** de la problématique, ce qu'on appelle couramment une **ouverture** : celle-ci ne vaut que si elle a un rapport avec la démonstration qui vient d'être faite, ce qui est trop rarement le cas. Mieux vaut ne pas faire d'ouverture que de passer du coq à l'âne !

Faites la **conclusion** au brouillon avant de commencer à rédiger la dissertation : vous risquez de la rater si vous la rédigez dans l'urgence de la fin d'épreuve.

ZOOM

Les principaux types de plans

	Plan dialectique	Plan thématique	Plan analytique
Type de sujet	Sujet qui invite à discuter une thèse.	Sujet qui invite à développer une thèse sous différents angles.	Sujet qui demande une explication.
1re partie	Thèse : développe le point de vue exprimé par le sujet.	1er aspect de la thèse, 1re définition.	Contextualisation : pourquoi la question se pose-t-elle ?
2e partie	Antithèse : développe le point de vue opposé.	2e aspect de la thèse, 2e définition.	Approfondissement : quelles sont les implications de la question ?
3e partie	Synthèse : surmonte l'opposition.	3e aspect de la thèse, 3e définition.	Élargissement : quels sont les autres aspects de la question ?
Inconvénients	Risque de contradiction entre les parties 1 et 2, de redite dans la partie 3. Pour l'éviter, on peut proposer un plan sans synthèse : 1 et 2 développent le point de vue du sujet, 3 montre ses limites.	Risque l'effet catalogue, sans problématisation, ou le plan à tiroirs, sans continuité logique.	Risque de dispersion dans la réflexion. Plan rarement adapté aux sujets de français, plus souvent utilisé en histoire.
Avantages	Plan dynamique, qui montre la pensée en train de s'élaborer.	Saisit tous les aspects d'une question, dans des domaines variés.	Problématise bien un sujet en explorant tous ses enjeux. Variante possible : causes (partie 1), conséquences (2), solutions (3).

IV La rédaction au propre

A Principes de rédaction

■ Il vous reste maintenant à **rédiger la dissertation, directement sur la copie**. Commencez par recopier l'introduction, puis rédigez le développement **en suivant le plan établi**. Proposez des exemples précis dès que cela est nécessaire, au moins une fois par paragraphe. Finissez en recopiant la conclusion.

■ Chaque **paragraphe** de la dissertation présente une nouvelle idée. Il est toujours rédigé sur le même modèle.

1 On énonce clairement l'**idée principale** du paragraphe.
2 On justifie cette idée par des **arguments** et des **exemples** qui la prouvent.
3 On conclut le paragraphe en **ouvrant vers l'idée suivante**.

■ Prévoyez au moins dix minutes pour vous **relire** : le niveau d'orthographe, de grammaire et de syntaxe de votre copie fait partie intégrante de son évaluation.

B Principes de mise en page

■ L'**introduction** est formée d'un seul paragraphe, à la suite duquel on saute deux lignes.

■ Chaque **grande partie** commence par une brève introduction rappelant son enjeu et annonçant les différentes sous-parties qui la forment. On va ensuite à la ligne pour commencer la première **sous-partie**, puis à nouveau à la ligne pour la sous-partie suivante. Chaque grande partie est donc composée de plusieurs paragraphes entre lesquels on ne saute pas de ligne.

■ Entre la première et la deuxième grande partie, comme entre la deuxième et la troisième grande partie, il faut sauter une ligne.

> Marquez les **paragraphes** par un alinéa de trois ou quatre carreaux : ce retrait introduit de la respiration dans votre copie et rythme votre démonstration.

■ Enfin, on saute deux lignes avant la **conclusion**. Comme l'introduction, celle-ci est formée d'un seul paragraphe.

RÉCAPITULONS

■ La phase d'analyse du sujet est essentielle : elle permet d'éviter contresens ou hors-sujet, et conduit à la formulation de la problématique.

■ La recherche des idées et des exemples s'appuie sur le corpus de textes, sur les connaissances accumulées et les lectures effectuées pendant l'année.

■ Une fois le plan détaillé, il faut encore rédiger l'introduction et la conclusion au brouillon, avant de passer au propre pour rédiger le reste de la dissertation.

Formuler la problématique

LA DÉMARCHE

- Il faut d'abord **analyser le sujet et repérer les mots clés** sur lesquels il se fonde.
- Ensuite, vous devez **reformuler le sujet en explicitant sa thèse.**
- Vous devez encore **mettre cette thèse en perspective** et **identifier le problème** qu'elle présente, pour enfin **formuler la problématique de façon claire et directe.**

L'EXEMPLE COMMENTÉ

Reprenons l'un des sujets énoncés précédemment.

> Dans la préface de *L'Amour médecin* (1665), Molière affirme « que les comédies ne sont faites que pour être jouées ». Partagez-vous son point de vue ?

- La **forme** que prend ce sujet est celle de la **citation** : Molière soutient une thèse (« affirme »), qu'il appartient au candidat de discuter (« Partagez-vous son point de vue ? »).
- Cette citation est structurée autour de trois mots clés.

– Le mot « **comédies** » fixe l'objet de la dissertation : il s'agit du théâtre. On peut entendre le terme dans son sens restreint (pièce de théâtre qui cherche à provoquer le rire), mais il faut plutôt ici le comprendre dans sa signification élargie (toute pièce de théâtre, comme dans l'expression *jouer la comédie*).

– L'adjectif « **jouées** » est relatif au jeu des comédiens, c'est-à-dire à la mise en scène.

– La négation restrictive « **ne... que** » laisse entendre que les comédies ont pour seul but d'être jouées : la mise en scène est leur unique mode de réception.

- On peut alors reformuler et expliciter la **thèse de Molière** : les pièces de théâtre sont faites pour être vues dans une mise en scène, et non pour être lues dans un livre.
- La **problématique** d'un tel sujet pourrait être ainsi formulée : dans quelle mesure une pièce de théâtre est-elle un livre comme les autres ? La dimension spectaculaire du genre théâtral le place-t-il à part des autres genres littéraires ?

Rédiger l'introduction

LA DÉMARCHE

- Au brouillon, commencez par **réunir tous les éléments de l'introduction**, notamment ceux que vous avez déjà définis lors de l'analyse du sujet (reformulation, problématique).
- Vous devez ensuite **trouver une amorce accrocheuse et cohérente** par rapport au sujet.
- Il vous reste à **rédiger l'introduction au brouillon**, en liant ses différentes étapes en un seul et même mouvement.

L'EXEMPLE COMMENTÉ

Voici un exemple d'introduction pour le sujet sur le théâtre à partir d'une citation de la préface de *L'Amour médecin* de Molière (p. 247).

« Au XVIIe siècle, seules les pièces de théâtre qui avaient rencontré un large succès finissaient par être imprimées ; dans tous les cas, le spectacle précédait le livre. C'est justement cette prééminence de la mise en scène sur le texte théâtral qu'affirme Molière dans la préface de *L'Amour médecin*, lorsqu'il soutient que « les comédies ne sont faites que pour être jouées ». Autrement dit, les pièces de théâtre ne seraient faites que pour être vues dans leur mise en scène, et non pour être lues dans un livre. On peut dès lors se demander dans quelle mesure la pièce de théâtre est un livre comme les autres : la dimension spectaculaire du genre théâtral le place-t-il à part des autres genres littéraires ? Si la pièce de théâtre est avant tout un spectacle, elle est aussi un texte qui peut être lu pour lui-même, parce qu'il prévoit les conditions de sa propre représentation.

- L'**amorce positionne d'emblée les termes du débat** : elle oppose tout de suite « le spectacle » et « le livre » pour accrocher l'attention du correcteur et lui montrer que les enjeux du sujet sont compris.
- La suite de l'introduction développe ce point de départ en **citant intégralement le sujet**, puis en **reprenant la reformulation et la problématique** définies lors de la phase d'analyse du sujet.
- L'**annonce du plan** distingue bien les **trois parties d'un plan synthétique** : thèse (la pièce de théâtre est un spectacle), antithèse (c'est aussi un texte à lire), synthèse (le texte de théâtre contient sa propre représentation ; il la dirige par exemple avec les didascalies).

S'ENTRAÎNER

1 Lisez le sujet de dissertation suivant et répondez aux questions.

a. Menez l'analyse du sujet et formulez la problématique.

b. Après avoir recherché des idées, choisissez un type de plan pour les organiser.

Le personnage romanesque en question

Document 1. Honoré de Balzac, *Le Père Goriot* (1834)
Document 2. Gustave Flaubert, *L'Éducation sentimentale* (1869)
Document 3. Nathalie Sarraute, *L'Ère du soupçon* (1956)
Document 4. Nathalie Sarraute, *Tropismes* (1957)

Voir ces quatre documents p. 62-64.

Dissertation
Peut-on considérer, comme le fait Nathalie Sarraute dans *L'Ère du soupçon*, que « les personnages » du « vieux roman » ne sont que « des trompe-l'œil » ?
Vous développerez votre argumentation en vous appuyant sur les textes du corpus, ainsi que sur ceux étudiés en classe et sur vos lectures personnelles.

OBJECTIF BAC

Dissertation

2 L'énonciation lyrique

Document 1. Pierre de Ronsard, *Les Amours* (1578)
Document 2. Victor Hugo, *Les Contemplations* (1856)
Document 3. Victor Hugo, « Préface », *Les Contemplations* (1856)
Document 4. Guy Goffette, *Le Pêcheur d'eau* (1995)

Voir ces quatre documents p. 126-128.

Dans la préface des *Contemplations*, Victor Hugo affirme que « ce livre contient [...] autant l'individualité du lecteur que celle de l'auteur ». Dans quelle mesure cette affirmation peut-elle définir l'ensemble de la poésie lyrique ?

Vous développerez votre argumentation en vous appuyant sur les textes du corpus, ainsi que sur ceux étudiés en classe et sur vos lectures personnelles.

POUR VOUS AIDER

- Au premier abord, Hugo semble accepter le fait que ce soit l'auteur, le poète lui-même, qui s'exprime dans ses propres vers : le lyrisme serait donc une poésie nécessairement personnelle, fondée sur l'expression de ses sentiments les plus intimes.
- Cependant, Hugo suggère l'idée, plus originale, que la subjectivité qui s'exprime dans le poème est aussi celle du lecteur : le poète parle de tous les hommes en parlant de lui-même.
- Néanmoins, il faudra aussi se demander si la subjectivité et l'énonciation sont vraiment les meilleurs critères pour définir la poésie lyrique, et si son origine musicale, qui lui donne son nom, n'est pas un critère plus efficace et plus acceptable.

S'ENTRAÎNER

1 **Analyse du sujet**. Par « vieux roman », expression quelque peu péjorative, Sarraute désigne le roman traditionnel du XIXe siècle. Fondé sur une esthétique réaliste, il cherche à représenter le monde réel par l'intermédiaire de personnages de fiction. Si ces personnages du roman réaliste, qui sont caractérisés de façon détaillée en se voyant attribuer « aspect physique, gestes, actions, sensations, sentiments courants, [...] nom », sont des « trompe-l'œil », c'est que tous ces détails ne créent qu'une impression de réalité ; c'est, comme le décor en carton-pâte du théâtre, une apparence trompeuse.

Problématique. Cette affirmation polémique révèle en fait le caractère ambigu, voire paradoxal, du personnage de roman. C'est un être de fiction auquel on est censé croire, un individu de papier qui prétend pouvoir exister dans la réalité ; à ce titre, tous les personnages de roman, quels qu'ils soient, pourraient être regardés comme des « trompe-l'œil », comme une illusion. Le personnage peut-il être autre chose qu'un trompe-l'œil, peut-il accéder à une forme de réalité ?

2 *On peut adopter ici un plan dialectique.*

I. Le personnage de roman, un être de fiction

Il s'agit d'abord de montrer ce qui distingue la personne du personnage, c'est-à-dire la distance qui sépare la réalité de la fiction.

1. Le personnage romanesque, un être hors du commun
2. Une vie imaginaire

II. La vraisemblance du personnage

L'enjeu de cette partie consiste à montrer que les romanciers cherchent le plus souvent à donner une impression de réalité avec leurs personnages. Ces derniers sont certes des êtres fictifs, mais ils sont à l'image d'êtres réels.

1. La personne, modèle du personnage
2. Personnages et effets de réel
3. Une vie ordinaire

III. Le « mentir vrai » du personnage : le roman comme faux-semblant

Il s'agit enfin de montrer que le personnage romanesque est condamné au statut de « trompe-l'œil » : ce dont Sarraute accuse les personnages du « vieux roman » est en fait la condition de tous les personnages de roman, les siens compris.

1. Une représentation du réel
2. Un masque qui trompe l'œil

C'est Louis Aragon qui intitule un recueil de nouvelles ***Le Mentir-vrai*** (1980) pour résumer l'idée que toute fiction romanesque est imaginée à partir de faits réels – souvenirs, anecdotes, faits divers**...**

OBJECTIF BAC

3 *Voici un exemple de plan que vous pourriez développer à l'écrit pour rédiger votre dissertation.*

I. Le *je* lyrique, ou l'individualité de l'auteur ?

1. L'énonciation lyrique : omniprésence du *je*

Le lyrisme se caractérise par l'omniprésence de la première personne (voir les poèmes du corpus). L'énonciation lyrique se donne comme une énonciation subjective : c'est bien une « individualité » qui s'exprime.

2. L'auteur comme sujet lyrique

Certains textes suggèrent que celui qui dit *je* est bien l'auteur. On peut vérifier cette hypothèse dans de nombreux poèmes, à commencer par le sonnet de Ronsard dédié à Hélène (document 1) : celle-ci aurait vraiment existé, puisqu'il s'agirait d'Hélène de Surgères, dont Ronsard était amoureux. Aujourd'hui encore, certains recueils contemporains poursuivent cette veine personnelle du lyrisme : *Autobiographie* est par exemple le titre d'un recueil de William Cliff, publié en 1993.

Essayez de proposer des exemples de différentes époques : lorsqu'une dissertatic porte sur un genre littéraire, vous êtes censé l'étudier à trav toute son histoire, jusqu'aux textes les p **contemporains**.

3. Un *je* problématique

Cependant, certains textes montrent qu'on ne peut considérer le poète et celui qui dit *je* comme une seule et même personne. Ainsi, *Vie, poésies et pensées de Joseph Delorme* (de Sainte-Beuve) ou *Les Poésies de A. O. Barnabooth* (de Valery Larbaud) montrent, dès leur titre, que le sujet de l'énonciation est un personnage fictif. Pourtant, ce sont deux recueils lyriques.

II. Le *je* lyrique, ou l'individualité du lecteur ?

1. Le miroir lyrique

Des poètes soutiennent que le lecteur peut se reconnaître dans le poème lyrique. C'est par exemple ce que dit Hugo dans la préface des *Contemplations* (voir le document 3), ou Baudelaire dans le dernier vers du poème « Au lecteur », qui ouvre le recueil des *Fleurs du Mal* : « – Hypocrite lecteur, – mon semblable, – mon frère ! »

2. Lecture et énonciation

L'énonciation subjective du lyrisme permettrait justement cette identification ; parce que le poème lyrique repose sur un *je* finalement assez vague, le lecteur peut s'approprier cette première personne, la faire sienne. La lecture à haute voix joue un rôle essentiel dans la mécanique lyrique : grâce à elle, le lecteur devient lui-même la source de l'énonciation, celui qui dit *je*.

3. Le dialogue lyrique

Le lyrisme apparaît donc comme un dialogue entre un sujet et son destinataire, entre l'auteur et son lecteur. C'est pour cette raison que l'on trouve un lien évident entre l'omniprésence du *je* et la forte prise en compte d'un *tu*. Pour le montrer, on peut s'appuyer sur les poèmes de Ronsard et de Goffette.

III. De l'énonciation au chant

1. La dialectique lyrique

Finalement, plus le *je* est impersonnel, et plus le lecteur peut se l'approprier lors de sa lecture. On peut alors se demander si le lyrisme idéal n'est pas une poésie impersonnelle, comme semblait le penser Mallarmé lorsque, dans *Crise de vers*, il invoquait « la disparition élocutoire du poète », autrement dit l'effacement du *je* dans l'énonciation lyrique. Rimbaud lui-même cherchait à fonder une « poésie objective ».

2. Le lyrisme, ou la poésie musicale

Pour définir le lyrisme, il ne reste alors qu'un seul critère valable pour tous les textes, et présent dans l'origine même du mot *lyrisme*, celui de son origine et de sa dimension musicales. Jusqu'à la fin du Moyen Âge, la poésie lyrique était en effet chantée. Même si ce n'est plus le cas à partir du XVIe siècle, le chant reste un modèle métaphorique pour tout poème lyrique. Est lyrique, en définitive, le texte qui assume et recherche une musicalité propre, comme Verlaine dans son « Art poétique » (« De la musique avant toute chose, / Et pour cela préfère l'Impair... ») ou même Hugo au vers 7 de « Hier au soir » (document 2).

www.annabac.com

CHAPITRE 17 L'écriture d'invention

Sous des apparences simples, l'écriture d'invention exige une connaissance fine de l'objet d'étude auquel elle se rattache et une bonne aisance dans l'expression. *Invention* ne signifie pas imagination mais plutôt réinvestissement des formes, des genres et des registres étudiés au cours de l'année.

I Les différentes formes de l'écriture d'invention

Il faut connaître les différents types d'articles de presse, les caractéristiques de l'écriture épistolaire, les formes de discours et de dialogues, les traits distinctifs des grands genres argumentatifs. On peut également vous proposer de rédiger un monologue délibératif ou une véritable réécriture (pastiche, parodie, simple transposition), surtout en série littéraire.

A L'écriture d'invention par transformation

1. L'amplification

- Elle consiste à **développer un texte préexistant** sous différentes formes : corps d'une ellipse narrative, suite d'un texte, articulation d'un dénouement à un récit, insertion d'une description, d'une péripétie, exemples pour nourrir une argumentation, réfutation d'une thèse, réponse à une lettre.

> L'**ellipse narrative** passe sous silence un événement de la narration, auquel le lecteur doit suppléer.

- Elle suppose de **réinvestir** le mode d'énonciation, le registre dominant, le système de temps du texte source et d'**exploiter** les éléments qui touchent le cadre spatio-temporel, les personnages, la logique dramatique.
- Elle appelle l'**introduction d'éléments nouveaux** dans le respect, cependant, de l'esprit du texte d'origine (action, caractères, valeurs, visée…).
- Elle invite à veiller particulièrement à l'**articulation entre le texte d'appui et le texte à produire**, en recourant notamment à des connecteurs logiques et des indicateurs chronologiques.

ZOOM

Les genres argumentatifs de l'invention

	Modalités d'écriture	Procédés
L'article	▶ Titre et éventuel chapeau synthétisant l'idée directrice du propos. ▶ Respect de la situation d'énonciation et du registre. ▶ Choix d'écriture selon le type d'article.	Lexique laudatif / péjoratif, connotations. Présent d'énonciation, de vérité générale.
Le dialogue	▶ Au moins deux interlocuteurs. ▶ Caractérisation et confrontation de leurs idées divergentes ou opposées.	Style direct. Déictiques, marques d'oralité.
Le monologue	▶ Discours direct commandé par *je*. ▶ Progression du texte commandée par l'objectif, en général une prise de décision. ▶ Invocation possible d'interlocuteurs fictifs pour donner plus de naturel.	Marques pronominales de la première personne. Questions oratoires. Alternatives.
Le discours	▶ Forme oratoire marquée. ▶ Souci de composition. ▶ Procédés rhétoriques.	Adresse à l'auditoire. Interjections, questions oratoires, ponctuation expressive.
L'essai	▶ Énonciation commandée par *je / nous*. ▶ Exposition de points de vue variés soumis à un jugement subjectif qui les étaye, les réfute, les rejette, afin de livrer sa propre position.	Marques pronominales de la première personne. Modalisation forte des énoncés. Alternatives, jugements.
La fable	▶ Volonté de plaire et d'instruire. ▶ Brièveté, efficacité narrative, attrait de la forme et visée didactique.	Juxtaposition, ellipse. Présence explicite ou non d'une moralité. Intervention du conteur. Implication du lecteur.
La lettre	▶ Contraintes de l'épistolaire : indications de lieu et de temps, en-tête, mention du destinataire, formules d'usage, signature... ▶ Situation d'énonciation et registre selon le type de lettre (privée / ouverte).	Marqueurs spatio-temporels. Indices de l'énonciation. Questions oratoires.

2. La transposition

- Elle consiste à **modifier un texte du corpus**, qui demeure le support essentiel de la rédaction.
- Il peut s'agir de passer d'un genre à un autre, de changer l'époque d'un récit, de réécrire un texte selon un mode d'énonciation ou un point de vue différent, de substituer un registre à un autre.
- Transposer implique de **repérer avec rigueur les traits distinctifs du texte source** et d'avoir clairement en tête les changements que la consigne vous demande d'opérer.

B L'écriture d'invention argumentative

- Dans ce cadre de production, l'invention réside dans la **recherche d'arguments et d'exemples** en relation avec un thème donné, une position à soutenir, un objectif défini et un destinataire précis. Elle s'inscrit toujours dans le genre prescrit par la consigne d'écriture.
- Il vous faut donc **circonscrire au plus près le problème posé**, respecter la situation d'énonciation imposée, faire le choix d'une stratégie argumentative appropriée (convaincre, persuader, délibérer...) et vous tenir aux règles dictées par le genre.

C L'écriture d'invention narrative

- En liaison avec l'objet d'étude sur le roman et ses personnages notamment, l'invention peut porter sur le **développement d'un récit.**
- Qu'il s'agisse de donner corps à une ellipse, de poursuivre ou clore une narration ou d'insérer un **portrait**, il convient de toujours tenir compte des éléments et du cadre fournis par le texte source (respect du système verbal, des pronoms, du cadre spatio-temporel, du statut des personnages...).

D L'écriture d'invention par imitation

La production d'un texte par imitation répond à une démarche méthodique qui passe nécessairement par l'analyse scrupuleuse du texte à imiter et l'identification précise de ses caractéristiques notoires.

1. Le pastiche

- Il s'agit d'**imiter le style** du texte donné en modèle en reproduisant ses procédés d'expression les plus caractéristiques.

■ Pour y parvenir, il faut identifier clairement le **genre** et la **forme** du texte source, son **registre** et le **type de discours** qu'il met en jeu.

■ De plus, le pastiche nécessite une **analyse fine du style de l'auteur** à imiter : il faut relever les figures de style qu'il emploie et identifier ses expressions les plus emblématiques, de manière à les reprendre dans votre propre texte.

2. La parodie

■ Il s'agit de **transformer** le texte donné en modèle **pour provoquer le rire** par des effets de discordance. Si le texte source relève d'un genre noble, on le dégrade par une parodie **burlesque** ; si le texte source est d'un genre bas, on le détourne en le traitant sur un mode **héroï-comique**.

■ Pour y parvenir, vous pouvez généralement conserver le genre du texte source : il faut essentiellement **modifier son niveau de langue et son registre**.

■ De plus, la parodie nécessite d'**inverser les intentions et les valeurs** du texte source, par exemple en jouant sur ses connotations.

II Le travail préparatoire

A Se fonder sur le corpus

■ L'écriture d'invention s'inspire directement des extraits réunis dans le corpus. **Identifier d'abord les caractéristiques majeures des textes d'appui** est donc fondamental.

■ La production du texte demandé implique au préalable une **démarche rigoureuse d'analyse** : observation du paratexte, détermination du thème et des thèses en présence, repérage des genres et des registres mobilisés, définition des traits rhétoriques et stylistiques, interprétation de la visée.

On appelle **paratexte** l'ensemble des éléments (texte introductif, notes...) aidant à la compréhension d'un texte.

B Cerner la consigne d'écriture

■ **Examinez attentivement** les différents termes qu'il contient et les attentes implicites qu'il pose.

■ **Déterminez le type de travail attendu** : faut-il transformer, transposer ou imiter un texte du corpus ou bien rédiger un texte argumentatif (essai, dialogue, lettre, article, fable...) ?

■ Pour transformer, transposer ou imiter un texte, commencez par repérer les **caractéristiques formelles du texte d'appui** à conserver ou changer.

■ **Identifiez le genre** (narratif, lyrique, dramatique ou argumentatif) dans lequel inscrire le texte à produire.

C Établir la liste des contraintes d'écriture

- **Explicites**, les contraintes apparaissent en toutes lettres. **Implicites**, il vous revient de les dégager de l'intitulé du sujet lui-même.

  Rédigez une lettre au courrier des lecteurs d'une revue littéraire dans laquelle vous défendrez l'utilité de la poésie.

  La forme épistolaire est explicitement demandée, de même que la situation d'énonciation vous est imposée.

- **Le registre à mettre en œuvre**. Celui-ci est parfois mentionné dans le libellé mais il doit généralement être déduit de l'énoncé.

  Un lecteur indigné écrit à une revue littéraire pour dénoncer de façon véhémente le scandale...

  Il s'agit ici du registre polémique.

- **La situation et le type d'énonciation à mettre en place**. Il faut déterminer qui doit parler dans le texte et dans quel contexte : qui écrit la lettre ? Quel en est le destinataire ? Qui prononce le discours ? Devant quel auditoire ? Dans quelles circonstances ? Qui sont les interlocuteurs du dialogue ? Sont-ils sur un pied d'égalité ?

  Rédigez le dialogue qui opposerait deux metteurs en scène, l'un considérant que le texte de théâtre n'est qu'un prétexte à la représentation, l'autre qu'il faut être fidèle à la lettre du texte.

  On attend ici la forme du dialogue polémique. La discussion pourra aboutir à un *statu quo*.

- **Un principe de structure et des procédés d'écriture**. La consigne formule parfois des règles d'organisation du texte (nombre de paragraphes, morale en conclusion de la fable...) ou assigne un style et une langue déterminés (prose poétique...). Mais la forme du texte et les figures utilisées sont plus souvent implicites.

  Écrivez en prose et dans un registre comique une fable qui montre les excès où conduit l'imagination humaine.

  Votre fable non versifiée mobilisera les procédés de l'humour, voire de l'ironie.

D Réunir les éléments utiles

Vous devez rassembler les éléments qui vont nourrir le devoir.

- **Puisez** à la fois **dans vos connaissances acquises** au cours de l'année sur l'objet d'étude concerné, **dans vos idées personnelles et dans celles** suggérées par les différents textes **du corpus**.

- **Empruntez au texte source, indirectement** (par exemple, lorsque l'on vous demande de rédiger une réponse à une lettre présente dans le corpus), ou **directement** (rédaction d'un pastiche, d'une parodie ou de toute autre forme d'imitation).

E Concevoir le plan

En règle générale, il convient de ne pas livrer de texte d'un seul tenant, formé d'un paragraphe unique.

- **Le plan doit être clair et cohérent**, appuyé sur des articulations logiques nettes et aisément repérables.
- Les **alinéas** vous serviront à matérialiser les grandes étapes de la progression de votre texte.

III La rédaction

Après le travail préparatoire d'une heure, la rédaction fait l'objet d'un brouillon, car c'est un travail à la fois précis et délicat. Vous pouvez consacrer une heure à cette étape puis une heure encore à la phase de recopiage, relecture comprise.

A L'attention portée à la forme

- **Utilisez une langue adaptée** à la nature du texte attendu. Il vous faut donc définir et exploiter le champ lexical correspondant au thème traité et adapter le niveau de langage au registre imposé par le sujet.
- **Soignez votre copie**. C'est un gage de la lisibilité et de la logique de votre propos.
- **Veillez à la longueur de votre texte**. Sauf mention explicite dans le sujet, il doit se situer aux environs d'une copie double.

B Les critères d'évaluation

Vous devez les avoir à l'esprit pendant toute la phase de rédaction.

Critères d'évaluation de l'écriture d'invention

- Le respect des consignes et des contraintes
- La maîtrise des genres et des registres
- L'organisation et la cohérence du texte
- La précision du vocabulaire et la correction de la syntaxe
- La richesse et l'originalité des idées

RÉCAPITULONS

- L'écriture d'invention suppose une préparation solide tout au long de l'année : acquisition ferme de connaissances, entraînement régulier à l'exercice.
- Elle prend appui sur les textes du corpus.
- L'analyse minutieuse de la consigne est la condition première de la réussite de cet exercice.

Interpréter efficacement les consignes

LA DÉMARCHE

L'interprétation des consignes conditionne la réussite de l'écriture d'invention : elle vous met à l'abri du hors-sujet et constitue un programme de rédaction.

- Replacez d'abord la **consigne dans le contexte général du corpus**.
- Identifiez ensuite la **nature du texte qu'elle impose**.
- Repérez enfin l'**objectif assigné par elle à votre travail**.

PROCÉDER PAS À PAS

I Contextualiser la consigne

- **Au regard du thème général**. Le sujet vous propose de réfléchir, à partir d'un corpus, à une notion ou un débat d'idées. Ne les perdez jamais de vue dans votre production.

- **Au sein du corpus**. Le libellé peut se trouver éclairé par les textes rassemblés. N'hésitez pas à en reprendre des éléments pour nourrir votre écrit.

- **Par rapport au texte d'appui**. Si la consigne appelle l'amplification ou la transposition d'un texte déterminé, examinez-le d'abord et appropriez-vous ses traits les plus marquants.

II Identifier la nature du texte à produire

- **Le genre**. Déterminez le genre précis du texte attendu et les contraintes génériques et formelles attachées. Au besoin, établissez-en la liste exhaustive.

- **La forme**. Répertoriez les caractéristiques évidentes du type du texte imposé afin de les reproduire dans votre travail.

- **Le registre**. Imposé ou suggéré par la consigne, il vous engage à mobiliser les procédés que vous lui savez associés.

III Repérer l'objectif de l'invention

- **Pour argumenter**. Déterminez s'il faut défendre, réfuter ou discuter un point de vue.

- **Pour amplifier**. Montrez en reprenant les grands traits du texte que vous en avez cerné l'originalité.

- **Pour imiter**. Établissez une connivence avec le lecteur, qui doit reconnaître le modèle sous votre plume ou rire avec vous aux dépens de ce dernier.

Développer une argumentation

LA DÉMARCHE

Le sujet d'invention prend couramment la forme d'un écrit argumentatif pour lequel la consigne vous assigne une stratégie que vous devez identifier.

PROCÉDER PAS À PAS

I Défendre une thèse

- **Expliciter la thèse**. Reformulez la thèse (empruntée ou non aux textes du corpus) de façon claire et personnelle dès l'introduction pour signaler d'emblée l'enjeu de votre production.

- **Développer des arguments**. Étayez la thèse d'au moins trois arguments, d'un paragraphe chacun. Empruntez-les aux textes du corpus, aux lectures effectuées pendant l'année, à votre culture personnelle.

- **Chercher des exemples**. Convoquez un exemple par argument. Soyez précis dans vos références (issues du corpus ou d'œuvres étudiées en classe). Mobilisez si possible des citations.

II Réfuter un point de vue

- **Expliciter la thèse dénoncée**. Reformulez-la de manière à souligner ses erreurs ou insuffisances.

- **Critiquer l'argumentation**. Cherchez des arguments qui invalident la pertinence de cette thèse. Ces contre-arguments peuvent se situer aussi bien du côté de la conviction que de la persuasion.

- **Apporter des contre-exemples**. Ils vont prendre une valeur argumentative et non plus seulement illustrative. Appuyez-vous sur eux pour renverser l'opinion combattue.

III Discuter une position

- **Exposer les thèses en présence**. Laissez d'emblée apparaître les points de vue confrontés dans la discussion (dialogue ou essai) afin de dégager nettement la problématique.

- **Alterner les argumentaires**. Faites progresser la discussion à travers l'enchaînement des arguments / exemples, contre-arguments / contre-exemples.

- **Faire aboutir la confrontation**. Clôturez le débat en validant l'une des deux thèses avancées, en maintenant un *statu quo* ou en proposant une voie intermédiaire qui ouvre de nouvelles perspectives.

S'ENTRAÎNER

1 Le travail du metteur en scène

Document 1. Samuel Beckett, *En attendant Godot* (1952)
Document 2. Pierre Chabert, « Singularités de Samuel Beckett » (1994)
Document 3. Joël Jouanneau, « Non pas l'Homme, mais cet homme… » (1994)
Document 4. Photographie de la mise en scène d'*En attendant Godot* par J. Jouanneau (1992)

Voir ces quatre documents, p. 92-95.

Appuyez-vous sur le corpus pour traiter les questions suivantes.

a. Analysez la consigne d'écriture suivante : « Imaginez le dialogue qui pourrait opposer Pierre Chabert et Joël Jouanneau à propos de la mise en scène des pièces de Samuel Beckett. »

b. Établissez la liste des arguments que pourrait défendre chacun des interlocuteurs.

POUR VOUS AIDER
Identifiez les **attentes posées par la consigne** en termes de forme et de contenu.

OBJECTIF BAC

Écriture d'invention

2 L'abolition de la peine de mort, au nom d'une certaine conception de l'homme

Document 1. Montesquieu, « De la puissance des peines », *De l'esprit des lois* (1748)
Document 2. Voltaire, *Commentaire sur l'ouvrage Des délits et des peines* (1766)
Document 3. Victor Hugo, « L'Échafaud », *La Légende des siècles* (1859-1883)
Document 4. Robert Badinter, *Discours à l'Assemblée nationale* (17 septembre 1981)

Voir ces quatre documents p. 220-223.

Appuyez-vous sur le corpus pour rédiger le plaidoyer de la jeune « fille de dix-huit ans [...], qui avait des talents utiles, et qui était d'une très honnête famille », dont il est question dans le texte de Voltaire.

POUR VOUS AIDER

- Un plaidoyer est un discours prononcé à l'audience pour défendre le droit d'une partie. Vous devrez donc donner la parole à l'avocat de la jeune femme.
- Le registre n'est pas imposé mais, compte tenu de la forme judiciaire que doit prendre votre texte, il pourra être tour à tour oratoire, polémique et pathétique.
- La persuasion est à l'œuvre dans la défense proposée par Voltaire. À vous de l'enrichir d'arguments rationnels empruntés aux autres textes du corpus.

S'ENTRAÎNER

1 **a.** L'analyse de la consigne d'écriture doit d'abord s'arrêter sur les **termes clés du libellé** : on peut retenir « imaginez », « dialogue », « opposer ».

- L'imagination apparaît en réalité bien canalisée par les deux autres termes qui imposent à la fois de prendre appui sur les textes respectifs de Pierre Chabert et Joël Jouanneau et de mettre en œuvre une forme bien définie.

- Le dialogue mettra en scène l'**affrontement de deux points de vue antagonistes** relatifs à la mise en scène des pièces de Samuel Beckett. Il mentionnera le nom de l'interlocuteur à chaque prise de parole. Il convient de déterminer le registre de la confrontation, qui n'est pas précisé par l'intitulé du sujet : il s'agira sans doute du **registre polémique**, les deux metteurs en scène défendant des conceptions opposées.

> L'intitulé du sujet ne précise pas dans quel registre versera la confrontation ; il convient donc de le **déterminer**.

- Il est possible de privilégier l'une ou l'autre des positions à condition de n'en négliger aucune. Le travail d'invention doit **nourrir l'argumentaire de chacun des deux points de vue** en partant de sa position initiale, à l'étayer par des exemples précis et à veiller à l'enchaînement des répliques, lesquelles doivent mettre en évidence les raisons du désaccord.

> Les **exemples** peuvent être empruntés aux textes du corpus mais sans se limiter à eux.

b. Les thèses défendues par chacun des interlocuteurs apparaissent clairement.

- Pierre Chabert envisage le travail de mise en scène comme une **exégèse du texte dramatique**, attentive aux remarques de l'auteur, rigoureuse à l'endroit des exigences qu'il a notifiées, inventive dans la limite du respect de la lettre du texte.

- Joël Jouanneau défend la **liberté totale de mise en scène** et justifie les licences qu'il s'autorise au nom du renouvellement de la lecture, de la liberté de création et de l'intérêt que le public peut prendre au spectacle.

- De là, on peut envisager **les (contre-)arguments suivants** pour **Pierre Chabert** : l'exigence de respect du texte et de l'auteur à travers l'exécution stricte des didascalies ; l'accusation de démagogie et de crime de lèse-littérature ; la modestie nécessaire de celui qui est un découvreur plus qu'un inventeur ; la promotion d'une liberté contrôlée pour le metteur en scène.

- Venant de **Joël Jouanneau**, on peut développer les idées qui suivent : le besoin de toucher le public en rapprochant la pièce de ses préoccupations ; la conception de la représentation comme spectacle ; la singularité du metteur en scène ; les problèmes soulevés par les silences du texte dramatique.

- C'est l'agencement de ces différents arguments qui assurera au dialogue sa cohérence et sa progression, que des procédés d'expression tels que l'**interjection**, l'**exclamation** et un **lexique de l'engagement** viendront mettre en valeur.

OBJECTIF BAC

2 Le plaidoyer de l'avocat de la jeune fille doit exploiter les raisons alléguées par les quatre auteurs des textes du corpus. Il faut aussi tenir compte de la situation de la jeune fille (« dix-huit ans », « talents utiles », « très honnête famille »). Cela permet évidemment de plaider en faveur de son innocence, de son irresponsabilité, de sa vertu (par la mise en avant de la honte que lui infligeait la naissance d'un enfant), de son utilité au niveau du développement démographique et donc économique du pays.

Voici un exemple de plan partiellement rédigé que vous pourriez développer à l'écrit pour traiter le sujet.

Introduction

(voir rédaction page suivante)

- Adresse solennelle au président de la cour de justice et aux jurés.
- Accroche en forme de concession : la mission de l'avocat qui intervient dans une affaire d'infanticide n'a rien d'aisé.
- Annonce de la problématique sous la forme d'une question.

L'**accroche** doit d'emblée capter l'attention de l'auditoire : elle précise l'objet du discours en prenant, par exemple, ce dernier à rebours de ses attentes.

I. Les arguments en faveur d'une peine modérée

(voir rédaction page suivante)

- La victime d'un séducteur inconséquent (voir Voltaire).
- Une femme jeune et utile promise à un avenir (voir Voltaire).
- La honte, châtiment plus fort que la mort (voir Montesquieu).

La **progression de votre argumentaire** doit aller crescendo, des raisons les plus simples et concrètes à celles plus fortes et universelles.

II. Les contre-arguments face à la peine capitale

- Le risque démographique (voir Voltaire).
- Le problème de l'échelle des sanctions (voir Montesquieu).
- L'absence de culpabilité totale de l'accusé et d'infaillibilité absolue de la justice (voir Badinter).

Conclusion

- Bilan des différents arguments mobilisés.
- Appel à la compassion avec des images empruntées au poème de Victor Hugo.

Rédaction de l'introduction et de la partie I

Monsieur le Président, mais surtout vous, Mesdames et Messieurs les jurés, je m'apprête devant vous aujourd'hui à défendre une criminelle, une femme qui a commis le crime parmi les crimes, le plus contre nature d'entre tous, celui que l'on nomme infanticide. Gageure, vous dites-vous. Mais n'oubliez pas que vous jugez ici une fille, une sœur, une mère et qu'à travers elle, c'est toute l'humaine condition qui est en jeu.

Mérite-t-elle de mourir parce qu'elle a donné la mort ? Si votre justice se borne à appliquer la loi du talion, « Œil pour œil, dent pour dent ! », alors elle ne mérite pas son nom.

Vous voulez condamner cette jeune fille alors que vous avez laissé courir le premier coupable, ce séducteur qui l'a entreprise et lui a donné un enfant. Que ne demandez-vous à cet homme de venir dans ce tribunal, de réparer le mal qu'il a fait ? Regardez cette fille de dix-huit ans que vous voulez voir pendue demain : voyez-vous cette jeunesse ? Admirez sa beauté, sa dignité, l'honnêteté de sa figure. Songez à tous les talents utiles qu'elle recèle. S'il reste un peu d'humanité en vous, et je sais qu'il y en a, penchez pour une peine modérée : celle-ci n'en sera pas moins sévère que la mort. Vivante, cette enfant portera toute sa vie durant le poids de son crime dans sa conscience, la marque de sa faute. « Suivons la nature, dit Montesquieu, qui a donné aux hommes la honte comme leur fléau, et que la plus grande partie de la peine soit l'infamie de la souffrir. » Suivons cet homme sage, choisissons pour elle un châtiment juste et n'ayons jamais à nous reprocher d'avoir ôté la vie.

www.annabac.com

CHAPITRE

18 L'oral : l'exposé et l'entretien

D'une durée totale de vingt minutes, l'épreuve orale du baccalauréat se décompose en deux parties notées chacune sur dix points. La première consiste en un exposé, dont le temps de préparation s'élève à trente minutes. La seconde prend la forme d'un entretien avec le correcteur. Toutes deux sont d'importance égale.

I L'exposé

A Description de l'épreuve

- À partir du descriptif des travaux et activités réalisés pendant l'année, l'élève se voit proposer de mener seul la **lecture analytique de l'un des textes présentés**.
- L'examinateur lui remet donc un **document mentionnant l'extrait sur lequel l'interrogation va porter et une question** qui va guider l'explication et l'amener à formuler une problématique.
- **Trois types de supports** sont susceptibles de faire l'objet de l'interrogation :
  – un extrait d'un groupement de textes étudié en classe ;
  – un extrait d'œuvre complète étudié en classe ;
  – un extrait d'œuvre complète non étudié en classe.

Le choix du texte que le correcteur soumet à votre analyse est souverain : ne le discutez pas !

B La méthode

1. Règle fondamentale

- L'examinateur pose au candidat une **question à laquelle l'intégralité de l'exposé doit exclusivement répondre**.
- Cette question porte traditionnellement sur une caractéristique fondamentale, un **aspect majeur du texte** et offre un **cadre de réflexion en liaison étroite avec l'objet d'étude envisagé**.

■ Il s'agit donc d'**opérer une sélection rigoureuse des éléments de la lecture analytique faite en classe**. En effet, la question n'a pas pour ambition d'engager à une explication exhaustive. En aucun cas, vous ne devez prendre la question qui vous est posée comme un prétexte à réciter votre cours.

Dans l'objet d'étude sur le théâtre, il est courant, en classe, d'étudier la première scène d'une pièce sous l'angle d'une exposition. Le jour de l'examen, l'examinateur peut, par exemple, choisir de faire porter la question qu'il vous soumet sur la seule présentation d'un personnage.

2. La préparation

Le temps imparti pour bâtir une lecture orientée du texte est d'une demi-heure. Cela exige d'avoir de bons réflexes et d'être efficace.

Étapes de préparation de l'exposé	
1	Recopiez la question au brouillon. Reformulez-la pour bien en comprendre le sens et la portée. Identifiez la problématique qui l'anime.
2	Relisez le texte. Notez tous les éléments associés à la question posée.
3	Faites défiler dans votre mémoire la lecture analytique effectuée en classe sur le texte : sélectionnez tous les points pertinents.
4	Revenez à l'extrait pour y chercher des exemples précis à citer.
5	Classez tous les éléments répertoriés afin d'élaborer un plan progressif et détaillé.

Il n'est évidemment pas question de rédiger l'exposé, à l'exception de l'introduction. Donnez des **titres significatifs** à vos parties et sous-parties ; indiquez les **transitions** ; notez les **références** précises au texte.
Vous disposerez ainsi d'une base solide lors de votre prise de parole.

3. La forme

■ L'**introduction** (2-3 minutes) se déroule selon les sept étapes suivantes.

1	**Amorce**
2	**Situation** de l'extrait dans le cas d'une œuvre complète
3	**Lecture expressive** de la totalité ou d'une partie du texte
4	**Identification du thème** général
5	**Repérage de la structure** du texte
6	**Question**
7	**Annonce du plan** sous la forme d'axes d'étude

Une **lecture expressi[ve]** est une lecture dont [la] diction et le débit se montrent sensibles a[u] sens et aux effets du texte.

- Le **développement** (5-7 minutes) prend la forme d'un **plan clair en deux ou trois parties**, annoncées et toutes reliées fermement à la question posée.
- La **conclusion** (1-2 minutes) comprend les trois moments suivants.

1	Le **résumé de la démarche** et des points démontrés dans le développement
2	La **réponse explicite** à la question initialement posée
3	Une **ouverture** ébauchant, par exemple, un rapprochement avec un autre texte

II L'entretien

A Description de l'épreuve

- Destiné à élargir l'étude du texte et de l'objet d'étude, l'entretien consiste en un **dialogue entre l'examinateur et le candidat**.
- Il reste en général dans le **cadre de la séquence ou de l'objet d'étude abordés** en première partie de l'épreuve : les interrogations peuvent porter sur les autres textes du groupement ou de l'œuvre complète, les lectures cursives, les documents complémentaires, les connaissances relatives à l'objet d'étude, les lectures et activités personnelles.
- Le correcteur peut amener le candidat à formuler des **jugements plus personnels** sur les œuvres lues, les manifestations artistiques (représentations théâtrales, expositions) auxquelles il a pu assister.

Ne relâchez pas votre attention pendant cette seconde partie de l'épreuve. Vous n'êtes plus vraiment maître de la parole, mais on attend de vous une certaine **réactivité**.

B La méthode

1. Règle fondamentale

L'entretien est aussi important que l'exposé. Il ne permet pas de revenir sur l'explication de texte donnée auparavant, mais de **valoriser les connaissances et compétences acquises au cours de l'année**.

2. Les attentes

L'exposé requiert des qualités et des capacités qui constituent autant de critères d'évaluation. Parmi elles, on retiendra les suivantes.

- La **mobilisation de connaissances précises** (historiques, culturelles, rhétoriques, linguistiques...). Il faut pouvoir situer précisément un mouvement dans l'histoire littéraire mais aussi identifier et commenter une figure de style.
- La **finesse des analyses**. Le correcteur peut demander la caractérisation du style d'un auteur.

ZOOM

Exemple de descriptif des lectures et activités

Le descriptif des lectures et activités rend compte pour chaque objet d'étude du programme de travail effectué au cours de l'année. Il constitue un document officiel à présenter le jour de l'épreuve à l'examinateur. Vous devez en compléter la dernière rubrique de manière judicieuse et réfléchie.

Séquence n° 5			La mise en scène d'une illusion
Objet d'étude			**Le texte théâtral et sa représentation, du XVIIe siècle à nos jours**
Perspectives et orientations principales			▶ La spécificité du texte théâtral, entre écriture et représentation. ▶ Problématiques de la mise en scène. ▶ Le théâtre dans le théâtre et le principe de l'illusion référentielle.
Lectures analytiques	**Œuvre intégrale**	**Auteur, titre**	Corneille, *L'Illusion comique* (1639)
		Extraits	**1.** L'exposition : acte I, scène 1, v. 1-46. **2.** Matamore, un type comique : acte II, scène 2, v. 221-271. **3.** Tragédie ou comédie ? Acte IV, scène 2, v. 1031-1071. **4.** L'éloge du théâtre : acte V, scène 6, v. 1781-1824.
		Études d'ensemble	**5.** La structure de *L'Illusion comique* et le mélange des genres et des registres. **6.** *L'Illusion comique* de 1639 à 1660 : entre baroque et classicisme.
Documents complémentaires			Du texte à sa mise en scène : *L'Illusion*, documentaire sur le travail de mise en scène de *L'Illusion comique* par Jean-Marie Villégier, au théâtre de l'Athénée (1997).
Lecture cursive			Beckett, *En attendant Godot*.
Activité proposée à la classe par le professeur			Étude de documents relatifs à différentes mises en scène d'*En attendant Godot*.
Lectures et activités personnelles			*(rubrique à compléter par l'élève)*

- Un **esprit de synthèse**. L'examinateur peut proposer la comparaison de plusieurs textes pour détecter points communs et différences.
- L'emploi d'un **niveau de langue soutenu** et d'un **vocabulaire adéquat**, aussi riche et précis que possible.
- La **réceptivité** et la **promptitude à réagir aux questions**. L'élève y répondra par des phrases construites et argumentées, s'appuyant sur des mots de liaison.
- La **faculté d'apprécier la singularité d'un texte**, de juger personnellement de son écriture. Le correcteur peut demander au candidat de donner son point de vue.
- Une **sensibilité** et une **culture littéraires**. Sans tomber dans le pédantisme, il convient de montrer que l'on dispose de références culturelles que l'on sait mobiliser à bon escient. Cela sera valorisé dans la note finale.
- De la **tenue** et une certaine **prestance**. Le jour d'un examen, le candidat doit soigner sa mise sans pour autant s'endimancher ; il veille à son maintien et au respect des convenances et usages qu'impose la politesse.

RÉCAPITULONS

- Comme tout examen, l'épreuve orale de français exige préparation, assimilation de connaissances, entraînement.
- Comme tout examen oral, l'exposé et l'entretien demandent de la tenue, de la prestance et une certaine maîtrise du langage corporel (visage mobile, regard en alerte, gestion des émotions et des mouvements).

Réviser l'oral à l'aide du descriptif

LA DÉMARCHE

- Le descriptif ne se réduit pas à un simple instrument de contrôle du travail de l'année. Il constitue également une **base** solide sur laquelle déployer vos révisions.
- En prenant appui sur l'exemple donné dans le zoom p. 270, nous proposons de montrer quel usage peut en être fait dans l'optique de la préparation à l'épreuve.

L'EXEMPLE COMMENTÉ

Parmi les informations de natures différentes présentées dans le tableau, on retient les suivantes.

- **L'unité générique et thématique du groupement opéré.** Les textes appartiennent à une même œuvre relevant du genre dramatique et se trouvent rassemblés autour du thème de *La mise en scène d'une illusion*. Vous devez pouvoir rendre compte de cette expression dans la perspective de la pièce de Corneille aussi bien que dans celle de l'art théâtral.
- **La problématique qui a présidé à la constitution du groupement.** Élaborée autour du motif de la mise en abyme, du théâtre dans le théâtre, elle conduit à s'interroger sur le principe de l'illusion référentielle, sur les rapports qu'entretiennent théâtre, réalité et vérité.
- **La liste des textes présentés.** Ils doivent tous être revus et photocopiés en vue de l'examen, afin que l'examinateur dispose de son propre support. Cela est aussi valable pour les œuvres intégrales que vous apporterez en double exemplaire.
- **La mention des lectures cursives et complémentaires.** Celles-ci sont à réviser par l'intermédiaire de fiches synthétiques réalisées pendant l'année. C'est l'occasion de vous demander quelle a été l'intention du professeur qui en a prescrit l'étude, de vous interroger sur les liens qu'elles entretiennent avec les autres textes.
- **Le rappel des activités pratiquées sur l'objet d'étude.** La référence à des documents extérieurs invite à élargir la problématique première : qu'est-ce que mettre en scène ? Si le théâtre n'est qu'illusion, quelle est la fonction de la mise en scène ? Vous devez être capable de développer une réflexion personnelle sur ces interrogations.
- **La consignation du travail personnel.** Il ne faut faire figurer dans cette case que des œuvres que vous avez lues et dont la valeur littéraire ou testimoniale est avérée. Vous devez pouvoir en parler de manière précise, justifier leur présence sur le descriptif et développer un point de vue argumenté sur elles.

Préparer et réussir l'entretien

LA DÉMARCHE

L'entretien permet à l'examinateur de vérifier vos connaissances de l'année et d'évaluer vos acquis en matière littéraire. C'est aussi pour vous l'occasion de faire montre de votre culture et de vos capacités de réflexion sur les textes.

PROCÉDER PAS À PAS

I Se préparer à l'entretien toute l'année

Les connaissances. Pour chaque objet d'étude envisagé, assurez-vous de disposer du bagage théorique correspondant en élaborant, par exemple, des fiches synthétiques où vous aurez consigné l'essentiel du cours.

Les activités proposées par le professeur. Dans vos révisions, ne négligez pas de reprendre les textes complémentaires, les devoirs et leurs corrigés, les commentaires d'images.

La démarche personnelle. Qu'elle vous conduise à engager des lectures cursives, à vous rendre à des spectacles ou au musée, elle est essentielle pour nourrir votre réflexion et l'entretien à venir.

II Cerner les attentes de l'entretien

La séquence. Le correcteur peut vous interroger sur les différents textes qu'elle comprend, sur son unité, son intérêt. Vous devez donc pouvoir mettre les différents extraits d'un groupement en relation entre eux ou encore rendre compte du choix des passages d'une œuvre intégrale.

L'objet d'étude. L'examinateur peut faire porter ses questions sur les genres et les registres, les procédés d'écriture ou les notions d'histoire littéraire qu'il met en jeu. À vous de montrer que vous en maîtrisez toute l'étendue.

Les lectures cursives. Imposées par votre professeur ou dictées par votre curiosité, vous devez pouvoir en rendre compte avec précision et pertinence.

III Participer activement au dialogue

La disposition d'esprit. On attend de vous que vous manifestiez de l'ouverture dans l'échange ; regardez le correcteur, évitez toute attitude prostrée ou arrogante.

Les questions. Soyez attentif à leur formulation. Elles contiennent parfois en germe leur réponse.

Les réponses. Reprenez l'intitulé de la question à laquelle vous répondez. Veillez à la correction syntaxique et lexicale de vos phrases. Construisez vos réparties en signalant par des inflexions de ton les articulations de votre propos.

S'ENTRAÎNER

1 Analysez la question suivante, proposée pour l'exposé.

En quoi le poème intitulé « Correspondances » peut-il être considéré comme un art poétique ?

Correspondances

La Nature est un temple où de vivants piliers
Laissent parfois sortir de confuses paroles ;
L'homme y passe à travers des forêts de symboles
Qui l'observent avec des regards familiers.

Comme de longs échos qui de loin se confondent
Dans une ténébreuse et profonde unité,
Vaste comme la nuit et comme la clarté,
Les parfums, les couleurs et les sons se répondent.

Il est des parfums frais comme des chairs d'enfants,
Doux comme les hautbois, verts comme les prairies,
– Et d'autres, corrompus, riches et triomphants,

Ayant l'expansion des choses infinies,
Comme l'ambre, le musc, le benjoin et l'encens,
Qui chantent les transports de l'esprit et des sens.

Charles Baudelaire, *Les Fleurs du Mal* (1857), I, 4.

2 Répondez à la question suivante, posée dans le cadre de l'entretien.

Quelle conception de la poésie et du poète Baudelaire développe-t-il dans les deux pièces des *Fleurs du Mal,* « L'Albatros » et « Correspondances » ?

L'Albatros

Souvent, pour s'amuser, les hommes d'équipage
Prennent des albatros, vastes oiseaux des mers,
Qui suivent, indolents compagnons de voyage,
Le navire glissant sur les gouffres amers.

À peine les ont-ils déposés sur les planches,
Que ces rois de l'azur, maladroits et honteux,
Laissent piteusement leurs grandes ailes blanches
Comme des avirons traîner à côté d'eux.

Ce voyageur ailé, comme il est gauche et veule !
Lui, naguère si beau, qu'il est comique et laid !
L'un agace son bec avec un brûle-gueule,
L'autre mime, en boitant, l'infirme qui volait !

Le Poète est semblable au prince des nuées
Qui hante la tempête et se rit de l'archer ;
Exilé sur le sol au milieu des huées,
Ses ailes de géant l'empêchent de marcher.

Charles Baudelaire, *Les Fleurs du Mal* (1857), I, 2.

OBJECTIF BAC

Entraînement à l'épreuve orale

3 Baudelaire, « L'Albatros », *Les Fleurs du Mal.*

« L'Albatros », un poème allégorique ?

POUR VOUS AIDER

- *Allégorie* : voir p. 38.
- Retrouvez d'abord les deux termes de la comparaison opérée par le poème.
- Demandez-vous quel est l'intérêt d'une telle question.

S'ENTRAÎNER

1 ■ L'expression « **art poétique** » constitue le **mot clé de l'intitulé** de la question : elle désigne un texte qui énonce en quoi consiste l'art du poète – c'est-à-dire qui réfléchit aux techniques du genre lyrique, définit, précise, invente des formes sur lesquelles les lecteurs apprentis poètes pourront prendre modèle.

■ Il s'agira donc de **montrer en quoi le sonnet étudié propose une véritable théorie applicable à la poésie**. Pour ce faire, on s'intéressera au titre du texte (« Correspondances »), qui prend une valeur programmatique, et aux deux quatrains où se trouvent respectivement posés l'équivalence entre « la Nature » et un « temple » et le principe des correspondances.

Les **correspondance** sont de deux ordres : horizontales, elles établissent des liens entre les différentes perceptions et sont appelées synesthési verticales, elles parte des sens pour s'éleve vers des idées.

■ On s'attachera également au caractère particulier de cet **art poétique qui ne se contente pas de donner une méthode mais en propose aussi la mise en œuvre**. Dans cette perspective, on analysera le sizain : il illustre et déploie des correspondances horizontales, puis fait passer des synesthésies aux correspondances verticales.

■ La question engage donc à un **exposé en deux parties se conformant à l'ordre du texte**.

2 Les deux poèmes mis en relation invitent à découvrir la **conception baudelairienne de la poésie et de la mission du poète**.

■ Le texte intitulé « **L'Albatros** » donne une **image double voire paradoxale du poète**. Ce dernier apparaît sous les traits d'un oiseau majestueux mais rendu infirme lors de sa capture par les marins. Au volatile se trouvent associés une idée de grandeur et un sentiment de détachement du monde matériel ; « indolent », rêveur, il plane au-dessus du navire et des « gouffres amers », image des abîmes de l'existence et du temps. Il existe cependant un revers douloureux à cette condition d'exception de l'albatros et du poète. Tous deux se révèlent incapables de s'adapter aux réalités de la vie ordinaire et sont condamnés à l'exclusion. Au reste, la rupture de construction des vers 15-16 suggère bien la chute du géant.

■ Cette **tension entre matérialité et spiritualité** se retrouve dans la pièce 4, « **Correspondances** » qui justifie, elle aussi, la **vocation du poète**. En effet, le poème présente ce dernier comme un **médiateur entre les hommes et la nature**, celui qui institue des rapports entre les différents sens, entre les apparences sensibles et l'univers spirituel. De ce point de vue, « Correspondances » peut être considéré comme un **art poétique** : la poésie devient une manière de chercher, derrière les phénomènes sensibles, une réalité supérieure, les principes et les causes qui régissent l'univers.

OBJECTIF BAC

3 La question invite à se demander en quoi le poème fonctionne sur le mode de l'allégorie. Vous devez donc identifier les termes du rapprochement et montrer que le texte admet une double lecture, l'une littérale, l'autre figurée.

Introduction

Avec « L'Albatros », la deuxième pièce des *Fleurs du Mal*, Baudelaire reprend un lieu commun de la poésie romantique : l'oiseau comme représentation de la figure du poète, tel l'aigle de Victor Hugo, chargé de dire toute la majesté de l'artiste.

Lecture expressive du texte

À la lecture, l'anecdote semble prendre le pas sur la signification imagée dévoilée par la comparaison au vers 13 ; la dimension concrète l'emporte sur l'abstraite. Le poème tout entier fonctionne pourtant comme une allégorie.

Faites le **lien entre votre lecture du texte et la question** posée en soulignant sa pertinence.

Nous montrerons qu'un premier niveau de lecture voit dans le poème le récit d'un épisode en mer. Nous étudierons ensuite dans la dernière strophe la comparaison entre l'albatros et le poète pour, dans un troisième temps, analyser et tenter de déchiffrer l'allégorie bâtie à rebours.

L'**annonce de plan** doit être claire et ferme, de manière à ce que l'examinateur cerne d'emblée vos **axes d'étude**.

I. Le sens littéral du poème

1. Les sources de l'inspiration narrative

Un souvenir. En 1841, Baudelaire avait entrepris un voyage sur le *Paquebot des Mers du Sud*.

Une réminiscence littéraire. *Les Aventures d'Arthur Gordon Pym* (1838) d'Edgar Poe a pu servir de matière narrative au poème.

2. La mise en récit d'une scène de vie en mer

Un décor rapidement brossé. Le lecteur est immédiatement plongé dans l'univers maritime avec le champ lexical de la mer (environnement, objets, êtres et animaux) ; l'accent est mis sur l'aspect concret de la scène.

Le récit développé en trois temps. Au vol et à la capture des albatros succèdent la torture des animaux puis le constat d'une dégradation ; la soudaineté du renversement est indiquée par la locution adverbiale temporelle du vers 5 et de nombreuses antithèses. Il y a donc une schématisation du récit qui apparaît réduit à l'essentiel.

3. Le sens de la réduction narrative

Les marins sont peu décrits. Ils forment un ensemble relativement indifférencié (v. 1, 11-12).

Les oiseaux, en revanche, sont désignés par de nombreuses périphrases (v. 2, 3, 6). C'est le signe du primat que leur accorde le poète qui va jusqu'à les personnifier.

II. Le fonctionnement de la comparaison

1. Étude du vers 13

Le « Poète » est le comparé, « prince des nuées », le comparant ; « est semblable à », l'outil de comparaison.

2. L'identification du poète à l'albatros

L'animalisation du poète. C'est le motif de l'aile qui permet cette opération (v. 7, 9, 12, 16).

Le titre. L'article défini fait écho à celui qui détermine le mot « poète ». C'est l'être générique qui est donc ainsi désigné.

3. Vers le symbole

Ce n'est pas la première fois que Baudelaire tisse des correspondances entre les figures du poète et de l'oiseau (voir « Bénédiction »).

Le poète manifeste sa subjectivité dans le texte, comme en témoignent certaines marques énonciatives (v. 9, 10, 12) et l'ironie tragique liée à la paronomase (v. 9-10).
Tout se passe comme si le sujet lyrique attirait l'attention du lecteur sur lui-même, sa personnalité et appelait à l'interprétation.

La **mobilisation de références extérieur[es]** au texte analysé vous permet de l'éclairer e[t] montrer que vous ave[z] mené à bien la lectur[e] [de] l'œuvre complète dans laquelle il prend place.

La **paronomase** est une figure qui joue sur la ressemblance phonétique de termes de sens différents.

III. Le déchiffrement de l'allégorie

1. Le déploiement de la figure

L'allégorie est, en rhétorique, la représentation imagée d'une réalité souvent abstraite comportant une dimension morale et métaphysique.

Le poète est représenté sous les traits d'un albatros avec qui il a en commun la majesté et le sentiment d'exil.

Néanmoins, la splendeur de l'oiseau comme sa misère physique revêtent une signification davantage spirituelle chez le poète.

2. L'élévation du poète

La signification allégorique du poème se lit d'abord dans la grandeur de l'oiseau, dans sa royauté (v. 6, 13), dans son indifférence aux turpitudes.

Le poète apparaît dès lors comme un être élu, supérieur moralement aux autres hommes et éloigné des basses contingences de l'existence.

3. L'artiste au ban de la société

- Cette supériorité spirituelle du poète a un revers : elle l'inscrit en faux avec la société de son temps.
- L'artiste est inadapté à la vie sociale, ce que figure l'anacoluthe des vers 15-16 qui mime syntaxiquement une démarche mal assurée et boiteuse.
- L'albatros, à la fois oiseau et poète, dit la tension qui habite le poète pris entre l'Idéal et le spleen – soit la mélancolie, contrepartie douloureuse à la recherche de l'absolu.

Conclusion

- « L'Albatros » peut être qualifié de poème allégorique dans le cadre d'une lecture à deux niveaux : littérale de l'anecdote et figurée de la comparaison filée. Cette combinaison permet en effet d'identifier le poète à l'oiseau mais aussi de dégager une signification morale et spirituelle : le poète appartient à l'univers céleste mais est exilé sur terre, incompris de ses contemporains qui le font souffrir.
- Cette représentation courante chez les romantiques est renouvelée par Baudelaire qui conjure le pathétique de la solitude du génie par une forme de distance voire d'ironie.

Donnez une **réponse à la question initialement posée** en rappelant les grandes étapes de votre démonstration.

Proposez une **ouverture en fin de conclusion** qui met, par exemple, l'accent sur la singularité de l'écriture baudelairienne.

Annexes

Le programme

Un nouveau programme de français est entré en vigueur à la rentrée 2011 pour la classe de première (*Bulletin officiel* spécial n° 9 du 30/09/2010).

- Toutes les séries ont en commun **quatre objets d'étude**, qui recouvrent l'ensemble de l'histoire littéraire, du Moyen Âge à nos jours.

Objet d'étude	Objectif
Le **personnage de roman**, du XVIIe siècle à nos jours	À travers la lecture de différents textes romanesques et l'étude de leurs personnages, comprendre qu'un roman exprime une vision du monde qui varie selon les époques et les auteurs.
Le **texte théâtral et sa représentation**, du XVIIe siècle à nos jours	Lire des œuvres théâtrales mais également en voir des représentations, de manière à percevoir les interactions entre texte et mise en scène.
Écriture poétique et quête du sens, du Moyen Âge à nos jours	Découvrir que l'écriture poétique procède à la fois d'une manière particulière d'interroger le monde et d'une réinvention continuelle de la langue.
La **question de l'homme** dans les genres de l'**argumentation**, du XVIe siècle à nos jours	Explorer la réflexion sur l'homme dont sont porteurs les genres de l'argumentation et réfléchir ainsi sur sa propre condition.

- S'ajoutent **deux autres objets** d'étude pour les élèves de **série L**.

Objet d'étude	Objectif
Vers un espace culturel européen : **Renaissance et humanisme**	À partir de textes littéraires de natures diverses, apprendre à connaître l'humanisme renaissant, son histoire, les valeurs qu'il promeut
Les **réécritures**, du XVIIe siècle à nos jours	Prendre conscience du fait que la création littéraire suppose des modèles qui sont « imités, déformés, transposés en fonction d'intentions et de contextes culturels nouveaux ».

L'épreuve

L'épreuve anticipée de français reste définie par le *Bulletin officiel* du 14/12/2006.

Une épreuve écrite de 4 heures et une épreuve orale de 20 minutes

Épreuve	Description
Écrit	Le sujet s'appuie sur un corpus représentatif d'un objet d'étude du programme. Il comprend : – une ou plusieurs questions sur le corpus (réponses notées sur 4 points) ; – un choix entre trois types de travaux, portant sur le corpus proposé : commentaire, dissertation ou écriture d'invention (production notée sur 16 points).
Oral	▸ L'examinateur choisit un texte dans votre liste et vous remet un *bulletin de passage* où figure une question. ▸ Préparation : vous disposez de 30 minutes. ▸ Déroulement du passage : 10 minutes pour présenter votre lecture en fonction de la question posée, puis 10 minutes d'entretien.

Les trois types d'exercices écrits

Exercice	Description
Commentaire	Il porte sur un texte du corpus. Vous devez présenter, de manière organisée, ce que vous avez retenu de votre lecture, et justifier votre interprétation.
Dissertation	Elle vous amène à conduire une réflexion personnelle et argumentée à partir d'une problématique littéraire issue de l'objet d'étude.
Écriture d'invention	Elle consiste à écrire un texte en lien avec ceux du corpus. Selon la consigne, elle peut prendre des formes variées : article, lettre, dialogue, essai…

Les coefficients selon les séries

	Épreuves	Coefficient
ES/S STMG, STI2D, STD2A, ST2S, STL	Écrit	2
	Oral	2
L	Écrit	3
	Oral	2

Index

A

absurde.................100, 102, 108, 172
accent fixe, secondaire ou flottant 115
accumulation..........................16
acte 84
addition.........................14, 15
alexandrin 114
allégorie 38, 39, 44
allitération 119
allusion.....................42, 197, 201
amplification 198, 201, 254
anacoluthe 41, 44
analepse..............................52
analogie 37
anaphore 41
antihéros 69, 73
antiphrase 40, 42, 156
antiroman..........................69, 71
antithèse 38, 44, 149
antonymie 10
aparté 83
apologue.............................151
apostrophe......................147, 174
argument 146, 147
art poétique.........122, 134, 142, 276
article de presse.....................255
assonance............................119
asyndète 41
atténuation 40

B

ballade..............................118
baroque.....................68, 133, 134
bienséance 84
blâme...........................148, 150
burlesque....................42, 69, 200
but 14, 15

C

cadence majeure, mineure 16, 17
calligramme..........................121
caricature..................42, 174, 198
catachrèse 37
cause............................14, 15
césure...............................115
champ lexical.....................10, 18
champ sémantique 9
chant royal..........................118
chapeau 213
charge 198, 200, 201
chiasme 40, 148
chœur...........................102, 103
citation 197, 201
classicisme 134, 167
comédie 98, 99, 100, 183
comédien 87
comique (registre) 42
commedia dell'arte 183
comparaison 37, 44, 53, 136, 147
concession...........................146
connecteurs 14
connotation 10
conséquence......................14, 15
conte 71, 149, 153, 168
continuation 199, 201
contre-argument 146, 224
contre-rejet 116
coordination..........................13
coup de théâtre 84
coupe................................115
courtoisie 68

D

dada.................................140
décasyllabe 114
déduction............................147
déictique.............................24
délibératif (discours) 148, 153
démonstratif..........................25
dénouement 84
description...........................53
deus ex machina 84
dialogue (genre argumentatif) .. 148, 150, 255

didactique (poésie) 43, 122, 134, 139
didascalies 83
diérèse 114, 123
discours (genre argumentatif) .. 17, 148, 149, 150, 255
discours direct, indirect 30
discours indirect libre 31, 33
discours narrativisé 31
disjonction 14, 15
distique 118
double énonciation 82
dramatique (registre) 42
drame 100

E

école de Lyon 132, 182
effet de réel 56, 66
élégie 139, 143, 145, 161
ellipse 41
ellipse narrative 53, 254
éloge 148
enjambement 115, 118
énoncé, énonciation 23
énumération 41, 53
envoi 118
épidictique (discours) 148, 150
épique (registre) 42, 133
éponyme 72
épopée 67, 134
essai 148, 149, 150, 164, 183, 255
ethnocentrisme 165
éthopée 214
ethos 147
euphémisme 40
exagération 40, 42
exemple 146, 224
existentialisme 100
explicit 52
exposition 84

F

fable 122, 134, 139, 149, 151, 163, 255
fantastique (registre) 43, 72
farce 99, 102
figures de style ou de rhétorique 37, 44, 147
focalisation externe 53, 54, 65
focalisation interne 18, 53, 54, 56, 60, 65, 77
focalisation zéro 53, 54
forgerie 199, 201
forme de la phrase 13

G

gradation 40, 76, 148
grands rhétoriqueurs 132, 182
grotesque 100

H

hémistiche 115
herméneutique 195
héroï-comique 201
héros 54, 68, 69, 75
hétérométrie 209
histrion 102
homonymie 10
homophonie 144
humanisme 102, 164, 178-193
humour 42
hyperbate 240
hyperbole 40, 42, 76, 148, 155
hyperonymie 10
hypertextualité 195, 198, 199, 200, 201, 202-203
hypothèse 14, 15

I

imitation 198, 201
implicite 147
in medias res 51, 89, 96
incipit 51, 59
induction 147
insistance 41
interprétation 197, 201
interrogation oratoire 11, 40, 148
intertextualité 195, 201
ironie 40, 42, 81, 155, 174

J

judiciaire (discours) 148
juxtaposition 13, 41

L

lamento..............................162
lettre 148, 151, 171, 174, 255
liens logiques 14, 15, 19
litote............................ 40, 155
locuteur.............................23
Lumières 135, 168, 169
lyrique.... 43, 120, 132, 133, 135, 138, 139, 147, 153, 169, 182

M

manifeste....................... 133, 151
maxime......................24, 151, 167
mémoires............................151
métaphore 37, 53, 136, 147, 148
métonymie 38, 148
metteur en scène........ 85, 102, 103, 106
modalisateur................ 28, 149, 155
modalité d'énoncé.....................27
modalité de phrase ou d'énonciation.....11
mode de narration 51, 77
modes verbaux.......................26
monologue..........83, 148, 153, 254, 255
moraliste 167
mythe 153, 172, 185, 196, 202-203

N

naturalisme....................... 73, 170
négritude 140
néoplatonisme 133
niveau de langue 29, 45
nœud 84
nouveau roman........................75
nouvelle 68, 183

O

octosyllabe 114
on...................................25
opposition 14, 15, 38
oraison funèbre 17, 148, 151
oratoire (registre) 43
oxymore 38

P

pamphlet 148, 150
parallélisme.................. 40, 76, 148
paratexte 257
Parnasse............................136
parodie 42, 68, 194, 200, 201, 254, 257
paroles rapportées 30
paronomase.........................278
pastiche 194, 198, 200, 201, 254, 256
pastorale.................... 68, 99, 162
pathétique (registre) 42, 147
pathos...............................147
pause................................53
période 17
péripéties............................84
périphrase 38, 44
personnage type ..54, 55, 61, 65, 66, 73, 84
personnification................... 38, 44
phrase complexe, nominale, simple 13
plagiat 197, 201
plaidoyer.................148, 171, 263
Pléiade....................... 133, 182
poème en prose 119, 124
poésie engagée 120, 121, 122, 133, 140, 153, 165, 182
poète maudit.........................138
polémique (registre)...... 43, 147, 174, 194
polysémie..............................9
ponctuation (signes de) 12, 28, 154
portrait 54, 55, 57, 65, 76, 148, 151
préciosité...........................134
préface 149
présent d'énonciation.............. 26, 27
présent de vérité générale ou gnomique 26, 149, 161
présentatif...........................53
prétérition 76
procédés............................ 229
prolepse 52
prose poétique 119

prosopographie........................214
prosopopée............................38

Q

quatrain..............................118
question rhétorique......... 11, 13, 40, 174
quiproquo.............................82

R

raisonnement (types de)...............147
réalisme....................... 73, 170
rebondissement........................84
récit.................................75
récit théâtral........................83
référence...................... 197, 201
registre........................ 42, 43
règle de l'alternance des rimes.... 116, 123
règle de liaison supposée.............116
règle des trois unités................84
rejet.................................115
relativisme...........................239
Renaissance........ 133, 141, 164, 178-193
répartie..............................82
répétition............................41
réplique..............................82
réquisitoire..........................148
résumé................................198
rime.......................... 116, 117, 123
roman 56, 58, 59, 68, 69, 70, 71, 72, 73
roman à thèse............70, 149, 153, 170
romantisme................ 135, 136, 169
rondeau...............................118
rythme de la phrase............. 14, 16, 17
rythme tripartite................117, 123

S

satire..........................148, 150
satirique (registre)......... 43, 67, 68, 131, 134, 174, 200, 201
scène.................................53
scénographe...........................85
schéma actantiel......................83
sens connoté, dénoté................9, 10
sens figuré, propre....................9
sentence..............................82
sermon.........................17, 151
situation d'énonciation...............24
sizain................................118
soliloque.............................83
sommaire..............................53
sonnet........ 118, 132, 133, 141, 182, 186
stances...............................83
stichomythie..........................83
subordination.........................13
sujet lyrique.........................129
surréalisme....................138, 140
syllogisme............................147
symbolisme................ 100, 136, 142
synecdoque............................38
synérèse...................... 114, 123
synonymie.............................10

T

temps verbaux................... 26, 27
tercet................................118
texte source...................194, 257
thème.................................146
thèse.................................146
tirade................................82
traduction..................... 197, 201
tragédie........ 98, 99, 107, 180, 183, 200
tragi-comédie....................99, 200
tragique (registre)....................42
traité................................150
transposition.. 199, 201, 202-203, 254, 256
transtextualité.......................195
travestissement.......................201

U

utopie.........................153, 184

V

verbe d'état..........................53
verbe de perception...................53
vers libéré...........................119
vers libre.....................119, 136
verset................................119
virelai...............................118
vraisemblance.........................84

Index des sujets type bac

Question sur le corpus 62-64, 92-95, 126-128, 219-223
Commentaire 79, 143, 157-160, 236-237
Dissertation 110, 250
Écriture d'invention 176, 263
Entraînement à l'épreuve orale 190-191, 206-207, 275

Achevé d'imprimer en Espagne par Grafo
Dépôt légal n° 04733-4/01- mai 2018